─批判教育學─
臺灣的探索

主編
李錦旭・王慧蘭

著（譯）者簡介

■ 方永泉

現職 國立臺灣師範大學教育學系副教授

學歷 國立臺灣師範大學教育學系博士

■ 王瑞賢

現職 國立屏東教育大學教育學系副教授

學歷 英國威爾斯卡地夫（Cardiff）大學教育學院哲學博士

■ 王慧蘭

現職 國立屏東教育大學教育學系助理教授

學歷 英國威爾斯卡地夫（Cardiff）大學教育學院哲學博士

■ 宋文里

現職 國立清華大學社會學研究所教授

學歷 美國伊利諾大學香檳校區（Illinois, Urbana-Champaign）教育心理學系哲學博士

■ 李奉儒

　現職　國立中正大學教育學研究所教授
　學歷　英國雷汀（Reading）大學教育學院人文與藝術教育系哲
　　　　學博士

■ 李錦旭

　現職　國立屏東教育大學社會發展學系副教授
　學歷　國立臺灣師範大學教育學系博士

■ 郭瑞坤

　現職　國立清華大學社會學研究所博士生
　學歷　國立清華大學社會學研究所博士班

■ 張盈堃

　現職　國立屏東教育大學幼兒教育學系助理教授
　學歷　美國威斯康辛大學麥迪遜校區（Wisconsin, Madison）課程
　　　　與教學系哲學博士

■ 馮朝霖

　現職　國立政治大學教育學系教授
　學歷　德國波昂（Bonn）大學教育研究所哲學博士

■劉育忠

現職 國立屏東教育大學教育學系助理教授
學歷 英國東英格蘭（East Anglia）大學教育應用研究中心哲學
博士

■關河嘉

現職 國立臺灣大學農業推廣學系助理教授
學歷 紐西蘭奧克蘭（Auckland）大學文學院哲學博士

■Michael A. Peters

現職 美國伊利諾大學香檳校區（Illinois, Urbana-Champaign）教
育學院教授
學歷 紐西蘭奧克蘭（Auckland）大學文學院哲學博士

■Mike Cole

現職 英國葛羅斯太斯特主教學院（Bishop Grosseteste College）
教授
學歷 英國艾塞克斯（Essex）大學社會學系哲學博士

（以上依姓氏筆劃順序排列）

編者序

　　二○○二年始，屏東師範學院（現改名屏東教育大學）為因應學院轉型為大學的趨勢，亟思提升校園學術研究風氣，透過學校學術基金會經費支持，積極鼓勵各學系或教師社群舉辦學術活動。上述時空脈絡和經費補助政策，是本書得以出版的重要因素。

　　二○○三年十一月七日，屏東師範學院社會科教育學系（現改名屏東教育大學社會發展學系），由李錦旭策劃推動，創辦第一屆「社會理論與教育研究」學術研討會，主題：Critical Pedagogy，在屏師五育樓國際會議廳舉行。

　　次年十月一日，屏東師範學院初等教育學系（現改名屏東教育大學教育學系），由王慧蘭策劃推動，續辦第二屆「社會理論與教育研究」學術研討會，主題：馬克思主義與後現代／後結構主義的教育對話，也是在屏師五育樓國際會議廳舉行。

　　兩屆研討會主題的訂定，兩位策劃推動者除了多方徵詢校內外學者專家意見外，也經過縝密考慮和溝通，兩屆主題有其延續性和相關性。

　　臺灣自政治解嚴後，批判的教育論述逐漸興起，並蔚為風潮，但其理論的整體輪廓、發展的脈絡和轉折，以及轉化實踐的可能性都值得反思和探討。誠如第一屆研討會申請計畫書所載：「有鑑於近年來批判教育學在社會理論與教育研究中已成為非常受注目的領域，然而

臺灣的學界對此一領域，雖有零星的介紹，但尚未有較具系統性的全面探討。因此，希望藉由本次研討會的舉行，能夠帶動國人對此一領域的研究。」因此，第一屆研討會即以 Critical Pedagogy 為主題，邀請臺灣目前有相關研究的學者發表論文。

二〇〇二年十月初，開始邀請學者撰稿時，首先即引發「Critical Pedagogy 中文譯名該怎麼翻？」的質疑。次年四月間，臺灣教育社會學學會編輯委員會內部也對於這個名詞的中文翻譯有所爭議。因此，李錦旭在二〇〇三年五月間，利用e-mail網絡作為平台，先引發臺灣教育學界難得一見的線上學術論戰，不同觀點的學者各自陳述對於 Critical Pedagogy 中文譯名的不同看法。歸納而言，Critical Pedagogy 一詞的中文翻譯，目前有三種：「批判教育學」、「批判教學論」，以及「批判教育論」，前兩者目前較常見。但事實上，名詞的運用自有不同角度和認定，翻譯論戰持續至今，仍未達成共識。上述的翻譯爭議，本書的部分文章將會提及和說明。

第二屆的主題則是扣緊在批判教育學內部的論述分歧，尤其是馬克思主義和後現代／後結構主義的不同取徑，期能由國內外不同學術立場的學者，釐清批判教育學的理論基礎和新近發展。

第一屆研討會，除了一場主題演講外，有六篇論文發表，外加一份文獻目錄作為背景資料供參。第二屆研討會除了兩場國外學者的主題演講外，有五篇論文發表。

研討會籌辦初始，主辦單位就希望能夠將研討會論文編輯出版，期能為批判教育學在臺灣的發展，提供了解和反思的基礎。經過編者與兩屆論文發表人的聯繫和溝通，本書共收錄了兩次研討會兩篇主題演講詞、五篇論文和一份文獻目錄；此外，為使全書體系更完整、內容更豐富，特別收錄兩次研討會以外的四篇論文（宋文里兩篇、方永泉一篇，以及張盈堃和郭瑞坤合寫一篇）。

目前除了批判教育學相關的中文翻譯書外,本書成為臺灣學者嘗試探索西方「批判教育學」的第一本合集。全書分成問津、溯源和回向三大部分,共十一篇文章和一份附錄。

問津篇,宋文里於一九九五年首先扣問臺灣文化教育的「諱」,質疑為何臺灣過去很少引介批判教育學;十年後,方永泉和王慧蘭分別由批判教育哲學和反壓迫的民主論述為切入點,描繪西方批判教育學的內在理路和主要精神。

溯源篇,旨在追溯、勾勒西方批判教育學的根源及其發展面貌。李奉儒和馮朝霖從不同角度介紹/推衍批判教育學先驅 Paulo Freire(1921-1997)的思想,李錦旭和 Mike Cole(王瑞賢譯)介紹馬克思主義教育研究的新進展及其可能性,Michael Peters(劉育忠譯)則介紹他所建構的「後結構的馬克思主義」,並嘗試將它連結到臺灣的脈絡。

回向篇,張盈堃和郭瑞坤合寫、宋文里和關河嘉三文,從臺灣學術結構、創意教學和臺灣族群意識的想像,省思西方批判教育學在臺灣的發展和應用,嘗試發展具有臺灣文化主體性的批判教育學。

書末並附李錦旭所編「中文批判教育學文獻目錄」,方便讀者查考所來徑。

必須說明的是,這一本合集,儘管編者和作(譯)者力求完善,但難免有疏漏或未盡之處,有待各方指正。

本書能夠順利出版,最應感謝的是作(譯)者們慨允賜稿,在眾人的支持下完成了共同的理想;其次,宋文里對編務的支持和引薦出版社,情意感人;再者,心理出版社林敬堯總編輯和林汝穎執行編輯的熱心支持、耐心和細心,都讓人衷心感佩。最後,飲水思源,我們必須感謝屏東教育大學學術基金會對學術活動的支持,以及兩位編者科系同仁對於兩屆研討會的鼎力支持。本書的出版,雖然歷經數年,

但其重要的意義之一在於證明「在臺灣最南端，努力建造學術坊」不只是個夢想而已。

李錦旭・王慧蘭　謹誌
二〇〇六年八月

目錄

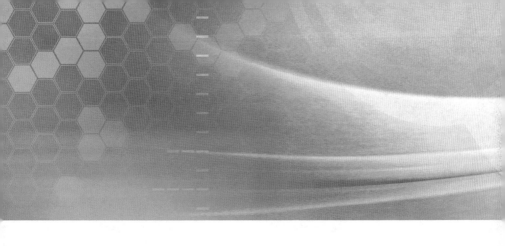

第 *1* 篇

問津

批判教育學—
臺灣的探索

第一章

「批判教育學」的問題陳顯

宋文里

我們的國會殿堂裡火爆爭執的場面曾經在電視上傳播到世界各地，這已是眾所周知的事實；而在那之前，有關這種爭執的新聞早已經成為本地各級學校「機會教育」裡的「負面教材」，也就是說，老師們引述它、嘲諷它、指摘它，用來告誡學生說這是如何如何的國恥云云。基本上，這也是三臺（臺視、中視、華視）所用的新聞報告模式。教育圈裡，究竟有沒有一些教師可以無所避諱地討論這個問題？譬如先把這種國會鬥爭放在臺灣政治發展史中，再來解釋它的意義？或分別站在爭執雙方的觀點來討論這些爭執為何不可避免？或甚至先站在被壓迫者的立場來說明他們為何必須進行抗爭？我沒有直接而全面的證據，只知道，從孩子們的口中，從來沒聽過一位老師會這樣教學生。教育圈的表現和傳媒圈對於我們的社會的理解方式相當和諧一致，而這種和諧的現象，根據我們現在的了解，泰半是因為學校和三臺的背後有個相同的控制機器所致。

在後解嚴時期的今天，傳播機構增多了，但媒體壟斷的情形還是很嚴重；同樣的，在教室裡我們似乎可以「合法地」討論這些政治上的和諧和鬥爭、控制和抗拒的種種事情，不過，我們也知道，可以合法討論並不表示這種言論和思想已經獲得解放。有很多隱然的控制，追究其來源，與其說是國家機器的，不如說是文化政治的，要來得正確些。在控制性霸權的籠罩之下，不甘接受政治壓迫的我們正孜孜矻矻地在它的對面尋找民主。「民主」是一種政治體制的名號，但放在文化政治之中，它比較像是一種「理想國」或「烏托邦」式的理念，甚至是一種「應許之地」或「千福年」式的想像。然而，從教育的立場來看，理念也好、想像也好，這些不都是教育裡最大宗的內容嗎？

教育作為一種文化的場域，它和日常生活經常會座落在不同的平面上──它使用的語言不只是日常語言──我們甚至可以說：它必須擁有超越日常性的語言系統才可能運作。幾個顯著的例子可以說明這

種語言的體系結構：為了教育剛入學的小孩學習國家的語言，它必須為現存的日常語言發明一套「注音符號」系統；為了決定什麼是好的或壞的行為態度，它必須發明一套叫做「操行成績」的價值體系；為了把知識技能像成人世界一樣作分工處理，它也必須發明學習的分科體系，好讓不能處理的問題自然被排除在外；為了護持性別差異的意識型態，它也發明了一套男女分校或分班的教育管理模型。注音、操行、分科、分班等等都是和日常生活世界不同的運作程式，其理明矣。值得注意的是，以上四種語言體系的例子，除了說明它的超越日常性之外，也說明了它具有「在語言之上製造語言」的巨大權力。

為了脫離霸權控制的陰霾，使教育找回它的主體性，我們有一些具有這類問題意識的教育工作者正在設法尋找真正能走的出路。而這出路也和傳統教育一樣，必須有一套能在學校以及社會教育中使用的語言，它的路基也鋪在同樣的日常生活空間中，但它的路標卻絕對標識著另一種目的地——在別的社會，這組新路標曾經被總稱作「解放」——而正因為這刺耳的音節，使得它在我們的社會中受到像鬼魅一般的待遇——這種待遇的名稱就是「諱」，一種不語的語言。

＊　　　　＊　　　　＊

「諱」是一種極為弔詭的語言，表面上它似乎在說「不存在」，但這種不存在卻暗指著另一種存在情態——我們似乎都「知道」有那麼一回事，但我們不太能多說——從一方面來看，如果有人問起，我們會覺得找不到合適的字眼來回答，另方面呢，在某些特定的場合中，任何一個夠謹慎的人總之就是不便於說出口。對於這種既存在又不存在的處境，我們可以說是患了社會性的失語症，而這種失語症在強調上下關係的教育領域中似乎特別明顯。

在寫這篇評介性的文字之前，我原以為只要把 Critical Pedagogy

（批判教育學）這個關鍵詞打進一個比較完備的圖書館查詢系統（譬如哈佛大學的 HOLLIS），按個 return，印出一串長長的書單，我就可以像平常在圖書館裡工作時一樣，憑此寫出一篇洋洋灑灑的評論來。但是，事情真正發生的過程並不是這樣的：在翻閱過一些英文的文獻之後，一方面固然覺得批判教育學這個領域不但直指當今教育問題的核心，而且在在展現了論題鮮活、論述有力的特徵，但另一方面卻同時發現，這樣的討論在我所熟知的中文環境裡似乎並未獲得起碼的出線機會，而我因此不能不問：為什麼？

為什麼在所謂「教改」的風潮之下，仍然未見有任何可能稱作「批判教育學」的東西露臉？[1]為了把這樣的困惑弄明白，也趁著寫作本文之便，我就開始在本地的圖書館系統中尋索有關批判教育學的中文資料。當然，尋索的結果和我原先的印象沒有太大的差距：對於「批判教育學」在臺灣的存在情態而言，除了有極少數的文章引介第一代歐洲批判理論到教育學裡之外，源起於巴西教育家 Paulo Freire 的批判教育學確實可說是「不存在」的。[2]但是，唯一令人費解的是：在臺灣現在這樣衝突、劇變不已的教育困境之中，在如此蜂湧而出的改革聲浪之下，為什麼沒有人對於本地的教育處境展開像拉丁美洲和北美洲一樣的批判論述？像 Paulo Freire 這樣的教育思想家和改革者，為什麼在臺灣有關教育方面的期刊雜誌和百科全書上，連提及他的名字者都寥寥無幾？或者總是把他稀釋成為第三世界成人識字教育的實務工作者？如果不是資訊不足，是不是我們的「教育界」對此號人物和此類論題有特殊的忌諱？

在幾年的宗教研究經驗中，我注意到一種名為「諱」的特殊心理／社會機制，在思考和觀察之後，我對它有個比較清楚的體會，就是說：它確是在迴避某物的，但在迴避的背後還隱藏著一種特殊的恐懼——姑名之為「體制性的恐懼」吧——它超過個體的恐懼而成為一

種有組織的迴避系統，在這系統內，人人都不問青紅皂白地避開它，而這個現象的綜合表現就是系統性的裝傻——大家都心照不宣地絕口不提，但同時大家又都清楚知道有那麼一回事的存在，因為，如果不是這麼清楚的話，就不會對於違犯了「諱」的人如此敏感——制裁的來臨常常像雷殛一樣迅速，而體制性的恐懼也者，與其說是恐懼那個「諱」，不如說是恐懼來自體制的制裁吧。

「批判教育學」究竟是什麼東西？它和臺灣的教育處境真的可以發生關連嗎？明知有一個諱言的環境包圍，為什麼還要引介它？

＊　　　　＊　　　　＊

在動筆寫作本文時，由於能用的時間有限，我無法對於批判教育學的發展作個完整的回顧，只好從近年裡一個具體可見的高峰作為切入的實例，來開始說明批判教育學所涉及的核心問題和它的論述範圍。這個例子是發生在屬於社會批判思潮第二代的一個研究機構，設在加拿大多倫多市的安大略教育研究所（Ontario Institute for Studies of Education），由 Roger Simon 和 Ed Sullivan 為首的幾位工作同仁在八〇年代所組成的「批判教育學與文化研究讀書會」（Critical Pedagogy and Cultural Studies Group）。早在一九七〇年代中期，他們曾在日內瓦的文化行動研究所（Institute for Cultural Action）和 Paulo Freire 及其同事們合開了一個兩天的研習工作坊，到了八〇年後，鑑於政治空氣之愈趨保守反動和（同時的）愈趨動搖不安，這幾位加拿大的教育研究者們就成立了那個讀書會，用以反省教育裡的宰制性權力問題。除了當地的學人和教育工作者之外，他們還先後邀請過歐美各地批判教育學的先進們（包括：Michael Apple、Bob Connell、Roger Dale、Miriam David、Jane Gaskell、Madeleine Grumet、Henry Giroux、John Harp、Liv Mjelde、Robin Small、Philip Wexler、Paul

Willis、Geoff Whitty、 Michael Young 等人）[3] 一同來參與他們的討論。到了一九八八年，這個讀書會出版了一本《批判教育學與文化權力》（*Critical Pedagogy and Cultural Power*）論文集，其中涵蓋的論題包括：學校教育的典範、教育中的父系霸權、關於電視的批判教育、通俗傳媒與意識、回到「基本教材」的問題、教育升級與機會均等的問題、性別與技能學習、教師與工人階級的教育、家長與教師的合作關係等等，都在極為根本的問題上重新理解教育裡的文化政治義涵。而 Freire 和 Henry Giroux 這兩位批判教育學的代言人為該書合寫導言時，就重申了批判教育學的根本理念——讓教育和政治這兩個領域結合為一：

> 從很多方面來看，這個關於希望與奮鬥的論述傳統（譯按：這是指 Gramsci、Bakhtin、Adorno、Bloch、Benjamin 以降的基進社會評論者們所形成的論述傳統）……直接說出的是：知識份子們有機會參與的社會變遷和奮鬥，就是要使政治（the political）更像教育（the pedagogical），而教育更像政治。（Livingstone, 1987: xii）

像這樣露骨的表示，在批判教育學文獻中其實是隨處可見的。而這差不多已經可以解釋為什麼它在臺灣不能發生的原因——我們慣常聽到的理由是說：這種教育思想顯然捲入了太多的「政治因素」——不過，此一說法本身是自相矛盾的——想想看，我們的傳統教育可曾有過「不政治」的時候？對於這樣的矛盾，我們如果不去面對它，那麼事實上，我們就成為它的背後那個謊言體系的共犯。

在我們所經歷也知之甚詳的歷史中，掌控著教育大業的政治威權體系對於「政治」和它的相近語詞一向患有強烈的恐懼症，因此才會產生強烈控制的對付手段，使得這些字眼所有的含意都被排斥無餘，而它的實踐方式則是把政治的字眼變成類近於一種骯髒話。他們很習

慣說：「在學校裡我們不談政治！」然而，在批判教育學文獻中所說
的「政治」，其實並不是指政壇中所發生的那些派系權力鬥爭之類的
骯髒事情，而是指在批判論述傳統到文化研究（cultural studies）之
中所界定的文化權力策略與文化實踐。在這樣的論述脈絡之中，權力
鬥爭的問題相對而言只是文化政略的一些徵狀而已。在批判教育學
裡，教育之所以必須是「更像政治」的，乃是因為教育本身的定義變
成 Giroux 所說的：「任何一種實踐，只要能夠有意地企圖影響意義
的*生產*過程者，便都是一種教育的實踐。」（Giroux & Simon, 1989:
230, 斜體是我的強調）。批判教育學的眼界並不自限於教育機構（也
就是各級學校和教育行政系統）所圍起來的小圈圈，而是企圖把意義
系統〔如同 Clifford Geertz（1973）在 *The Interpretation of Cultures* 一
書中所說的〕問題全部包含在論述範圍之內，換句話說，從事批判教
育學研究和實踐的人是要把教育變成文化全面改造的場域，而在這個
場域內所有的權力問題都是教育應該去面對面處理的問題。

　　顯然的，「全面改造文化」確是俗稱的「左派思想」所揭櫫的文
化大業。但是，再一次，我們在此碰到不知所云的語言。在長期的禁
錮之後，臺灣的教育論述場域雖然也和政治論述場域同步解嚴了，但
對於馬克思主義傳統和其他基進社會思想的了解卻幾乎像是已經患了
小兒麻痺症一樣的難以矯治。教育界對於當道的社會秩序如何透過意
義建構過程而得以鞏固，以及它對於被它排為異己者如何極盡壓抑扭
曲之能事，甚至對於弱勢團體之所以成為弱勢這樣具體的事實都完全
無法生出有效的理解之道。在這種環境中，所謂的「左派」、「右
派」，除了用作排斥性的標籤之外，都成為了無意義的語言垃圾。如
果我對於語義系統的了解還算及格的話，用臺灣語言中的「左」和
「右」拉出一條量尺，問批判教育學應放在量尺的哪一端？我想最好
的答案應是：在另一條歪斜線上！

＊　　　　　＊　　　　　＊

　　要談批判教育學究竟為什麼是「另一條歪斜線」，那就不能不從 Paulo Freire 的「批判意識」（critical consciousness）理論和他的文化識能（literacy）工作開始談起。

　　在葡萄牙文裡，Freire 用 conscientizacao 一字（字面上的英譯就是 conscentization，我們也可以由此作字面上的中譯，叫「意識化」）來指批判意識生長和發展的過程，對於「意識化」的這種用法在學術史上也許並不新奇，Freire 也說這個概念不是他發明的，但他卻以其現象學式的了解[4]而指出這種意識化在教育行動中所應占有的核心地位──「意識化」意謂著意識的發展具有改造現實的潛在力量，因為這種意識內涵著對象的知覺，也內涵著邁向對象的意向性（intention-ality），所以，意識化的結果便是行動萌發的契機。要使這種意識得以發展，就是要挑引起人對於現實世界的意向性，所以，它在行動上的含義是「把人作批判性地植入消除神話的現實之中。（意識化）的首要之務在於意識的啟明，也就是使人清楚知覺到他和現實之間的障礙何在。」（Freire, 1970: 30）依此而言，在教育上的意識化就是問題陳顯（problem-posing），而不是問題解決（problem-solving），因為，問題陳顯的意識自然會把人導向對象，也就是導向行動，而其中即隱含著與主體和諧的問題解決知識；相對來看，問題解決的模式既強調客觀答案的重要性便常會忽略知識主體的特殊性，因而容易流為外在知識霸權的幫辦──不幸的是，在知識的歷史發展中（或說，在知識的政治現實中），主體和諧的知識和霸權知識常正好是對立的，因此我們才說這樣的意識發展之結果叫做批判意識──對於霸權知識，它一定會採取無可避免的戰鬥行動。

　　回過頭來看看我們的概念系統：用中文的「意識」來翻譯批判意

識有其明顯的缺憾——因為中文的「意識」這個字眼帶有太多唯心論和退隱的語意。[5] 我們必須參照 Freire 的實踐方式來理解他所說的意識化究竟如何一五一十地顯現它那「改造現實的潛在力量」。這種理論真正展現之處在於他的文化識能工作。

Freire 曾經在巴西東北部「六萬平方英哩的苦難之地」上進行文化識能教育計畫約三年（1961-1964），其後因為政變的政府認定他有參與共產黨的行為而將他撤職、監禁然後驅逐出境。他輾轉流亡到祕魯、智利、也到非洲，並在那些地方繼續為當地人民推行識能教育工作，先後二十年。[6] 不過，僅僅把 Freire 的工作說成「成人識字教育」，對於 Freire 的用心實在只能算是外緣的了解。在他的著作中可以看出他的教育方式是把識字的教育當作邁向民主自由的基本工具（Freire, 1994: 43）。而最重要的是，他的解放教育理想是從教育的題材到方法一體呈現的，因此之故，我寧願採用「文化識能教育」來稱呼他的工作。他提倡用語言學習來建立（或重建）人和世界之間的新關係；對於教師和學生的關係，在傳統教育中我們一向慣於以幾乎不加質疑的態度接受教師權威，但他用毫不迴避、直接陳顯問題核心的教育實踐把這種不平衡的權力關係變成一開始就要處理的問題：「問題陳顯的教育從一開始就隱含著師生關係間的矛盾是有待解決的。」（Freire, 1993: 60）「透過對話關係（dialogue），『學生的老師』和『老師的學生』不再存在，而一組新的關係卻冒了出來：『作為老師的學生』和『作為學生的老師』。老師不再只是個教書的人，而是在和學生對話的關係中也成為一個受教者，回過頭來，這位受教者也同時在教人。」（Freire, 1993: 61）至於教育裡的「對話關係」又是指什麼呢？「用對話來溝通」的說法究竟有何新義？這要進一步從 Freire 的對話學（dialogics）來作辯證的了解：對話裡面隱含著反對話關係（anti-dialogue）；在對話關係中，交談的雙方在同一水平

上協同完成溝通的內容，雙方的關係是以交互移情（empathy）的了解來維持的；但在反對話的關係中，雙方的地位卻是作垂直上下的安排，在下者只能接收在上者的不斷發言，其發言內容不是溝通（communication）而是詔告諭命（communique），交互移情的管道斷裂，只剩下傲慢、卑視、反批判以及不信任。從對話關係來了解教育中的師生關係，我們更能肯定：「在這種過程中，只根據『權威』所作的論證就不再有效；為了能起作用之故，權威必須站在自由的一方，而不是站在對方。」（Freire, 1993: 61）

　　由這些主張和行動看來，已經可以了解：左派、右派的二分法和Freire所關切的問題是極不相干的。Freire在被放逐期間也曾經表示：他之參與共產革命是出之於理想主義的同情所致，後來他對於真正的共產黨並不同情。在拉丁美洲的政治環境中，反霸權的表現方式就是反右，而反身回到東亞的歷史處境中，我們該怎麼說？當你向左向右都碰到霸權主義時，你必須拋棄方向感而像Freire那樣說：你只是站在自由的一方，而不是站在自由的對方。就這樣，我們被拋回到不問方位只問現實問題性質的當下處境中。

＊　　　　　＊　　　　　＊

　　我們根據批判教育學的主張一直堅持說教育可以改造現實，Freire說過，這種想法是過分天真的──與其說教育可以改造現實，「不如說：教育（可以）再造歷史社會過程的動力。教育是一種知的行動，而在其中，我們要知道的是現實改造行動的手段。」（Freire, 1972: 180-1）

　　對於我們的現實，教育圈一向過於乖順，所以只能永遠站在被工具化的位置。到了某個程度，我們甚至會陷入複雜的工具性操作迷宮中（前文說過的「諱」就是工具性操作的方式）而忘記教育和追求民

主自由可以有什麼進一步的手段目的關係。但 Freire 提醒我們：「教育永遠不是中立的，因為它要不是用來馴服百姓，就是用來解放人民。」（1985: 99）不過，在此真正的對立並不是發生在「馴服」和「解放」之間，因為，反對被馴服就意謂著先要衝破安於現狀的惰性狀態，然後才能看到解放的曙光。換句話說，要反對現狀先要有強烈的戰鬥性才能發動起來。根據批判教育學的基本理解，戰鬥性確是文化的根本內涵性質，我們看看批判教育學當今的另一位發言人，也是 Freire 的一位追隨者 Peter McLaren（1992: 16）如何以戰場的隱喻來說明教育和文化實踐的關係就可以明白：

> 批判教育學傳統對於文化是以一個特殊的角度開始實踐的，這個角度使我們遠離了標準觀點（也就是把文化視為一個控制與和諧的單一場域）。從批判的觀點看來，文化是個斷裂、爆炸、和矛盾的場域——是多價的實踐論述結構與各種權力競現的一片開闊地。也就是說，文化是被看成由相互競爭的各種論述所內涵的戰鬥性來形構的。文化是一場如迷宮般的論述遊戲，其中包括各論述之多種相貌與多種發言的實踐效果與物質效果；它是這樣一個場域，使得意義消融在其社會地層之中。所以，這樣來看文化也許更允當：它是個多元異相、延展不已的地帶，是個被多條戰線作不均等盤據的戰場。文化是個知識／權力網絡，在其中，特殊的現實透過各種體制實踐和論述統治而生產，即使動用民主的條件也無法限制現實的繼續邁進。

雖然強調戰鬥性，但只有戰鬥性卻不能保證走向民主解放，因為戰鬥本身不是目的，毋寧是說：在戰鬥的意志之中，我們才會逼出和現狀迥然不同的另一種觀點和另一種語言——而這些才是 Freire 所謂的「歷史社會過程的動力」和「現實改造行動的手段」。所以，

McLaren進一步說：「批判的文化觀點把文化從理所當然的統合一體弄成多面的切片，並由茲展現出其中的觀點變化，以及尚未為人道說的種種可能性。」（McLaren, 1992: 17）而 Giroux 和 Freire 也說：批判除了是對於宰制性霸權的謊言和迷思作毫不留情的揭發之外，「它也是一種實踐學習的形式，其中包含傾聽他人的經驗以促進自我批判的能力，然後運用這種批判性來作為基礎，發展出可以操作的論述程式，從而建立另類的希望和可以實現的遠見。」（Livingstone, 1987: xii）由此觀之，批判教育學的內容除了批判的語言（language of critique）之外，更重要的是可能性的語言（language of possibility）。

*　　　*　　　*

回到我們眼前的處境來說：批判教育學裡的「批判的語言」和「可能性的語言」究竟怎樣能轉化成「可以操作的論述程式」呢？我知道這是無可避免的問題——雖然我們患了長久的失語症，但卻不能仰賴遠來的和尚為我們念經救治。我們需要一種不迷失於枝節、當下直探問題核心的戰鬥勇氣，以及向歷史遠處眺望的觀點，使得教育這個大事業不再被「當局」關在船艙裡作黑暗的航行。

在本文的開端之處，我曾經提到幾個實際問題：注音符號、操行成績、分科教學、男女分班等。現在就以其中的注音符號這一例來例示批判教育學式的論述如何可能。

「注音符號」是小學生剛入學時為了學習國語而必須先學的一套注音系統。這個系統所注的是一種接近北京話的「國音」，但它和北京話有別之處卻也很容易看出來：拿小學低年級的國語課本來看，所有北京音裡的「ㄦ化韻」都不注，另外在口語上的省略也無法注出來，譬如口語中的「可是」一詞在一般人的發音中「是」字會變得很輕，但這套注音系統就無法將這變化表示出來。毋寧唯是，當我們想

用這套注音系統來標注其他各地的發音時，也多半無法使用，譬如各種帶鼻音的母音，或華中華南一帶極常用的子音「v」、「ng」和收入母音尾巴裡的「p」、「t」、「k」塞音，或四聲以外的各種入聲等等，使得這套注音符號只能成為國音的專用注音系統，而不能普遍用來標注國音以外的其他各種華語。在這種背景知識襯托之下，我們就可以開始用批判的語言來重寫它的意義。

和注音符號對應的國音，我們通常稱它為「標準國語」，在教育上，我們假定它是正常語言學習的必然結果，所以，一般教育執行者很容易宣稱說：學會注音符號只是一種單純的工具性學習，它本身沒有其他的含義——特別是文化政治上的含義。但根據學習者的經驗，以及根據文化的實情來看，注音符號和它所標定的標準國語卻像一組交叉火網，夾擊著臺灣千千萬萬學子們的發音意識，同時也就是圍剿他們的發言主體性。

大家都知道，標準國語的使用者在臺灣僅僅是極少數的人口，而這些人口集中在幾家公立的廣播電臺和電視臺。除了在那裡我們能聽到「國音」式的發音法之外，平常我們所使用的乃是各色各樣「不標準」的臺灣國語。在三十歲以下這一代的國語使用者之中，有趣的是：南腔北調的情形漸漸消失，大家的發音益發接近，一種典型的臺灣國語差不多已經形成，但那卻不是標準國語。在發音上比較顯著的特徵是：ㄓ/ㄗ，ㄔ/ㄘ，ㄕ/ㄙ之間幾乎沒有區別，ㄣ/ㄥ的分別也很不清楚，用前者替代後者，或前者後者任意交換的趨勢愈來愈明顯。各種各樣的省略發音更多，所以用「標準國語」的標準聽起來會覺得「臺灣國語」咬字不清、滿口錯字。這種有異於標準國語的發音使得操持「臺灣國語」者常被視同於一種無文狀態（illiteracy），雖然我們很容易了解這是觀點上的失誤所致。

換句話說，在試圖掌握住觀點的主體性之同時，我們必須要問：

「標準國語」裡究竟隱含著什麼「文化政治的問題」？當兩千三百萬人口都在操著「不標準國語」講話時，這件看似很小的事情就會變成一件大事──我們所使用的「標準」竟然是製造「不標準」的原因，並且也使絕大多數國民一輩子身陷在語言的「類殘缺狀態」中而無法自拔，而我們明明知道這是由於系統誤用所造成的文化誤表現象（cultural misrepresentation）──所以，救濟的必須性因此乃是不待贅言的。誰能提供這種根本的救濟？用什麼方法可以做到？還有，往什麼方向去救濟──讓我們能講話的語言標準在哪裡？這個問題不是任何技術性的教育行政措施可以解決──或說，一旦根本的問題被陳顯之後，其解決的技術在語言學中根本不構成問題（譬如修改原有的注音系統，或換用一套更周延的注音系統）──我們要問的不是如何修補發音，而是語言的主體性何在，換句話說，我們該要陳顯的問題在於：我們的國民究竟需不需要一直用遠離本土的標準來發音？我們的中原音韻到今天仍以故都北京的馬首是瞻，這究竟是為了什麼？每一位學生在練習說話時，必須先學一套書寫的標準音（用來考試）然後再轉成普通口音（用來講話），這是哪門子的教育原理？而當他講話時，他必須一直意識到自己的語言之有待修補的狀態──文化的全面而根本的殘缺可有更甚於此的？

＊　　　　＊　　　　＊

我並沒有從「平實」的評介文體入手談批判教育學，因為我期望面對的是批判教育學在我們的教育環境中的缺如現象（absence），以及相對於此一現象的（在根本意識之處所發生的）失語症。

事實上，在我把上面那個關於注音符號的文化政治問題作過例示之後，雖然只是蜻蜓點水，但像這樣的問題陳顯方式對於我們的教育和文化處境來說，可以開拓的空間簡直大得無可度量，因為我們的文

化雖然常常喊著要轉型，卻也常常在故步自封，而透過教育的保守力量者尤為其然，因此接下來在我們的教育論述環境中，後續的問題陳顯論述就顯露出迫切的需要——至少在開始的時候，我們可以期待的是幾篇根據批判教育學傳統、不再迴避問題的博士論文和許多屬於該領域的翻譯著作。我心目中的這一系列論文和譯著首先要能詳盡敘述批判社會理論、解放神學以及女性主義傳統如何匯聚而促成北美的批判教育學，並且能把近年來在批判教育學的旗幟下發展的議題和論述方式都能作總合的分析和說明，使得這場論述轉移到我們的教育環境中得以順利展開——讓批判性的語言和可能性的語言同時在我們的文化環境中生根茁長。

我自知我還沒有作出這種東西來，而這不只是個人的遺憾，也是體制性的缺陷——如同我在前文中已經作過說明，但願讀者們能夠體察這樣的處境。不過——再用一種想像來說吧——作為一個像「施洗者約翰」的人，我在這裡確實是以可能性的語言敘述了我對於批判教育學在本土的彌賽亞氛圍中降臨的仰望。

（本文原刊登於：《通識教育季刊》，1995，2（4），1-15。）

註　釋

1 翻閱教育改革審議委員會所發行的《教改通訊》第一期到第十一期，沒有看到任何文字提到批判教育學或這個思潮所議論的問題形式。顯然，這一波教改風潮的對象是教育體制，其中涉及的問題以學校及教育行政的技術性問題居多，而對於教育的根本目的、教育的主體性（屬於教師和學生的）、教育中的文化政治等等則多半仍是語焉不詳或不能言語的。

2 查詢的進行，主要是在臺灣師大的圖書館。我和我的助理彭秉權（清大的碩士班研究生）先後查過兩種被我們抽取的教育學研究集刊樣本，即一九九五年以

前的全部《師大教育研究所集刊》和一九八五至一九九二年的《師大社會教育
研究所集刊》；另外還包括較零星的《高雄師大學報》、《高雄師大教育學
刊》、《教育學院學報》、《社會教育雙月刊》、《現代教育》，主要是抽樣
看批判教育學議題出現的頻率。譯介或評論 Freire 理論並應用在臺灣教育問題
討論上的作者確實是屈指可數的：楊深坑（1995）的"Posttraditional Identity and
Cultural Pluralism"一文結合 P. Bourdieu、Giroux 的教育社會學和 J. Habermas 的
文化分析理論從比較根本的層面討論臺灣在解嚴之後所面臨的認同問題；王秋
絨（1988）有一篇〈包魯‧弗雷勒（Paulo Freire）的對話教育思想評析〉從成
人教育的角度介紹 Freire 的教育思想和實踐；另外，王秋絨（1989a；1989b）
也翻譯了兩篇由 J. L. Elias 與 S. Marriam 所作的文章〈弗雷勒的教育原理與成
人教育法〉、〈激進的成人教育之歷史淵源與弗雷勒的意識化理論〉，後來王
秋絨（1990a；1990b）再發表兩篇提及 Freire 的文章〈成人教育需要的意義及
其評量〉、〈博雅的與激進的社區教育模式之比較〉，似乎和批判教育學的觀
點漸行漸遠了。還有幾篇勉強和批判教育學有關的著作，都是在成人識字教育
的脈絡下提及 Freire，譬如：Ho（1995）"An Examination of Adult Literacy Edu-
cation in Taiwan Based on an Analysis of the Meaning of Literacy and Literacy Edu-
cation Related Issues"，鄭小池（1992）〈成人參與繼續教育之社會結構障礙研
究〉，詹棟樑（1990）〈回流教育〉，李文伶（1990）〈開發中國家成人識字
教育〉等。在這些文章中，Freire 在教育學上的意義被功能化和邊緣化，因此
很少有批判教育學的含義。

3 這是根據 D. W. Livingston （1987）為 *Critical Pedagogy and Cultural Power* 一
書寫的 Introduction 中所敘述的。

4 Freire 在他的著作中常徵引的現象學家是 Edmund Husserl、Karl Jaspers、Jean-
Paul Sartre，譬如在：*Pedagogy of the Oppressed*（1993:52-67）和 *Education for
Critical Consciousness*（1994: 45-6）。

5 關於葡萄牙文裡可以有這樣的語義而中文則無，這個問題涉及語言系統本身及

其發展歷史的根本差異，很難只從翻譯的字眼上下功夫去尋求解決。我們也許還可以參照人類學家 Dan Sperber（1985: 44）的說法：你必須先備有一套某文化的百科全書才可能了解（翻譯）該文化的任何一句話。

6 關於 Freire 的傳記資料，我所根據的是 Paul V. Taylor（1993）的 *The Texts of Paulo Freire* 一書，以下同此。

參考文獻

中文部分

王秋絨（1988）。包魯‧弗雷勒（Paulo Freire）的對話教育思想評析。**社會教育學刊**，**17**，147-172。

王秋絨（譯）（1989a）。J. L. Elias & S. Marriam 原著。弗雷勒的教育原理與成人教育法。**現代教育**，**4**（4），126-134。

王秋絨（譯）（1989b）。J. L. Elias & S. Marriam 原著。激進的成人教育之歷史淵源與弗雷勒的意識化理論。**社教雙月刊**，**32**，31-47。

王秋絨（1990a）。成人教育需要的意義及其評量。**社教雙月刊**，**35**，46-49。

王秋絨（1990b）。博雅的與激進的社區教育模式之比較。**社教雙月刊**，**38**，50-55。

李文伶（1990）。開發中國家成人識字教育。**社教雙月刊**，**38**，19-25。

教育改革審議委員會（1994；1995）。**教改通訊**，**1～11**，1994.10.29～1995.8.31。

楊深坑（1995）。Posttraditional Identity and Cultural Pluralism。**國立臺灣師範大學教育研究所集刊**，**36**，215-228。

詹棟樑（1990）。回流教育。**社會教育學刊**，**19**，77-96。

鄭小池（1992）。成人參與繼續教育之社會結構障礙研究。**社會教**

育學刊，**21**，317-346。

英文部分

Freire, P. (1970). Cultural action and conscientization. *Harvard Educational Review, 40* (3), 452-477.

Freire, P. (1972). Education: Domestication or liberation? *Prospect, 2* (2), 173-181.

Freire, P. (1985). *The politics of education: Culture, power and liberation.* South Hadley, MA: Bergin & Garvey.

Freire, P. (1993). *Pedagogy of the oppressed.* New York: Continuum.

Freire, P. (1994). *Education for critical consciousness.* New York: Continuum.

Geertz, C. (1973). *The Interpretation of cultures.* New York: Basic Books.

Giroux, H. A., & Simon, R. (1989). *Popular culture, schooling & everyday life.* New York: Bergin & Garvey.

Ho, C. J. (1995). An examination of adult literacy education in Taiwan based on an analysis of the meaning of literacy and literacy education related issues. *高雄師大學報*, *6*, 45-68。

Livingstone, D. W. (Ed.). (1987). *Critical pedagogy and cultural power.* South Hadley, MA: Bergin & Garvey.

McLaren, P. (1992). Critical pedagogy: Constructing an arch of social dreaming and a doorway to hope. *Journal of Education, 173* (1), 9-34.

Sperber, D. (1985). *On anthropological knowledge: Three essays.* UK: Cambridge University Press.

Taylor, P. V. (1993). *The texts of Paulo Freire.* Philadelphia: Open University Press.

第二章

批判取向教育哲學的發展、議題及展望

方永泉

壹 前 言

自從當代社會學大師 J. Habermas（1929-）於一九六八年相繼出版了《技術與科學係意識型態》（*Technik und Wissenschaft als "Ideologie"*）及《知識與人類興趣》（*Erkenntnis und Interesse; Knowledge and Human Interests*）兩書後，其對於人類知識的三種劃分遂成為當代教育與社會科學探討的三種研究典範立論的主要依據（楊深坑，2002：211），而在這三種研究典範中，受到「解放的」（emancipatory）興趣所引導的批判取向的科學研究正是其中之一。而在這兩本書都收錄的同一篇文章〈知識與人類興趣：一個一般性的觀點〉（Knowledge and Human Interests: A General Perspective）中，Habermas 指出了：「透過邏輯—方法論的規則（logical-methodological rules）與知識—構成興趣（knowledge-constitutive interests）之間的特殊關連，我們可以發現有三種探究過程的範疇。……經驗—分析的（empirical analytic）科學取向，所包含的是一種技術認知的興趣（technical cognitive interest）；歷史—詮釋的（historical-hermeneutic）科學取向所包括的是一種實踐的（practical）興趣；至於批判取向的（critically oriented）科學所包括的則是解放的興趣。」（Habermas, 1972: 308）

Habermas 這種對於人類知識興趣及其相關科學探究取向的劃分有其劃時代的意義。首先，他指出了所謂科學的探究，其實是與人類本身所具有的興趣是脫離不了關係的。看似「客觀的」科學研究及知識，實則離不開「主觀的」人類興趣。其次，Habermas 也藉著對於這三種知識興趣的說明，重新地回復了理論（theory）的原始意義，亦即是理論必須是與人們生活世界的實踐緊緊連結在一起的。再者，

Habermas 也指出了在經驗—分析的科學取向與歷史—詮釋的科學取向此兩種傳統的對於科學取向的區別之外，還有「第三條路」的存在，這第三條路就是以批判為導向、解放為旨趣的科學探究。

　　雖然「批判」的觀念在人類歷史上並非新詞，而且在人類的心理中，向來即存有相互「批判」的天性，但相較於經驗—分析的研究取向及歷史—詮釋的研究取向，將「批判」的觀念與「解放」的目標結合在一起的研究取向，在社會科學的方法論中仍可說是一種相當新穎的觀念。特別在國內傳統被認為是「以和為貴」、「中立超然」的教育領域中，富含「政治經濟及文化意涵」之批判取向的教育研究，更顯得有些激進甚至引人側目，因而分外具有「神祕」的吸引力。因此，當部分國內教育學者（陳伯璋，1989；楊深坑，1988；楊深坑，2002）引介了前述之社會科學與教育研究三個「典範」的觀念進入了國內教育學界後，批判取向的教育研究遂開始吸引不少學者的關注，近年來沿用「批判」之名的教育方面的學術論文及書籍大量出現。其中一方面，這固然與國內政治解嚴開放後的社會情境有關，另方面也離不開前述的學術及思想背景。

　　再加上，隨著千禧年新世代的來臨，人類社會正面臨了有史以來最劇烈的技術革命，這使得人們無論是在勞動的方式上、或是在人與人之間的溝通上，乃至從事閒暇的方式上都產生了巨大的變化，為了因應「資訊社會」（information society）的來臨，乃有學者倡議應發展出屬於新千禧年的教育的批判理論（critical theory of education），以形成一種教育哲學的後設理論，促成教育的民主重建（democratic reconstruction）（Kellner, 2003: 51）。

　　本文在論述批判取向的教育哲學或是教育的批判理論上，大體上是將其兩者視為等同的兩個名詞。雖然以批判為名的教育學說，尚包括了批判思考的教育理論在內。惟近年來，由於教育改革運動在臺灣

社會的風起雲湧，強調教師自我轉化或賦權（empowerment）以及重視社會與教育正義的批判教育學（critical pedagogy，或譯批判教學論）在國內教育學界愈來愈受到重視。若我們將批判教育學視為一種理論，無論就其理論淵源、涉及的學科領域及影響力來看，批判教育學一方面可屬於教育社會學的範圍，然而另方面我們也可視為一種批判取向的教育哲學，因為它的理論源頭不只包括了介於社會學及哲學之間的批判理論（critical theory），也包括了巴西著名成人教育家 P. Freire（1921-1997）的教育思想等成分在內。此外，作為批判理論發源地的德國，其批判教育科學（Kritische Erziehungswissenschaft）也有著相當程度的發展，雖然受限於語文的普遍性，但其在理論的深度或對於教育的啟發上，也不亞於前述的批判教育學，而且甚至其更具有教育哲學的思辨性。

有鑑於前述，本文在有關批判取向的教育哲學的分析上，將不限於批判教育學的範圍，也會將德國的批判教育科學亦視為批判取向的教育哲學之一。為了更有條理的敘述，本文擬分為下列幾個部分，除了前言外，第二部分將針對影響批判取向的教育哲學甚深的批判理論進行論述，並將包括「批判」一詞意義的歷史演變在內，第三部分將進一步分析當代批判取向教育哲學的基本觀點。本文的第四部分則擬討論批判取向教育哲學某些爭議問題，至於結語則擬說明在全球化及資訊科技發達下的現代社會中，批判取向的教育哲學的展望及最新的發展情形。

貳 ｜ 從分辨走向批判──批判理論的興起

一、什麼是「批判」？──「批判」意義的歷史發展

　　根據 D. Kellner 及楊深坑教授的說明，所謂的 critical，在其希臘字動詞 krinein（crinein）的意義裡，指的是洞悉（discern）、反省（reflect）與判斷（judge）的意思，該字可溯源於古代的醫學和法學，歸納其原始意義就是「分辨清楚」。因此，在古代的希臘，「批判」可說是植根於其日常生活裡，最佳的例子就是 Socrates 對於社會生活、制度、主流價值及觀念所作的檢視（楊深坑，2002：199；Kellner, 2003: 53）。

　　到了啟蒙運動（Enlightenment）興起的時候，「批判」變成了一個重要課題，因為啟蒙計畫主張的就是對權威的批判以及對於個人智識與立場的辯護。其中最著名的，就是 Kant 對於批判的定義。I. Kant（1724-1804）在其三大批判中所使用的「批判」概念，雖然是源於文學批評，其著重處在於理性自身的分辨功能，特別是要去分辨理性所能認識的範疇，換言之，就是要為理性的認識範圍「劃出界限」；由於這種對於理性自身的批判，也進而使得 Kant 的「批判」必須質疑理性、道德，乃至於宗教及美學等領域所有重要的概念，檢視它們是不是有根據及合理的。因此，Kant 之所以進行批判的目標，即在於追求能夠擺脫偏見及無根據之觀念的「自主性」（autonomy），並且能夠對於自己的種種預設進行嚴格的反省（楊深坑，2002：199；Kellner, 2003: 53）。

　　批判的意義到了 G. W. F. Hegel (1770-1831) 及 K. Marx (1818-1883)

時又有了重要的轉變。在 Hegel 手中，批判變成了理性的「自我檢查」，這種自我檢查比 Kant 的理性自身的分辨更進一步，它一方面是要去批評單向的立場（one-sided positions），一方面則是發展出更複雜的辯證觀點，這種辯證觀點拒斥了某些觀念其中的錯誤之處，但也同時地採納了某些正面與解放的層面（Kellner, 2003: 53）。基本上，Hegel 的批判不是 Kant 式認識論或先驗意識（transcendental consciousness）（Habermas, 1972: 19）的批判，它變成了理性的自我反省與自我形成，因而形成存有論式的批判。而 Marx 的批判則與強調理性自我反省的內在化批判的 Hegel 亦有所不同，他的批判更進一步地強調了意識型態（ideology）的批判，進而指向了外在的物質條件（參見楊深坑，2002：200）。

　　「批判」的意義發展到了 Marx 後，終於具有了實質的對於現狀不滿的意涵，至此，它終於蛻變為一種有力的武器。原先手無縛雞之力的知識份子，運用著「批判」的武器，可以面對著社會生活各個領域中各種具宰制性的意識型態、社會關係或政經體系等，而毫無懼色。面對著這些「霸權」（hegemony），透過「批判」及其所欲達成的「解放」（emancipation）目標，知識份子們甚至可以建構出另外一套理論與實踐方式，一圓自己淑世救世的夢想。

　　這種批判的武器，到了二十世紀三〇年代，因著新政經情勢的出現、新媒體的發展，再加上新學說理論的滋養，遂具體化為一種更具體系的社會學及哲學理論——批判理論。

二、從批判理論的發展看「批判」

　　雖然從歷史的角度來看，「批判」的原初概念以及 Kant 的批判哲學，其實並不與批判理論中的批判全然一致，然而，透過 Marx 對

於批判概念的「外向化」，卻使得批判成為知識份子手中最有力的武器。而批判理論自從一九三○年代在歐洲社會出現之後，亦成為當代社會學及哲學界的一項顯學，而其透過對啟蒙運動以來之社會的病理式診斷，亦對當代教育學的發展，產生了重大的影響（楊深坑，2002：200）。

回顧批判理論的發展，其與當時德國的法蘭克福學派（Frankfurt School）的興起脫離不了關係。「法蘭克福學派是一種複雜的現象，其社會思想所表現出的風格基本上與批判理論是緊密連結的。作為一種複雜的現象，法蘭克福學派受到許多不同方式的倡導與詮釋」（Bottomore, 1984: 11）。法蘭克福學派是以於一九二三年在法蘭克福大學設立的社會研究所（Institute of Social Research）為研究基地而得名。不過早年的社會研究所並不側重馬克思主義（Marxism）的哲學分析，而比較偏向社會科學研究，較具實證的色彩。一直要等到一九三○年代時，M. Horkheimer（1895-1973）繼任該所所長，以及一些重要人物如 Th. Adorno（1903-1969）、H. Marcuse（1898-1979）紛紛加入後，該所哲學研究的色彩才被凸顯出來。因受納粹迫害，該所成員於一九三三年至一九五○年流亡美國期間，逐漸地表現了新黑格爾主義（Neo-Hegelian）批判理論的特色。當該所又於一九五○年重返法蘭克福時，「批判理論」終於成為該所主要標舉的學說。此後，法蘭克福學派開始對於德國的社會思想產生深遠的影響，它的影響甚至遍及歐洲許多地方──尤其是在一九五六年，所謂的「新左派」（New Left）在歐洲出現之時。在此同時，法蘭克福學派的影響力也開始在美國發燒，因為 Marcuse 還留在美國。此段時間可說是法蘭克福學派在學術及政治影響最重大的時期，其影響力一直持續到一九六○年代後期，伴隨著當時激進學生的運動，更達到了高峰。在這個時候，Marcuse 在美國的影響超越了 Horkheimer 與 Adorno，成為新時

代馬克思主義批判思想的最重要代表人物。

從一九七〇年代開始，固然法蘭克福學派的影響力開始衰微，但是該派新起的代表人物 Habermas 以深具原創性的方式重新地對於社會知識的可能性條件進行了批判，並且也重新評估了馬克思主義的歷史及現代資本主義的理論（Bottomore, 1984: 13）。透過 Habermas 的努力，也使得批判理論的影響力延續至今。

大體言之，法蘭克福學派的批判理論可說延續了馬克思主義對於資本主義的批判，但它還更進一步地針對了作為資本主義社會之思想基礎——實證主義（positivism）進行了批判。在資本主義興盛的時代中，實證主義往往被視為一種「進步的」力量；惟在晚近的社會中，實證主義已變成一種「物化」的源頭及支持現狀的一種理論。有時，這種批判主義甚至還擴及至 Marx 本身的著作上——因為他們認為 Marx 在其社會分析裡太少注意到統治的上層建築方面（蔡伸章譯，1989：383）。從法蘭克福學派發展的歷史來看，其所對實證主義的批判，可以上溯至 Horkheimer 於一九三七年所發表〈傳統理論與批判理論〉，在這篇經典性的文章中，Horkheimer 比較了他所謂「傳統理論」（traditional theory）與「批判理論」之間的不同。其中傳統理論可說根源於實證主義，最終目的在建立純數學的符號系統。由於取法實證主義的自然科學獲得了巨大的成就，遂使得人文及社會的學科也一直試圖效法自然科學。但 Horkheimer 卻認為，傳統理論中帶有一種「異化」，會造成價值與研究、知識與實踐等的二分。相較於傳統理論，批判理論「從作為人類活動目標的歷史分析中，尤其是從那種將會合理地滿足整個社群之需要的社會合理組織觀念中推出某些觀點，而這些觀點內在於人類勞動中，但並未被個體或大眾精神所正確把握。」（曹衛東編選，1997: 187）因此，批判理論其實是一種「社會批判理論」，所關注的是「生活與其他個體和群體間真實關係之中

的個體」，由於「個體的活動是社會現狀的表現」（曹衛東編選，1997：185），所以批判理論會關注到整體的社會。它反對將社會及歷史中立抽離出來進行抽象的探討，而將社會及歷史當成主體與客體的統一，並且是不斷地發生運動的整體。

此外，Horkheimer 也相信，批判理論是一種政治實踐，也是一種教育實踐。「理論家的職責在於促進發展，引導社會走向公正。他可能發現自己同在無產階級中流行的觀點完全對立……要是沒有這種對立，理論也就是毫無必要的。……理論家社會地位既不是由其收入來源，也不是由他的理論具體內容來決定，而是由教育的形式因素來決定。……批判理論家的任務在於緩和他自己的洞見與他想要為之服務的被壓迫階級之間的緊張關係。」（曹衛東編選，1997：193-194）

延續著 Horkheimer 批判理論的思維，後來的法蘭克福學派的學者，包括 Adorno、Marcuse 與 Habermas 等人都在對於現代資本社會整體的批判上展現了強大的批判火力，例如對於文化工業（culture industry）、現代社會的單面向性及晚期資本主義國家之合法性等問題上，都進行了犀利的批判，也使得「批判」的風潮在西方學界得以歷久不衰。

時至今日，批判理論在加上了別的理論（特別是後結構主義）的養分之後，更顯示了探討內容的多樣化。例如教育學者 T. S. Popkewitz 在其所編之《教育中的批判理論》（*Critical Theories in Education*）一書中，就從 M. Foucault（1926-1984）的觀點，廣義地來看待批判理論。其將批判理論視為一種有關權力的論證（arguments about power）。這種與權力有關的論證，其問題包括了：某些人群的邊緣化是如何透過學校教育、以及權力運作的不同形式來達成？此外，這種與權力有關的論證也要重新去詢問過去那些形塑我們習慣及行事方式的證據和公式，消除我們日常的信念，以及採取一種新的規則與制

度（Foucault, 1991: 11-12; Popkewitz & Fendler, 1999: 2）。換句話說，批判理論已從鉅觀的「社會批判」轉化為微觀的「權力批判」，相較於鉅型的社會批判，後者面對的可能是具有霸權力量的宰制性組織、社會制度或是意識型態與思想主義，但微型的權力批判，所面對的則可能是無孔不入滲透在我們日常生活中的各種權力運作模式。批判也因而無所不在。

參 | 批判取向教育哲學的發展及其重要觀點

如 Horkheimer 所言，批判理論除了是一種政治實踐外，更是一種教育實踐。要達成社會的解放，必須透過教育的過程。出於對教育工作的重視，使得批判取向的教育哲學發展過程中，批判理論向來即占有相當重要的地位。我們可以這樣說，因著批判理論的影響，從一九七〇年代開始，教育研究開始針對教育體制和政治經濟與社會之間的關係進行深入了分析，進而開展了與精神科學教育學及經驗教育科學不同的研究取向（楊深坑，2002：230）。相較於其他取向的教育理論，教育的批判理論較具有一種規範性甚至於是烏托邦的面向，它通常會試圖提出教育與生活如何能建構出不同的觀點的理論（Kellner, 2003: 54）。批判取向的教育哲學亦是如此，簡言之，它通常具有一種「淑世」的面向與理想。

在一八四八年的〈共產黨宣言〉（Communist Manifesto）中，Marx 與 F. Engels（1820-1895）就提出了勞動階級必須自布爾喬亞教育（bourgeois education）解放出來的主張，並且認為要拓展勞動階級的公共教育。此外他們也認為，當時的教育只是在再製資本主義—布爾喬亞的社會，因此要「將教育從統治階級的影響中解救出來」，而且也必須徹底重塑以產生新的教育（Kellner, 2003: 54-55）。也就是

說，在早期批判取向的理論中，教育與社會改造之間的關係已經特別受到重視，而且所謂「再製」的問題在Marx等人的著作中也可見到。

　　而在批判取向的教育哲學發展過程中，J. Dewey（1859-1952）民主與教育的理念也頗有貢獻。雖然一般美國的教育學界常將 Dewey 視為不具批判性的（uncritical）類型，但事實上這是對杜威哲學的缺乏理解所致（彭秉權譯，2005：10）。Kellner 就認為，Dewey 連繫了民主和教育之間的關係，強調一切的民主社會都必須有教育存在；而每一個人也都必須有接受教育的機會，民主才能發揮功用。因此，教育應該是通往民主以及良好生活及社會的重要關鍵。而除了教育對民主社會的形成有其關鍵地位外，Dewey 也強調教育的實用及實踐功能，這亦是其被視為對批判取向的教育哲學貢獻之處（Dewey, 1995; Kellner, 2003: 55）。Kanpol 甚至將 Dewey 與法蘭克福學派理論相提並論，認為他們不管在理論與實踐層面，都注重教育應以民主為目的，發展出批判意識，並且將教育與改變及改革予以連結（彭秉權譯，2005：11）。

　　而在當代對於批判取向教育哲學之發展影響最大的教育學者之一，厥為巴西的成人教育學者Freire，Freire 有時甚至還被視為當代的 Dewey（彭秉權譯，2005：16）。在 Freire 的看法中，受壓迫者（the oppressed）、下層階級（underclass）的人們並沒有接受到相同的教育利益，而且在接受教育時，受壓迫者也不應該將其當成是統治階級的「恩賜」。相反的，受壓迫者必須學會自己教育自己，並進而發展出屬於自己的「受壓迫者教育學」來（Freire, 1970; Kellner, 2003: 55）。相較於法蘭克福學派偏重知識份子的菁英性、智識性，Freire 的學說更強調知識份子必須和受壓迫者階級站在一起，從事人性解放的鬥爭。相較於 Dewey 的學說，Freire 的教育學說較具有政治的意涵，因為「受壓迫者教育學」所需要的不僅是一種新的學習過程，來幫助個

人能夠發展自己；更希望能夠透過這種新的教育方式，達成社會的改造（social transformation）及強化（empower）的目的，以創造出一個更好的人性生活環境來（Kellner, 2003: 556）。

歸納而言，在前述的批判理論家中，不管從 Marx 到 Freire 等人，都強調教育在培育更佳的個人及更好的社會過程中所扮演的關鍵重要性，這樣的論點也使得教育哲學在社會批判及改造上扮演了重要的分量。我們可以這樣說，批判取向的教育哲學，不僅是理論上的教育哲學，更是注重實踐的教育活動。就在西方社會的脈絡下，批判的教育哲學針對了現今社會中所謂「西方民主」之教育模式提供了徹底而激進的批判，而且也主張教育工作與社會改造之間有著密不可分的關係。惟隨著西方各國不同的文化及社會背景，批判取向的教育哲學亦有了不同的發展形式與內容。有鑑於此，本文將再進一步說明在不同西方社會脈絡下所形成的不同的批判取向的教育哲學及各自的理論重點，其中將包括德國的批判科學及美國的批判教育學在內。

一、德國的批判教育科學 [1]

德國批判教育科學（Kritische Erziehungswissenschaft）主要興起於一九六○年代中有關社會與學校中之權威問題的反省，其中特別是讓德國深受戰爭之害的極右派納粹遺毒的蠢蠢欲動，更使許多學者從批判理論的角度進行深刻的反省。加上德國具有批判理論歷史發展的傳統，這些都使得德國的批判教育科學幾可說是完全受到批判理論的影響。一九五八年時，一群極右派的青年人在猶太人的院所及墓碑上塗抹納粹標誌後，引起當時德國社會的震驚與反省，也成了批判教育科學在德國出現的導火線。隨後，T. W. Adorno 發表了一些演講與文章，指出教育的目標在於防止 Auschwitz 集中營慘劇的再現，加上

Habermas 也加入了教育問題的討論。此後，一直至六〇年代末，當時的學生運動吸收了批判理論思想，一方面形成大規模反權威運動的高峰，另方面則又延伸到對社會權威的質疑，包括了對教育問題的關注。此也形成批判教育科學在德國出現的背景（朱啟華，2005）。

根據 D. Lenzen 的觀點，德國批判教育科學的代表人物主要有三位：K. Mollenhauer（1928-1998）、H. Blankertz（1927-1983）及 W. Klafki（1927-）等人（朱啟華，2005）。而楊深坑教授在論述批判的教育科學時，除前述三人外，另又提及 Adorno 的半教育理論（Theorie der Halbbildung; Theory of Pseudo-culture）（楊深坑，2002：230）。以下即依前述，說明這些代表性學者的主要觀點：

㈠ Adorno 的半教育理論

Adorno 在其一九五九年所寫的文章〈Theorie der Halbbildung〉（後來英譯版於一九九三年以 *Theory of Pseudo-culture* 為名出版）可作為其「半教育（Halbbildung; semi-education）理論」的代表性闡述。在該文中，他從一個廣博的古典博雅教育理念來分析當代文化中的「半教育」問題。Adorno 認為，當前文化或教育的危機不完全是某特殊學科或是一種文化社會學的課題，文化的衰微幾乎處處可見，它也不能完全由教育體系或教學方法來解釋。因此，要消除文化的危機，單只有教育方面的改革是不夠的。因此，Adorno 將其分析的角度擴大到對於當代資本主義經濟危機的分析上，他認為由於要因應經濟及資本累積的危機，使得當政者必須以經濟作為主要的考量，因而不得不貶抑教育中全人格陶冶之理想。特別是在資本主義自由市場經濟的推波助瀾下，更助長了消費導向的文化工業（culture industry）之形成。Adorno 注意到，在這種充斥文化工業的社會中的「半教育」概念下，文化商品化及物化的內容（commodified, reified content）已

然取代了原有之真理內容及其與生命主體間的關連。面對著「半教育」的困境，Adorno 主張我們不能訴諸大眾文化或是傳統的博雅教育，而應該致力於恢復受到壓抑的個體反省判斷能力。唯有透過批判反省能力的培養，才能發展出不為大眾文化所淹沒的獨立自主之知性文化（楊深坑，2002：233-235；Adorno, 1993）。

㈡ Klafki 的「批判—建構教育科學」

Klafki在一九七〇年時和其他的學者共同編撰了廣播教材《教育科學》（*Erziegungswissenschaft*）系列共三本，此時他已開始發展出其所謂「批判—建構教育科學」（Kritisch-konstruktiver Erziehungswissenschaft）的理論輪廓。後來 Klafki 又在一九七一年的文章〈教育科學作為批判—建構的理論：詮釋—經驗—意識型態批判〉（Erziehungswissenschaft als kritisch-knostruktiver Theorie: Hermeneutik-Empirie-Ideologiekritik）及一九七六年的〈批判—建構教育科學的層面〉（Aspekte Kritisch-konstruktiver Erziehungswissenschaft）中作了系統的發展。在這些著作中，Klafki認為理想的教育理論應能針對精神科學、教育科學（歷史—詮釋學導向）及經驗—分析教育科學（實證導向）所提出的教育論點及研究成果，進行批判地檢視，以發現其中的意識型態。由於教育理論及實踐，與經濟、社會、政治、文化過程息息相關，所以批判—建構的教育科學必須將社會批判與意識型態批判融入其方法論中。

對Klafki而言，對於社會上的不公、壓抑、宰制結構、物化及疏離等現象的揭露及批判，顯得十分重要。但教育理論不應只是提供消極的「批判」，還需要有積極的「建構」；一方面使學習者能夠達到成熟與自我決定、解放，另方面則希望使社會的公共決策更加開放、增強社會的凝聚力，實現民主化社會的目標。基於這樣的體認，

Klafki特別強調古代通識教育理念的重建，惟通識不應只限於認知層面的廣博，更應涉及批判及論證的能力、社會擬情的能力、道德決斷與行動能力的培養等（朱啟華，2005；楊深坑，2002：235-239）。

㈢ Blankertz 的解放教育學

Blankertz 是當代德國解放教育學（Theorie der emanzipatorischen Pädagogik）的代表人物。解放教育學的教學（育）理論（Didaktik）注重的是教學相關問題的探討，強調教學情境中意識型態問題的分析，希望能培育未成年人反省批判的能力，以達到自由解放的目的（梁福鎮，1999：229）。在Blankertz的解放教育學中，不只將教育視為個人的現象，更是社會的現象；而教育理論應該兼具行動科學（Handlungswissenschaft）及批判理性主義的意義，是以我們應從批判理論的角度進行教育的實踐論辯。Blankertz提出，教育理論也不需排斥經驗研究，惟它必須奠基於「解放」與「獨立自主」的認知興趣，同時考量個人自主及社會功能，並且強調理性的優位原則（楊深坑，2002：239-240）。

㈣ Mollenhauer 的教育過程理論（Theorien zum Erziehungs-prozeβ）

一九六○年代開始，德國教育學者 K. Mollenhauer 即特別關注學校與社會間的關係。他在一九六四年發表了〈教育學與理性〉（Päda-gogik und Rationalität）一文，在這篇文章中他批評了經驗實證取向與精神科學取向的教育學忽視了相關社會脈絡的探討，進一步提出了理想的教育理論建構原則。Mollenhauer 認為，教育理論應當要能對教育實際背後的社會事實進行揭露，並且消除這些壓迫、造假、刻板印象及意識型態的「社會事實」。惟有如此獲得的教育理論及教育實

踐，才能對於教育中不合理但卻被視為理所當然的現象進行批判，也才能真正培養出能夠批判社會及改造社會的學生（朱啟華，2005）。雖然 Mollenhauer 這篇文章並未真正提出「批判教育科學」之名，但是其立論卻成為後來德國批判的教育科學的理論基礎。

一九六八年，Mollenhauer 又出版了《教育與解放》（*Erziehung und Emanzipation*）一書，顯示其轉向了批判的教育科學，之後其更在一九七二年的《教育過程理論》中予以系統化。在後者中，Mollenhauer 本於 Habermas 的「溝通行動理論」，將教育亦視為一種溝通行動，教育理論為一種符號溝通行為之理論，其基礎並不在於人際互動的規則，而在於社會歷史條件下，物質與社會的再製過程。因此，教育的關係必須與歷史、社會的物質基礎作緊密結合（楊深坑，1988：49-50；楊深坑，2002：241）。

歸結說來，德國自從一九六〇年代以來所發展的批判教育科學，主要源自對納粹威權主義對於德國青少年之影響相關問題的反省。由於德國是批判理論的發祥地，故其批判教育科學的發展可說受到批判理論傳統影響甚深，而其代表學者的教育學說也多以「意識型態批判」為其論說主軸，並探討了學校中的權威及宰制結構的問題，主張教育應以「解放」為其主要目的，最後並期待培養獨立自主與具有改造社會能力的理性個人。不過到了後來，隨著德國社會的日益民主化及各種教育改革措施的紛紛出籠，遂使得批判教育科學原有「透過教育，改造社會」的動人口號，不再特別具有吸引力（朱啟華，2005）。加上，隨著「全球化」（globalization）現象的盛行，使得德國的批判教育科學自從一九九〇年代以降產生了重大轉變，主要是將其研究焦點放在和「全球化」現象有關的問題的探討及解決方式上。

二、美國的批判教育學[2]

在美國，批判取向的教育哲學的發展雖然亦與批判理論有關，不過它的發展可說是植基於美國進步主義教育（progressive education）的傳統，而這樣的傳統也孕育出批判思考（critical thinking）及批判教育學（critical pedagogy）兩種相關但又不同的教育理論。

㈠ 批判思考與批判教育學

近年來在美國教育學界盛行的批判取向的教育學說，除了批判教育學外，還有與批判思考有關的理論。基本上，批判教育學與批判思考雖然都以「批判」（critical）為名，但是兩者間還是有些許不同（Burbules & Berk, 1999: 46-53）。批判思考所重的「批判」，主要是指「知識上的」批判，它是要去認識到哪些是錯誤的論證、哪些是輕率的推論、哪些是缺乏證據的假定、哪些真理主張是來自於不可靠的權威、哪些概念是模糊曖昧的等等。所謂批判思考的傳統，正如 H. Siegel 所言，是將目標放在「自足」（self-sufficiency）上，「一個能夠自足的人就是一個解放的個人（liberated person），他可以免於受到那些沒有根據、不對的、未經驗證的信念之控制」（Siegel, 1988: 58）。

簡言之，批判思考與「理性」（rationality）的概念有關，它至少將「發展理性」（developing rationality）或培養學生批判思考的能力當成是教育及課程的主要目標。對於主張批判思考的學者來說，其所欲培養之「批判性個人」（critical person）就是「批判性的資訊消費者」（critical consumer of information），致力追求理性及證據。Burbules 等人認為這樣的教育目標，在西方其實自古希臘時代即已開始，經過經院哲學到今天，它也一直都是許多課程的重要目的。Burbules 等人

並列舉了一些當代重要的主要批判思考的美國教育學者，如R. Ennis、J. McPeck、R. Paul、I. Scheffler 以及 H. Siegel 等人（Burbules & Berk, 1999）。

至於批判教育學傳統其出發點則與批判思考有所不同，雖然它們都與 Dewey 的哲學及教育理論有關，但前者考慮的並不是要去評估某些特定信念體系的真理內容（truth content），而是去考慮這些信念及行動體系的某些部分在社會的權力結構中所產生的效應如何。它首先要問的是：誰從這些信念及行動體系中獲益（who benefits）？因此，批判教育學最關心的問題是社會不公（social injustice）的問題，以及我們該如何去改造這種不平等、不民主甚至是壓迫性的制度及社會關係的做法。對於批判教育學來說，其所要培養的「批判性個人」是一個被賦權（empowered）因而獲得強化的人，他（她）能致力追求社會的正義與解放。

當然，如果只以其重點在「知」或「行」來區分批判思考及批判教育學，對兩者都不公平。實際上，包括批判思考在內，此兩者所強調之所謂的criticality，都要求其學者不僅要「知」，更要去「行」。例如批判思考就強調要實際地從事嚴謹的理性思考，只不過從批判教育學的角度來看時，批判思考似乎過度強調了人類理性與行動之間的連結。對於批判教育學者來說，人類理性與實踐之間關係的問題要遠比想像複雜，所謂的思考與反省，它一定是與行動或實踐（praxis）連結在一起的，否則它就不是真正的批判思考。有鑑於此，本文的主要立場是將「批判思考」視為批判教育學發展的一個必要及準備的階段，並且將敘述的重點置於批判教育學上。

(二) 美國批判教育學的起源及發展

批判教育學興起於一九八〇年代，其理論發展主要是來自於美國

一些教育工作者的努力，這些學者包括 H. Giroux、P. McLaren、M. Apple 以及 D. Kellner、I. Shor 等人。從理論的歷史淵源來說，批判教育學應可視為法蘭克福學派批判理論在學校及課堂中的具體實現（Gur-Ze'ev, 1998）。不過，批判教育學在美國教育左派中的興起，卻與巴西成人教育者 Paulo Freire 有著直接的關連。一九六〇年代，Freire 曾因受政治迫害流亡海外，後來並受邀至美國哈佛大學講學。而他在一九七〇年代所出版的《受壓迫者教育學》（*Pedagogy of the Oppressed*）更大受美國教育學界的歡迎。簡言之，Freire 的受壓迫者教育學連同其他在美國影響深遠的哲學及社會學理論，包括知識社會學（sociology of knowledge）、女性主義理論（feminist theory）、新馬克思主義文化批評（neo-Marxist cultural criticism）與前述的批判理論，可以說共同形成了美國批判教育學的理論基礎（McLaren, 1997）。

此外，根據 A. Darder 等人的歸納，除了 Freire 及法蘭克福學派的批判理論外，美國當地影響批判教育學出現的主要因素尚有下列兩項：(1)一些二十世紀的社會運動家及教育家的影響。前者如點燃美國民權運動（civil rights movement）的 Myles Horton、引發美國開放學校運動（Open School Movement）的 Herbert Kohl、身兼社會運動家及理論家的 Jonathan Kozol；後者則如 Dewey、Maxine Greene、Samuel Bowles、Herbert Gintis、M. Carnoy、Apple 及 Ivan Illich 等人。(2) A. Gramsci 與 Foucault 的影響。在 Darder 等人的看法中，諸多影響批判教育學的經典性學者中，以此兩人最值得進一步討論，其主要原因他們的論點可以提供我們對於教育進行批判性的理解。這兩位學者拓展了我們對「權力」（power）意義以及權力對知識建構之影響的理解。其中 Gramsci 對於霸權概念的解釋以及 Foucault 有關知識及權力關係的解析都啟發了後來學者對於教育制度「再製作用」

（reproduction）及教育實際情境中權力關係的分析（Darder, Baltodano, & Torres, 2003: 3-10）。

而首先使用 critical pedagogy 一詞的專書，則應該首推 Giroux 於一九八三年所出版的《教育中的理論與抗拒》（*Theory and Resistance in Education*）。在一九八〇及一九九〇年代中，除了 Giroux 外亦有許多其他重要的學者針對美國所謂的民主教育進行了批判教育學式的討論（Darder et al., 2003: 2）。近年來，批判教育學的發展更受到了 Derrida 解構（deconstruction）理論及後結構主義（post-structuralism）的影響，產生了進一步的發展（McLaren, 1997）。

㈢ 美國批判教育學的要旨

由於被歸為批判教育學者的人士甚多，所以本文在此並不擬針對個別學者的教育學說及理論進行敘述，而將以歸納批判教育學中的要旨或主要概念代之。根據 McLaren 及 Darder 等人的歸納（Darder et al., 2003; MaLaren, 1997），批判教育學重要的要旨如下：

1. 教育是一種文化政治學

批判教育學將教育視為一種文化政治學（cultural politics），希望能發展出一種學校教育文化（culture of schooling），使那些位於文化邊陲、經濟不利的學生都能獲得賦權及強化。因此批判教育學會試圖想去改造教室中的結構及那些不利民主生活發展的教學實踐。由於，批判教育學亦相信，教育文化與社會中的政治及經濟脫離不了關係，而且學生及教師生活環境中的物質條件都會影響到他們對於學校及社會問題的理解。從政治經濟學的角度來看，批判教育學最關注的問題應是階級再製與學校教育兩者間如何共謀，激化了社會的不平等現象。

2. 教育中的知識應具有歷史性與解放性

批判教育學認為，所有的知識都是在某個歷史脈絡下創發出來的，歷史事件與教育實踐是無法分開的。不過，除了知識所具有的歷史性外，批判教育學還採取了更積極的看法，那就是在批判的教育實踐中，應該要讓學生體會到人類才是歷史的主體，即便人會受到歷史的影響，但因著歷史背景所產生的不公義的狀況，人們也可以去改造它。對於批判教育學者來說，他們最感興趣的應該還是 Habermas 所講的「解放性知識」，因為解放性知識正是要幫助我們了解社會關係是如何受到權力關係的扭曲及操縱，進而透過深思及集體的行動，致力創造出可以克服非理性、宰制及壓迫的社會條件來。

3. 教育的實施應注重理論與實踐的辯證關係

批判教育學支持「理論應該是辯證的（dialectical）」說法，其意義係指，所謂的「理論」應該了解到社會中的問題不僅是孤立的個體有缺陷所致，這些問題也常反過來形成個人與社會之間互動脈絡（interactive context）的一部分。是以我們在進行理論分析時，個人與社會是不能分開的，而必須同時進行分析。此外，批判教育學也主張從辯證的角度來看待學校教育，學校既是宰制、也是解放的場所（sites），它不僅是被動地再製學生的階級，將其訓練灌輸為適宜在資本主義社會生活的一份子，而且它也提供學生在民主社會中進一步解放的可能性。

從辯證的角度來理解「理論」時，理論就不再是 Horkheimer 所說的與實踐截然二分的「傳統理論」，而是成為與實踐充分結合的「批判理論」。這種批判理論強調我們必須不斷地進行反省、對話及行動等實踐活動，進而改造人類的社會與世界。

4. 重視教育中意識型態的批判及對霸權的抗拒

批判教育學強調要對於社會中宰制的意識型態（dominant ideology）進行批判的工作。所謂宰制或主流的意識型態指的是社會中大多數人所共享的信念與價值模式（patterns of beliefs and values），例如在美國社會中就存有資本主義或父權的意識型態，不斷地透過大眾媒體、學校及家庭社會化的過程來「填塞」人們的心靈。有時這些意識型態甚至還會「內化」於人們的心中，成為其人格裡心理結構的一部分，因而對於教師來說，他（她）必須不斷地以批判性的眼光來面對這些主流的意識型態以及這些意識型態對於其教學實踐的影響。

此外，批判教育學也採用 Gramsci 對於「霸權」的分析，指出「霸權」是一種社會控制的過程，其透過某個宰制的社會文化階級對於其隸屬團體進行道德與智識上的領導來實行（Gramsci, 1971）。批判教育學藉由「霸權」解析了那些資以維持統治階級利益的不對稱權力關係（asymmetrical power relations）及社會配置（social arrangements），進而將政治、經濟、文化與教育之間的權力連結當成是「霸權」的展現。雖面對著這種「霸權」無所不在的控制，批判教育學還是提出了「抗拒」的可能性。相對於「宰制性意識型態」，「對立性意識型態」（oppositional ideology）確實存在於人們的心中，這種對立性意識型態會嘗試去挑戰質疑宰制性意識型態，進而打破既定的刻板形象。雖然大多數時候，宰制性意識型態會想透過霸權的方式來操控對立性意識型態，但是由於所有的人都應該具有生產知識及抗拒宰制的能力，因此「反霸權」（counter-hegemony）仍有可能發生。所謂的「反霸權」，在批判教育學中代表一種智識及社會的空間，在這樣的空間中，原有的權力關係因而重塑，也使得那些傳統上被視為邊緣者的聲音及經驗重新獲得重視。

5. 教學方法上注重對話及覺醒，課程方面強調潛在課程的分析

　　批判教育學主張的教育策略就是對話的方法，對話可以說是所有教育反省與行動的基礎。受到 Freire 提問式教育（problem- posing education）的影響，批判教育學認為師生間的關係應該是一種平等對話的關係——學生固然從教師那兒學習，但教師也從學生那裡學到東西。對話的目的則是為了使學生「覺醒」（conscientization）。在此，覺醒指的是學生能完成對於那些形塑他們生命之社會關係的深刻覺察，並且發現到自己也具備重新創造世界的能力。唯有透過覺醒，學生才能獲得重新解讀這個世界的力量，也唯有透過覺醒，學生才能相信並激發出自己具有轉化自己生命及改造社會的力量。

　　在課程方面，批判教育學認為課程不只是一套學習的計畫、教科書或是授課綱要，課程代表了對於某種特定生活形式的引介，它的重要目標之一就是預備好學生，讓其可以去接受現存社會中宰制或附屬的立場（McLaren, 2003b）。對於批判教育學者來說，他們所關心的問題是，教科書、課程材料及內容中的各種描述、討論與再現，以及在教學實踐過程中所展現的社會關係是如何有益於宰制團體、排斥附屬團體。是以他們將課程視為一種形式的文化政治學，特別重視潛在課程（hidden curriculum）的解析。

　　綜合而言，從前面的敘述來看，可以發現德國的批判教育科學與美國的批判教育學間存在著許多的共通之處，包括對民主社會的政治理想、意識型態的批判、解放的追求、獨立自主人格的培養等，都可以視為兩者之間的共同語彙，其主因在於他們有著共同的理論基礎——批判理論。然由於兩者不同的社會背景及文化脈絡，我們仍可就其細微之處，作出下列的比較：

(1)德國的批判教育科學主要起源於對當地納粹精神之極權主義幽
靈復甦的反省，認為人們無法擺脫對極權主義的依賴，是出自
人理性未能真正發展成熟、自主所致。批判教育學則與第三世
界中各種社會改革（或識讀）運動的推行有關，後來在美國又
轉為對資本主義高度發達社會中意識型態的批判，主張批判必
須同時伴隨社會政經環境的改造工作而進行。

(2)從前述的兩者源起之差異的角度來看，雖然兩者都以馬克思主
義為其思想孕育的母體，但德國的批判教育科學似與早期馬克
思主義中的人文主義思想較為接近，更強調主體的能動性與自
主解放。批判教育學則多採用晚期馬克思主義對於政經結構的
鉅觀分析，對於資本主義社會進行徹底無情的批判，強調整體
政治及經濟結構的改革工作。不過晚近的批判教育學亦提出了
「抗拒」與「反霸權」的概念，拉近了兩者之間的距離。

(3)藉著「霸權」觀念的解釋，批判教育學細緻地分析了社會主流
意識型態或國家機器的社會控制及階級再製的過程，主張教育
或社會問題的解決，必須同時透過教育及政治（或是說教育本
身就是一種文化政治學）的手段來進行解放。批判的教育科學
則將分析焦點集中在學校內威權體制結構及權威現象的分析，
基本上還是試圖透過教育本身的手段達到「解放」的目的。

(4)受到不同哲學傳統的影響，德國的批判教育科學較支持「普遍
的」理性觀，強調不同文化的分野，重視具有內涵的「高級文
化」，而貶抑文化工業生產的「通俗文化」或「半文化」。但
是批判教育學則從受壓迫者、邊緣者的觀點出發，強調「差
異」、「多元」、「發聲」的重要性。另外，他們也反對過度
簡化的「高級／低級文化」、「古典／通俗文化」等的二元區
分，容許「跨界」（border-crossing）的可能性，較具有多元文

化主義的色彩。不過，面對著全球化議題的愈演愈烈，德國的批判教育科學亦已開始進行改弦易轍的準備。

肆　批判取向的教育哲學面臨的爭議

雖然批判取向的教育哲學在教育哲學理論中已經是一個重要的流派，然而在它發展的過程中，也一直面臨著其他學者的「批判」。大體上，我們可以將這些批判和爭議的議題歸納如下：

一、批判取向的教育哲學對於「教育」的看法是否太過政治化？

針對於批判教育科學的政治化傾向，德國學者 W. Brezinka 曾批評其將左派政黨的特定政治理念及路線引起教育理論中，因而使得教育理論被過度政治化，也不具有實質的內容（朱啟華，2005）。而政治性格更明顯的批判教育學則一開始就飽受那些主張傳統教育或自由主義者的批評，批評其太過強調教育的政治性格，卻在實際的課堂中不具任何價值。若批評批判教育學不具實用的教學價值，這樣的批判其實對於批判教育學並不甚公允，因為批判教育學其實向來即關注實際在課堂中所發生的教與學的情形，而且他們也試圖去改造在教育結構、教育實踐及教育關係中所潛藏的權力關係，並且發展了許多實用的策略來進行這種改造。

比較可能產生爭議的是，一般人對於教育的看法多半是中立的、不應帶有任何政黨色彩的。因此若果如批判取向教育哲學所言，教育是一種政治行動，那在「政治」一詞已被污名化的現代社會中，一般人所擔心的問題則是：難道教育不會成為政治的工具嗎？面對著這樣的憂心，批判教育學的回應則是重新定義所謂的「文化政治學」，例

如 Giroux 即主張在這種文化政治學下，教育者應理解學生的主體性是如何透過某些歷史生成的社會形式而形成並且受到控制。換言之，教師不僅必須對於學校此一特殊社會環境如何形塑學生經驗有所探究了解，其也必須對於學校之外的權力機器是如何產生知識的形式，而使得某種特定形式的真理或生活方式合法化過程有所理解與探究（Giroux, 1988: xxxv）。

持平而言，教育的確應該儘量保持中立，不沾染任何特定黨派的色彩。但是由於教育影響力量極為深遠，任何掌握權力的政府或政黨也絕對不會棄守教育這塊園地於不顧。即便教育者聲明自己不碰政治，但政治人物絕不會放棄染指教育，因此實際上，任何的教育都一定與政治活動間有相當的關連性存在。有鑑於此，批判教育學所講的文化政治學，重視外在權力機器與知識生成間關係的剖析，使學生了解到自己所接受到的教育很可能實際上是一種社會控制的結果，這在喚醒學生的批判意識上，應能提供相當程度的貢獻。

二、來自不同理論立場者的批評

一些女性主義者對於批判取向的教育理論進行了種種批評。這些批評包括批判取向的女性教育學者過少（除了 M. Greene 之外）、未能直接討論與女性有關的議題、未能立基於女性的經驗及知識建構方式來進行研究等等問題。簡言之，在女性主義者的眼中，批判取向的教育學沒能真正地挑戰社會中的父權制度（patriarchy），而只是眼光短淺及浮面的分析而已。的確，從批判取向的教育哲學所承繼的思想傳統來看，它可以說是全盤接受了啟蒙運動中對於「理性」、「解放」及「自主」的看法，而這些看法也形成了其有關知識的論述基礎。相較於女性主義者向來強調的「關係」、「立場的知識論」，強

調「獨立自主」、「普遍理性」的批判取向教育哲學在知識論的觀點上顯然與女性主義有所不同。從女性主義的角度來看，其對於批判取向教育學高舉理性、以理性作為知識建構的最終基礎的說法不以為然，亦是我們可以理解的。而為了補充批判取向教育研究不足之處，女性主義者強調應該重視個人性的傳記及敘述，並且對認知主體的歷史及政治位置進行探究（Darder et al., 2003: 16），這應該也可以提升批判取向學者的理解能力。簡言之，女性主義者的批評固然有其可取之處，然而在其與批判取向教育理論的爭議之中，或許我們可以針對下列的問題「所謂的理性，是不是男性的專利？還是普遍人性所共有的？」作更深入的思考。

除了女性主義者的批評之外，其他族群或邊界（borderlands）人士對於批判取向的教育理論也提出了不同角度的觀察。例如他們提出批判取向的教育學者大部分都是「白人」，這使得批判取向的學者無法真正從某些特定的族群的觀點來解釋附屬文化（subordinate cultures）相關的問題。這些不同族群者可能是女性主義者，也可能是有色人種，他們指出批判的教育理論不僅常是種族中心的（ethnocentric），有時更是過分化約主義的（reductionistic）；他們認為種族／性別／性（race/gender/sexuality）的問題，都應該在美國學校教育中的批判分析中予以等量齊觀。而包括發聲（voice）、能動性（agency）及認同（identity）政治學的問題，也應該要能從跨越不同文化的觀點來觀察（Darder et al., 2003: 17）。

三、批判取向教育哲學所使用的理論及語言問題

批判取向的教育哲學雖然主張個人的啟蒙與解放，批判教育學甚至還主張要透過教育使受壓迫者「覺醒」，一起從事社會改造的奮

鬥。但是有些諷刺的是，它們所使用的語言及理論卻常是高度學術性
及艱澀難懂的。對於那些勞動階級的人們來說，這種學術理論式的語
言不只未能促成他們這些社會邊緣人們的解放，反而造就了一種新的
壓迫形式。

　　事實上這類的批評也提醒了其他學術研究者，理論與實際之間其
實是一直存在著差距的，學術的象牙塔與社會的勞動現場間的距離不
是光憑理論及學術語言即可拉近。學術工作者若要發揮自己學說的影
響力，他的理論不應該只在菁英的學術圈裡傳布，而應該仔細思考更
多其他的策略、更多實際與階級、文化、性別、權力有關的議題，將
自己的學說理念用淺白的語言予以推廣出去。

四、當代重要思潮如後結構主義及後現代主義的挑戰

　　後結構主義及後現代主義（postmodernism）對於批判取向教育哲
學的影響，可說是兩面刃，一方面它們提供了解構的方法，使得後者
在論述權力及其與知識關係的問題上有著更廣闊的空間，因而可以在
智識上進行「跨界」的行動；但另一方面它們也質疑了西方啟蒙運動
中的「聖牛」（sacred cows），包括理性、絕對知識的普效性等，使得
所有的後設敘事（metanarratives）都成為可懷疑的。固然後結構及後
現代主義可以幫助我們更深入地去探究文化混雜（cultural hybridity）、
族裔化主體（racialized subjects）、性（sexuality）及差異政治學
（politics of difference）等問題，但是它同時也質疑了批判取向理論
在政治上主張面對不同政治計畫時，應有統一行動方向的觀點。比較
起來，批判取向的教育哲學較關心資本主義、資本日益國際化對於勞
工階級所可能產生的總體影響，因而認為不應該將「階級」（class）
問題從所謂文化、種族、性別等討論中退卻出來。面對著後現代的挑

戰，批判教育學者以為，後現代所謂「權力遍在於各處，卻又同時不存在」（power everywhere and nowhere）的看法，將會使得我們無法聚焦於批判經濟結構之宰制及剝削的作用上（Darder et al., 2003: 18）。例如 McLaren 就提醒批判教育學者，近十年來，批判教育學與後現代及後結構主義有著更緊密的連結關係，但是在這樣的關係下，馬克思主義式的分析卻逐漸消失，長此以往，終將使得批判教育學走上與過去自由主義者的改革運動相同的道路。McLaren 認為，在批判教育學中，階級分析（class analysis）與階級鬥爭（class struggle）還是應該占有中心的地位（McLaren, 2003a）。

　　從前述爭議的討論內容來看，相關的批判，大體上是來自當代不同其他思潮主張者所提出的批評。這些不同思潮，包括一些保守主義者、自由主義者、女性主義者、後現代及後結構主義者等等，也包括了來自其他族群重視文化多元觀點的人士，甚至還包括了來自基層工作者的聲音。這些「異音」一方面指出了批判取向教育哲學的不足之處，另方面也提供了其更多省思的可能性與空間。由於批判取向的教育哲學的理論母體仍是來自於馬克思主義，而馬克思主義向來即強調「由下而上的分析」或「由下而上的歷史觀」，這與女性主義者或是多元文化工作者的觀點其實存有許多共通之處，所以對於批判取向的教育哲學或教育理論而言，面對著外在複雜多變的社會情境，擷取其他思潮的理論養分、產生新穎的發展，其實是相當自然的事情。以下，在本文的最後，即擬就批判取向的教育哲學的未來發展進行一些介紹。

伍　批判取向教育哲學的展望

　　如前述，面對著變遷快速的現代社會及飛躍進步的科技發展，連

德國的批判教育科學都不得不正視「全球化」的相關議題，考慮在全球化效應下，所產生的跨國經濟及商業化對於教育活動的影響；而在社會思潮及理論的發展上，批判取向的教育哲學也受到後結構及後現代所謂「解構」方法影響，在理論內容上產生了一些重大的改變。例如後結構主義中強調差異、邊緣性（marginality）、異質性（heterogeneity）與多元文化主義（multiculturalism）的重要性，使得批判取向教育學者重視過去在現代主義傳統下向被壓制的經驗、團體與聲音，並且開啟了新的批判理論對於性別、種族、性與多元文化差異等議題的研究之可能性。更具體地說，像 Giroux 在提出了 critical pedagogy 的名詞外，近年來更提出了以跨界為目標的「邊界教育學」（border pedagogy）一詞，試圖打破權力與知識的原有配置，將批判理論中的「解放」與「抗拒」結合，並且正視一般通俗文化中所具有的積極意義（Giroux, 1992）。這些都代表了批判取向的教育哲學或教育理論最新的發展趨勢。

根據 Kellner 的分析（2003），在這個全球化、高科技、多元文化而又高度競爭的世界中，人們的社會及心理條件都產生了劇烈的變化。這樣的世界有著全球性、強調數位文化（digitized culture）的特性，它充斥著新穎的認同觀念、各種社會關係與文化形式，以及各式各樣的社會運動。面對著這種激烈變動的新環境，Kellner 乃主張批判的教育理論必須植根於一種社會的批判理論，這種社會的批判理論必須將這些在今日經濟、政治、社會、日常生活甚至是主體性問題上的變動考量在內，因此它該是一種科際的（interdisciplinary）、超越學科界限的（transdisciplinary）的理論，目的是為了創造出一種足以透視當代社會的多元性觀點；它必須是跨越界限的，才能將許多不同的社會生活面向都統整入一種全面的批判性及歷史性思考之中。Kellner 因此提示了現代世界中三個重要面向的改變，強調教育學說

必須重新思索這三個面向的重要議題，來進行理論的重構：(1)針對年輕一代其所處的各種新式生活情境、主體性與認同的問題，進行清楚的闡釋；(2)培養新的多元素養（multiple literacies），以能對於新的科技發展及全球化的挑戰作出回應；(3)分析並提出教育進行徹底重建與民主化的理論基礎（Kellner, 2003: 58-63）。

　　對於許多批判取向的教育思想家而言，他們都必須正視現代社會因「全球化」及「科技革命」（technological revolutions）所帶來的各種影響。例如在面對因傳播科技發達而產生的電子空間（cyberspace）問題時，部分的學者主張批判取向的教育學應該改變其某些核心主題（例如 Freire 論點）來適應新的社會需求，這些學者包括了 Michael Peters、Michele Knobel、Colin Lankshear 等。不同的是，雖然 Kellner 還是屬於對現代社會裡所謂電子空間的樂觀者（cyberoptimist），惟其也不認為，為了成功地培養人們在電子空間具備的批判素養（critical literacy），批判教育學的核心主題應該要予以改變，Kellner 反而堅持要在電子空間中批判素養的架構下，實現古典批判理論（以 Freire 批判教育學的形式）的目標（Gur-Ze'ev, 2000）。

　　總而言之，容或在面對不斷變遷中現代世界，不同的批判取向教育學者可能會有其不同的因應及調整方式，但是我們應該可以這樣說，發展個體批判反省的能力，透過教育的重建達成社會的改造，使現代社會能夠成為真正的民主社會，應該仍是批判取向的教育哲學在發展過程中「一以貫之」的理想。批判取向的教育哲學，若是不能同時堅持個人自主解放、追求真正的社會平等與社會正義的「淑世」目標，它就不會是真正的「批判的」教育理論。

註　釋

1　「批判教育學」（kritische Pädagogik）與「批判教育科學」（Kritische Erziehungs-
wissenschaft）一詞一般在德國批判教育學者的使用中並無太大區別。惟「批判
教育學」一詞在德國一九二〇年代即已出現，那時的教育學者係用以標示教育
學研究的一個新方向，以與經驗的教育學及思辨的教育學區別。不過當時的批
判教育學還是屬以規範導向的教育學，且其研究對象是教育理論本身、是教育
理論的再反省，並未涉及教育與社會關係的探討（參見朱啟華，2005）。

2　有關 critical pedagogy 一詞的中譯，國內學者大致分為兩派看法，一派主張譯為
「批判教育學」，另派主張譯為「批判教學論」。筆者在此採用前者的譯法，
主要原因在於 critical pedagogy 的論述不僅止於教學方法或教學問題的討論上，
實際上也包括了對於教育目標及教育本質的重新塑造。

參考文獻

中文部分

方永泉（譯）（2003）。Freire, P. 著。**受壓迫者教育學**。臺北市：巨流。

朱啟華（2005）。從社會演變談德國批判教育學的興起及再發展——以其對權威問題之探討為例。**國民教育研究學報，14**，1-25。

李黎等（譯）（1999）。Habermas, J. 著。**作為意識型態的技術與科學**。上海市：學林。

陳伯璋（1989）。**教育研究方法的新取向**。臺北市：南宏。

曹衛東（編選）（1997）。Horkheimer, M.著。**霍克海默集**。上海市：遠東。

梁福鎮（1999）。**普通教育學**。臺北市：師大書苑。

彭秉權（譯）（2005）。Kanpol, B.著。**批判教育學的議題與趨勢**。高雄市：麗文。

楊深坑（1988）。**理論・詮釋與實踐——教育學方法論論文集**（甲輯）。臺北市：師大書苑。

楊深坑（2002）。**科學理論與教育學發展**。臺北市：心理。

蔡伸章（譯）（1989）。McLellan, D. 著。**馬克思後的馬克思主義**。臺北市：巨流。

英文部分

Adorno, T. W. (1993). Theory of Pseudo-cultrue. *Telos, 95*, 15-27.

Bottomore, T. (1984). *The Frankfurt school*. London: Tavistock.

Burbules, N., & Berk, R. (1999). Critical thinking and critical pedagogy: Relations, differences, and limits. In Popkewitz, T., & Fendler, L. (Eds.), *Critical Theories in Education-Changing Terrains of Knowledge and Politics* (pp. 45-66). N.Y.: Routledge.

Darder, A., Baltodano, M., & Torres, R. D. (2003). Critical pedagogy: An introduction. In A. Darder, et al., (Eds.), *The Critical Pedagogy Reader*. N.Y.: Routledge.

Dewey, J. (1995). *Democracy and education*. N.Y.: The Free Press.

Foucault, M. (1991). *Remarks on Marx: Conversations with Duccio Trombadori* (R. J. Goldstein, & J. Cascaito Trans.). New York: Semiotext (e), Columbia University.

Freire, P. (1970). *Pedagogy of the oppressed*. N.Y.: Continuum Books.

Giroux, H. (1988). *Teachers as intellectuals: Toward a critical pedagogy of learning*. Grandy, Massachusetts: Bergin & Garvey.

Giroux, H. (1992). *Border crossing: Cultural workers and the politics of education.* N.Y.: Routledge.

Gramsci, A. (1971). *Selection from the prison notebooks*. N.Y.: International Publishers.

Gur-Ze'ev, I. (1998). Toward a nonrepressive critical pedagogy. *Educational Theory, 48* (4), 463-486.

Gur-Ze'ev, I. (2000). Critical education in cyberspace? *Educational Philosophy and Theory, 32* (2), 209-231.

Habermas, J. G. (1972). *Knowledge and human interests* (J. J. Shapiro, Trans.). London: Heinemann.

Kellner, D. (2003). Toward a critical theory of education. *Democracy & Nature, 9* (1), 51-64.

McLaren, P. (1997). Critical pedagogy. *Teaching Education, 9* (1), 1-7.

McLaren, P. (2003a). Critical pedagogy and class struggle in the age of neoliberal globalization: Notes form history's underside. *Democracy & Nature, 9* (1), 65-90.

McLaren, P. (2003b). Critical pedagogy: A look at the major concepts. In A. Darder, et al. (Eds.), *The Critical Pedagogy Reader*. N.Y.: Routledge.

Popkewitz, T., & Fendler, L. (Eds.). (1999). *Critical theories in education: Changing terrains of knowledge and politics.* N.Y.: Routledge.

Siegel, H. (1988). *Educating reason: Rationality, critical thinking, and education.* N.Y.: Routledge.

第三章

批判教育學：
反壓迫的民主教育
論述和多元實踐

王慧蘭

壹 批判——存在的持續反思

在當代臺灣社會進行教育研究或教育社會學研究，個人常有一種捲入快速社會變遷、龐雜論述層次的迷惘之感。一方面，社會體系運作的支配邏輯已大不相同，從傳統的國家政治權力獨大到當前經濟邏輯凌駕一切，以及高度現代社會的價值多元性，教育的論述除了國家權力的唯一聲音外，也加入許多新社會趨勢、團體的不同聲音；另一方面，社會科學中理論不斷推陳出新，不同學科的概念和分析工具快速地相互滲透和借用，從社會實體的鉅觀分析到語言後設和自我認同的分析，從重視實徵研究、工具理性到強調實踐價值，談論教育應如何的論述眾說紛紜，這些都使得教育的思考更顯多元。

為何討論「批判教育學」（critical pedagogy）[1]？只因為它是當前臺灣教育界的「顯學」或「時髦」玩意兒？或是有更深刻的意義？以 Paulo Freire 為首的批判教育學起源於南美，在北美的發展過程中有其內在分歧，既受到推崇也遭受質疑和批評，在世界各地的影響和發展也不盡相同。臺灣教育學界對於批判教育學的引述從成人教育開始，解嚴之後臺灣社會運動的蓬勃發展和弱勢的發聲需求，促使西方左派思潮大量被引進和運用。近年來批判教育學逐漸成為臺灣教育社會學領域中的重要論述，對於反省臺灣教育的深層結構和實踐提出許多的質疑和呼籲。「自由」、「解放」、「增權益能」（empowerment）成為學術界的流行概念，也是生活世界中個人思考自我認同和權力的重要參考。[2]但若「批判」或「解放」的語詞逐漸成為一種「意義稀薄」的「流行」語詞時，我們或許必須不斷地回到思想概念的基本精神和生成脈絡，並思索不同時空條件下，所謂主體、存在、意識和社會文化的問題究竟應該如何反思，如何尋求行動和實踐的可能空

間和活力。

如果批判教育學最令人動容的地方是其對人性尊嚴的堅持和弱勢族群生命困境的深刻洞察，那麼批判教育學的概念就不應變成簡易或空洞的口號，例如「批判教育學簡要操作手冊」讓人們依樣畫葫蘆；或是以去政治化的機械式操作使其淪為某一種講求速效的教學法或成為學術界的學術資本。批判教育學可能的「馴化」（domestication）現象，即由原先對於人類生存情境的反思、反壓迫的街頭社會運動和抗爭行動論述逐漸變成大學校院的開設課程或學術文章，被「收編」進制度中而可能失去其原來的生命力和實踐力。批判教育學的論述及其在世界各地以至臺灣的再脈絡化是值得觀察、注意的現象。

本文擬直接切入幾個面向討論批判教育學的相關問題，因此對許多批判教育學的關鍵概念可能著墨不多，有興趣的讀者，可自行參閱相關文獻，找尋概念的脈絡性意義。本文主要探討兩個面向：一是了解批判教育學的學說特徵，將之視為一種反壓迫的文化論述和民主教育實踐；二是探討當代批判教育學所遭受的批評和學說分歧。結語部分包含對批判教育學在臺灣教育學界的影響觀察和省思。

貳 批判教育學作為一種反壓迫的文化論述和民主教育實踐

教育中所謂的批判理論學者在過去二十幾年來有其不同的理論參照，由原先 Karl Marx、Antonio Gramsci、Raymond Williams、Nicos Poulantzas、德國的法蘭克福學派、美國的 Harry Braveman、Manuel Castells 等，以至晚近政治和社會學理論的後現代轉折，法國學者 Jacques Derrida 和 Michel Foucault 的理論概念為當代教育學者提供許多新的研究視野和問題。教育社會學的分析焦點從鉅觀的經濟、階級

和教育的關係，擴及到語言、論述、再現與認同的政治學（Hargreaves, 1999）。

事實上，批判教育學不是一種「教派」，而是一種「運動」，沒有宗教教主或首席詮釋者，而是不同層次的解放需求、思想概念和實踐路線被放進批判教育學的大傘下。批判教育學是一個包含複雜的論述場域，其中不同學者借用哪些理論概念以達到哪一種規準或層次的社會正義，殊難分解。為了凸顯批判教育學的特色，學者不斷為ped-agogy 貼上「詮釋」的標籤：例如「解放教育學」、「對話教育學」、「抗拒教育學」、「革命教育學」、「邊界教育學」、「後殖民教育學」等。此外，基於對批判教育學的批評和修正，也有學者相繼提出其他名詞。

以下將以 Paulo Freire 的思想為主，以及其後續著名學者如 Henry Giroux、Peter McLaren 和當代女性主義批判教育學學者的主要論述加以整理，批判教育取向仍有許多重要學者和論述，如 Michael Apple 等人的論述，因篇幅限制，無法在本文一一介紹。

一、Paulo Freire 對於社會壓迫的考察和解放的教育論述

在《受壓迫者教育學》（*Pedagogy of the Oppressed*）（方永泉譯，2003）一書的第一章，Freire 即聲明他的主要關懷是對於「人性化」（humanization）和「非人性化」（dehumanization）的歷史考察和經驗思考，由此揭示學說的馬克思主義基礎和規範價值，也開展了他對於社會或教育過程中促使人「異化」的重要觀察和分析，強調解放是對抗人在各種社會制度、生產關係和形式中可能淪為「物」的困境。Freire 強調人的存有是不斷「成為」（becoming）的歷程，人性應該是充分而完整的，而非扭曲和片面的。

「人性化的存在就是去命名世界，以及改變世界。……人並不
是被建造在沉默之中，而是在字詞中、工作中，以及在行動反思中。
說真話時，……就是去轉化世界，說話並不是某些人的特權，……
而是每個人的權利。因此，沒有人可以獨自說真話，也沒有人只是
為他人說話……對話是一種人與人之間的遭逢（encounter），透過話
語作為媒介，以便去命名。因此假如某些人想要命名世界，卻不承
認他人命名世界的權利，對話就不存在……那些已經否認自己說話
權利的人首先必須宣稱這種權利，以避免這種非人性化侵犯的持續
發生。」（Freire, 1970/2000: 76-77）

根據《受壓迫者教育學》作者整理出壓迫者和受壓迫者應發展的
自我覺察或實踐行動的看法，如表 1。必須注意的是，壓迫者和受壓
迫者是處於一種交互作用的社會關係中，彼此的行動和利益是交雜
的，爭取解放不是盲目的權力爭奪或價值對立，而是對壓迫關係的全
面省察和重構，是必須透過「對話－意識覺醒－實踐－修正－再實
踐」的動態循環過程，而其重要的基礎是一種對生命的愛和善意的了
解，而非權力和控制的欲望。壓迫者／受壓迫者並不只是指具體的個
人，也是指因某種社會生產關係和交往形式而形成的群體。

值得注意的是，在後現代社會中，消費和交換關係構成社會關係
的重要基礎，每個人都生活在社會體系或日常生活世界的關係網絡
中，在社會分工、角色分配和從屬關係中，我們都可能在有權力／無
權力、壓迫／受壓迫的界線和身分中轉換，例如教師可能是學生的壓
迫者，但也可能是國家霸權的受壓迫者，因此所謂壓迫／受壓迫的界
線其實並不易截然劃分。受壓迫者不只是反抗壓迫者，也必須抗拒自
己內心的虛假意識——即那些被灌輸的「自貶意識」或與被壓迫者之
間關係乃「天經地義」的錯誤意識。因此對於兩種角色的可能社會關

表 1	「受壓迫者」與「壓迫者」應發展的自我覺察或實踐行動

受壓迫者

1. 覺察自我存在心態：是「為己」或「為他」存有
2. 覺察自我與壓迫者的關係基礎本質為何
3. 覺察自我對壓迫認命的原因為何
4. 覺察自我對爭取自由的恐懼感為何
5. 覺察自我身上不同認同的衝突和矛盾並嘗試釐清和超越
6. 覺察自我對於獲取權力的想像——是否只是想取代壓迫者或是解放壓迫的彼此
7. 覺察自我的暗示是積極或消極
8. 覺察自我獲取自由或解放的方式是否是一種暴力或非理性
9. 了解自我的解放也是對壓迫者的解放

壓迫者

1. 覺察自我存在心態：是占有（to have）或存有（to be）
2. 覺察自我對受壓迫者擁有權力的正當性看法
3. 覺察自我對於失去權力的懼怕並找出其原因
4. 覺察自我對於被壓迫者是否只是假慷慨——即表面尊重或口頭施惠，缺乏實際促成解放的行動
5. 自我與（with）受壓迫者共同尋求解放的意願和實踐
6. 自我對於原先階級意識的覺察和捨棄

（作者自行整理）

係必須運用哲學人類學的反省和覺察，努力尋找人受到壓迫和異化的歷史因素和社會脈絡，以找出突破的策略，改變原有的權力壓迫關係，讓所有人都是追求自由者。

Freire 在其作品中，明確指出壓迫者／受壓迫者關係形成的脈絡或文化成因、壓迫的不同形式和反應、社會壓迫或自我壓迫的思想如何產生和內化、解除壓迫朝向解放時可能面臨的問題和困境等。他的學說被許多受壓迫者擁抱，視為對抗壓迫的聖經。但必須注意的是，其主張絕不等同於暴力報復或權力惡鬥，或是一種虛假的和解，而是強調人在社會關係中對自我與異己的觀察、視野交融和平等對待，一種真誠而對等的相互回應。Paulo Freire 論述的基本關懷是分析人在社會生產關係中如何被異化和壓迫的困境，思考如何重構在社會溝通中可以進行對話的主體（而非客體），即如黑人女性主義學者 bell hooks（1989: 131）所引述，愛是對話的基礎和本質（love is at the same time the foundation of dialogue and dialogical itself），有能力的主體是產生於愛的對話關係中而非支配的關係中，社會關係的本質應是愛而非占有或支配。根據 Morrow 與 Torres（2002）的意見，將 Freire 批判論述的本體論、知識論和方法論整理如表 2。

Marx 的名言：「哲學家們只是用不同的方式詮釋世界，但問題在於改變世界」，此即為馬克思主義作為「解放理論」（theory of liberation）的基本精神。延續馬克思主義對西方啟蒙運動之後社會理性的追求，強調社會理論和解放實踐的結合，批判教育學並不是為學院的知識生產和辯論服務，而是一種對弱勢和受壓迫者的關懷和社會責任。批判教育學對於教育的看法和批評其實是一種政治進程的開展，即朝向真正自由民主社會的努力。Marx 強調事物二元劃分（如身／心、主體／客體、觀念／物質）後的統一和整體性，再藉由事物的整體性中表現出差異複雜性、內在矛盾性和動態演展性（黃瑞祺，

表 2	Paulo Freire 批判論述的本體論、知識論和方法論
本體論	1. 實踐的本質：行動反思 2. 支配的根源：反對話的行動 3. 可能性的結構：人性化作為一種本體論的志業
知識論	1. 知識的基礎：主體／客體的統一和主體－主體的對話 2. 批判的邏輯（批判的詮釋學）：意識化是一種對實體的加以距離化以及反思的再認取（distantiation and a reflective reappropriation of reality） 3. 真理的理論：主體－主體的對話作為一種認取外在化客體的手段 4. 理性的概念：溝通理性相對於技術理性（囤積教育）
方法論	1. 人文科學的本質：結構與潛在意識的辯證 2. 方法的關連性：在多元論者的脈絡中參與方法（participatory methods）的優先性 3. 事實與價值的關連性：價值可與研究相融，但也尊重探究的自主性

（Morrow & Torres, 2002: 42, 54, 61）

1994：18）。根據 Marx 的方法論，批判教育學對理論採取「辯證」（dialectical）的觀點（McLaren, 2003a: 193-194），強調理論的思考是在不同的面向（如觀念／客體）來回觀照，理論和實踐是一個動態過程而不是各自分立。一方面強調對現存事物的否定和自我批判，另一方面強調事物的潛在性和可改造性，如此構成了批判教育學對於傳統教育的批評和重建基礎。

在教育的知識論上，Freire 採用 John Dewey 實驗主義的取向，強調學生經驗的優先性，以及教育和社會民主的重要連結。但同時 Freire

比 Dewey 更透視到殖民現象或階級對教育的影響。Freire 的意識覺醒是指在教育過程中，學生對身處的世界有一種醒覺，發現自己有能力改變世界，並且掌握物與我之間的關係，從客體（object）變成主體（subject），知道自己能創生並改造文化，這是整個教育的最重要目的。教育不是知識的灌輸，而是由學生的經驗和世界出發，將世界的共同問題展現在學生眼前，共同去解決，這種教學法 Freire 稱之為「問題陳顯」（problem posing）。學生意識自己的世界能由自己去掌握和改變時，學習成為必然的事，學習的動力不是教師的命令或考試，而是學生的自我經驗、問題和動機。教師的角色從知識擁有者和傳遞者變成生命啟導者及點火者。

Freire 曾言，教學的關係本質就是一種論述（narrative）特質，被視為擁有知識的教師將知識傳遞給未擁有知識的學習者，傳遞的文字或口語並不是真實世界，而是真實世界透過一套象徵和價值系統的再現，因此在學生認識真實世界之前，就已經進入學習者的心靈並將以占據。假如教學過程的師生關係不是互為主體的，假如教學中的社會互動不是一種良性的溝通、對話，而是純然的囤積、灌輸或訓練，那麼學生只是被視為教學過程的客體和載體，失去其與知識的主動關係，以及與真實世界的聯繫關係。教育應是一種自由的實踐。

「讓教育更政治，讓政治更教育」（making the pedagogical more political and the political more pedagogical）（Giroux, 1988: 127）被視為批判教育學的重要宣言。前者提示揭露教育中的權力關係，後者強調教育的影響應穿透教室和校園，成為政治批判的重要聲音。Freire 強調教師作為文化工作者，不應是社會既有意識型態和知識的承載者和灌輸者；教育不應只是知識的儲存（banking）過程，更應涉及解放和正義。教師必須是一個跨越邊界者（border-crosser），對自我生存其中的文化和意識型態保持一種反思批判的距離，因為在慣有的社

會價值和文化範疇界線內常使教師封閉在某種自以為安全的地域空間，而失去對現況可能的質疑、觀照和批判轉化的能力。批判教育學主張教育不應只侷限於個人心理認知層面或學校教育的社會化或經濟功能等，更應洞察教育中的文化選擇、認同的形成和差異、不平等和正義等議題。個人應真切反思自我的受教和文化經驗、質疑學校生活中習以為常的規範價值、開放傾聽不同社群（種族、階級、性別）的價值和聲音、洞察教育學術的權力關係、論述形構和實踐形式等（Sleeter & McLaren, 1995）。

　　Freire 的思想在不同時空脈絡被持續補充和接合運用。例如女性主義學者和黑人學者進一步呼籲批判教育學必須加入對「隱藏於語言中的權力關係」的覺察，以及壓迫關係中的「性別因素」和「種族因素」的分析（hooks, 1993）。這些概念都被加入 Freire 晚期的作品中。hooks（1993）曾提到當她初次閱讀Freire《受壓迫者教育學》時所受到的震撼和感動（一種對於生命的飢渴得以被滿足），因為她在其中找到分析自己身為一個黑人勞動階級女性的生命經驗的真實語言，雖然 Freire 並未談到女性受壓迫者的狀況，但 hooks 認為種族和階級的印記對她而言，更是一個深刻且重要的壓迫經驗。hooks 認為 Freire 的作品充滿了寬容的精神和開放心胸的特質，是美國學界及女性主義學界常缺乏的特質，而 Freire 的偉大之處足以讓人原諒他對於女性經驗的忽視，更何況 Freire 在其後期的著作中，常提及女性主義對他思想的啟發，以及他自己與女性主義的關係。「假如女性是批判的，她們就必須接受我們身為男人的貢獻，就如同工人必須接受我們作為知識份子的貢獻，因為它既是一種責任也是權力，即我必須參與社會轉化。然後，假如女性在她們的抗爭中負有主要的責任，她們必須知道她們的抗爭同時也是我們的抗爭，也就是那些世界上不接受男性優勢位置的男性們。種族主義也是一樣……」（Freire轉引自hooks,

1993: 153）。Freire（1993）曾舉例，解放是為了民主，但對於世界
上不同的人而言，民主或許有不同的意義，有些將民主等同於資本主
義的掠奪和貪婪，殖民的野蠻事實，有些將民主視之為眾人社會正義
的平等解放層次——不僅在民族國家，也在社會運動、文化形式、制
度實際和主體性批判模式的形塑（p. xi）。所以 Freire 所談的自由或
解放不是鐵板一塊，而是一種不斷反省追求和實踐的多層次歷程。

二、Peter McLaren 等人對於新右和全球資本主義的批判

　　基於全球競爭和國家競爭優勢的考量，英美紐澳等國於一九八〇
年代開始進行公共部門的改革，以新自由主義（neo-liberalism）的經
濟學說為基礎，企圖透過自由市場取代國家管制，以自主管理取代傳
統行政，公共部門或教改的主要趨勢是「小政府、大市場」、「去中
央化」、「鬆綁」、「教育私有化」、「競爭」等（Apple, 2001;
Ball, 1990 ; Chubb & Moe, 1990; Kenway, 1994）。針對上述趨勢，
McLaren 與 Farahmandpur（2005）認為，新自由主義就是「脫掉手套
的資本主義」（capitalism that takes the gloves off）或「護衛富人的社
會主義」（socialism for the rich）（p. 15）。因為不同階級在標榜自
由選擇的市場中，往往受益程度不盡相同。例如英美新右（New
Right）教育改革中強調父母的教育選擇權，但往往就是社會中的中
產階級父母才能在所謂的自由市場中擁有足夠的消費訊息和教育購買
力，市場表面看似自由，但競爭才是底層的動力。相同的，美國學者
Apple（2001）以「誰的市場？誰的知識？」（p. 35）質疑新右改革
中標榜的自由根本是有權力者的自由（包括政府和新中產階級的家長
們）。

　　McLaren（2003b）批評在新右「自由市場」意識型態和「全球

「化」的強勢論述影響下，教育中的左派學者針對馬克思主義教育研究的困境，大量採用後現代／後結構主義的觀點，關注於符號和差異政治的分析，或後現代社會中「生活風格」、「欲望」和「消費」的問題，卻忽略階級和資本主義的剝削問題，以及全球的不均等和人的異化。中產階級或學術界已淪為被資本主義收買或催眠的一群，因為他們竟然都認為資本主義是無可取代的發展趨勢。後現代主義立場的批判教育學者主張價值多元和激進民主，因此其發聲比較容易為教育當局所接受，並融入作為教改政策宣言的一部分。

　　McLaren 與 Farahmandpur（2005）認為全球資本主義是一種新帝國主義，尤其是指當前美國作為世界領導者所展現的軍事和外貿擴張野心、自我中心的世界觀和對第三世界國家的資源掠奪和文化侵略等，都是資本主義全球化的明顯象徵和惡劣罪行。全球資本主義不單純只是「商品的標準化或全球銷售」，例如跨國連鎖企業品牌如 McDonald、Nike、Coca Cola、Sony 等在全世界的出現和促成消費，尤其以商業的利益入侵教育場域，[3] 是資本主義經濟生產邏輯和分工社會關係的全球放射，以及「商品化」或極端「物化」思維的全球擴散。上述關係或思維的放射和擴散，涉及複雜的因素：包括國家追求整體資本的累積和國際競爭力、對自由市場抱持過度樂觀的想法（因此強調刪減公共預算、一切民營化）、對高利潤、低價格的追求和資本的累積（因此強調減少貿易稅、低廉工資、彈性工時等）、對於少數族群公民權的漠視（對移民法的高度把關、社會歧視或差別待遇），以及資本家或中產階級對勞動價值、剝削、失業、貧富差距擴大等不義的社會事實採取麻木或視而不見的態度。因為全球資本主義透過各種方式推銷「消費」的人生觀和「人人都是消費者」的意識型態，上述的意識轉移或削弱了人們對社會不公現象的可能觀察和敏感度（王慧蘭，2005a）。

　　基於上述，McLaren主張批判教育學應該更堅持革命的實踐。借用 Allman（2001）之語，主張「批判的革命教育學」（critical revolutionary pedagogy），堅持「階級分析」、「了解資本主義的根本運作邏輯」和「對抗資本主義」才應是批判教育學的首要任務，因為資本主義是一個「無情的總體化過程，以各種可能的面向塑造我們的生活」，所有性別、種族和階級的議題都可在其中找到分析的基礎（p. 12）。

　　基本上，主流市場經濟學與馬克思主義政治經濟學，兩者討論經濟現象和問題的語彙和關注有所不同。前者主要關注於效率、市場、自由和利益，而後者則關注分析勞動、商品、價格、生產關係、剝削、異化；前者主要討論市場供需均衡機制如何運作（或如何以市場最佳資源配置狀態下運作），分析焦點集中於種種生產要素或資源調配，如自然稟賦、人力資源、金融政策、消費偏好等等，以及如何透過市場機制以達到最佳效益等，後者則以揭露勞動的異化和追求正義、人道為其終極關懷。馬克思主義的政治經濟學主張經濟研究的主題與社會的歷史、文化和政治密切相關，總資本循環過程將影響不同的社會層面成為一種運作的總體過程（姚欣進，2004）。對於馬克思主義者而言，全球化的現象並不新奇，因為在馬克思的分析中，資本的擴張原就會超越民族國家的界線，因此技術創新（例如電腦或網路的發明和使用）或許是促進全球化的因素之一，但不能成為全球化的唯一解釋，相關的經濟、政治、法律和制度如何被整合去追求資本的累積，並有效維持生產的有利條件和社會關係，才是全球化的基本動力（萬毓澤譯，2000：vii）。

三、多重聲音──女性主義學者和教育現場教師對於批判教育學的一些批評

(一) 後結構主義與女性主義批判教育學

女性主義學者Patti Lather（1998）從學校組織的特性和師生關係中的權力觀點出發，質疑在教室中實施 Freire 等人所主張的批判教育學有其困難。因為從目前的優勢地位和布滿空間的意義政權，事實上無法擴展社會正義或朝向所鼓吹的正統價值，因此在學校場域中實施批判教育是不可能的（p. 495）。

女性主義學者對男性批判教育學的批評和質疑，除了因為不同的理論基礎外，主要與前者強調批判教育學在教學實踐層次的「應用可能程度低」或「不好用」有關。歸納而言，女性主義者的質疑包括：(1)教師和學生所擁有的權力有差異，無法以平等概括之，而批判教育學未能覺察、正視這一點；(2)讓學生閱讀或接受批判教育學的世界觀，是否也是一種意識型態或強迫的學習；(3)批判教育學所強調的啟蒙和理性似乎十分生硬，語言過於抽象和理想化，難以落實到教室生活的實踐；(4)教學效果不彰，學生對於所謂權力和資本主義的議題大多無動於衷或不感興趣，意即成長於後現代情境、資訊社會和資本主義商業體系中的大學生無法體會批判教育學的歷史語境和抗爭意義；(5)中小學教師的女性特質和中等收入，使她／他們對於McLaren所提教師應教導學生打倒資本主義的宏大企圖覺得非常遙遠而無力（Jackson, 1997; Miron, 2002; Tinning, 2002）。

從學校實際教學的角度，批評者常指責批判教育學者自詡為道德的代言人，但本身也不免是一種天真的革命論或具有壓迫性的意識型

態，過度強調解放和二元對立，忽略了學校生活的知識建構和道德規範層面，也抹煞了學校教育本身在社會民主過程中持續的可能變遷、改革和進步。批評者認為教育左派的思想過於偏激，空談教育理想但無法切入學校教育的實際生活問題，最終可能會將學校帶到虛無的解放和學習的無效。

女性主義學者（Ellsworth, 1992; Gore, 1993）從後結構／後現代主義的角度批評 Freire 等人的「男性的批判教育學」是一種「壓迫性迷思」（oppressive myth），因為上述男性學者的論述大多忽略女性的議題和解放，未能對社會語言中的性別貶抑加以覺察，強調公領域而忽略私領域，而後者恰是女性解放的重要場域，即如 Carmen Luke（1992）所言「從女性主義的角度而言，基進教育學的論述建構了一個男性主體（masculinist subject），使得它為性別所設定的解放議程在理論和實踐上都變得有問題」（p. 25）。Carmen Luke 與 Jennifer Gore（1992）兩人合編的《女性主義與批判教育學》（*Feminisms and Critical Pedagogy*），女性主義一字是複數，代表書中九位女性學者的不同聲音，但這些聲音的基本調性是後結構主義。因為與馬克思主義有不愉快的結合，所以女性主義轉向擁抱法國後結構主義，尤其是 Foucault 的一些想法，後結構主義女性主義學者對於批判教育學的批評主要是針對馬克思主義對於女性勞動的忽略和解釋力有限的階級觀念。質疑所謂階級為主、革命的修辭都有其壓迫性和實踐的困境。企圖以後結構主義重新打造馬克思主義的思想，將政治經濟學中被忽略的主體重新放回中心。這本書被視為美國談女性主義與批判教育學的重要著作。

後結構女性主義對男性學者所建立的批判教育學提出的質疑是：在男性學者所建立的學術論述中，女性或女性經驗如何成為「他者」（the Other）或「被再現的客體」（the object be represented）？為何

批判教育學所強調的解放或增權益能等概念，在實際教室或教學歷程中往往是很難實踐或根本不可能實踐的？因此，上述批評也可以視為是學術領域中女性抵制的抗拒和超越，將批判教育學從一個被普遍擁護視為追求正義的英雄形象變成一個可被批判、實踐和脈絡化的女性主義教育學理論。女性主義教育學者希望能批判地去檢視教學生活表面下的潛在基礎，強調概念的不連續性、特殊性、實際生活故事中的相關論述，強調以實踐為中心、脈絡化的和開放性的教育實踐思維。Kathleen Weiler（2001）認為女性主義後結構教育理論的論辯和分析的焦點有三：一是挑戰制式的、同一性的「女性」概念，以及認為女性教育學將會引導發現女人或男人經驗的集合體；二是批評在現代性計畫，以及批判的、民主的或 Freire 等人在教育學中有關控制、抽象理性和普遍真理的概念；三是強烈批評男性教育理論家在持續的現代性、普遍性中未能將性別列入討論、意識到其男性優勢、或在現代主義者所視為普遍性的專家和菁英宣稱中討論其父權本質（p. 70-71）。

Elizabeth Ellsworth（1992）以她在 Wisconsin 大學開設「種族主義與媒體教育」的課為例，舉出批判教育學許多解放概念在教室層次的不可行與衍生問題，尤其批判教育學中對於學生是受壓迫者、是沉默的他者（the silent other）的預設，往往是一種壓迫性迷思，因為教師本身和學生群體的內在異質性（不同的種族、階級、性別、宗教背景等），「學生（尤其是女學生）的發聲」並不必然代表一致性的受壓迫者聲音，而可能是各種不同的利益和價值在教室中競爭和辯論。M. Orner（1992）指出 Giroux 與 McLaren 等人預設學生是受到壓迫的無辜者，發聲被視為是邁向民主社會重要的公民素養，但為何受壓迫者必須發聲？他們為誰的利益發聲？所說的話是如何被說者和聽者接收、詮釋、控制、限制、給予規訓和歸類？說與聽的社會脈絡又如何？人們的聲音被聽到後有何用處？（p. 76）發聲的訴求基本上預設

著一個拒絕被異化和疏離的主體，但學生為何卻往往被教師或學校制度定位為他者？學生的發聲被預設為真實的（authentic），但事實上卻是被重重的機制所調節或詮釋（例如教師權威、各種不同的教育論述，以及各種有關學生個體的解釋論述）。

後結構女性主義教育學者不僅提出對於批判教育學解放論述的質疑，也對所謂「解放教學」或「女性主義教室」抱持過度天真或樂觀的想法提出批判。Gore（1993）認為不論是批判教育學或女性主義教育學都是基於一種道德的訴求以改造社會，但這些對學校現況的批判往往忽略去反省其限制。例如教學的限制究竟是如何被建構和生產的？從 Foucault 的權力網絡和運作概念出發，Gore 質疑批判教育學或女性主義教育學中有關增權益能的說法，大多還是需要一個有能力的能動者（通常是教師）作為發動者，但教師本身在父權社會體制所處的社會位置、教學的歷史建構及社會調節的論述等，都使得教師作為一個能動者的可能性受到阻礙，更遑論對學生增權益能？權力不應被視為一種個人財產或持有讓渡的觀念，否則是過度簡化了權力的社會運作（p. 57-59）；另一方面，向學生強迫推銷解放或革命的教育意識型態，本身也是一種真理政權的權力展現（p. 63）。

參 在「馬」與「後」之間的教育論辯

根據 Gore 的分類和相關文獻（Ellsworth, 1992; Gore, 1993; Lather, 1998），我們可以將目前批判教育學的發展分為兩種主要的理論取向，如表3所示。值得注意的是，這是一個女性主義學者的劃分法，性別在此是一個重要的分界概念，但必須注意的是兩種文本的界線並不是絕對的，女性學者也從Freire的思想中獲得思想的啟發，如hooks（1993）、Weiler（1991）即以馬克思主義和 Freire 的概念作為女性

表 3 批判教育學的論述分歧		
	馬克思主義批判教育學	後結構女性主義批判教育學
思想淵源	Marx 的人道主義和政治經濟學、批判理論、解放神學、Antonio Gramsci 文化霸權	後現代主義／後結構主義 Jean-Francois Loytard、Michel Foucault、Jacques Derrida
代表學者	Paulo Freire、Henry Giroux、Peter McLaren、Michael Apple、Kathleen Weiler	Elizabeth Ellsworth、Jennifer Gore、Lather Patti、Carmen Luke、bell hooks
主要關懷	1. 拆解、對抗資本主義對人的剝削 2. 拆解、對抗國家霸權對教育的控制 3. 對教育體制中工具理性的批判 4. 免除「人被異化和受壓迫」的社會困境（以階級訴求為主，亦包括種族和性別）	1. 性別差異的揭露、性別論述的發展作為女性解放的實踐 2. 教學層次的解放實踐（不只包括性別，部分也包括階級和種族，如 hooks） 3. 價值的多元性和多中心
重要概念	1. 追求普遍的真理、社會正義和解放 2. 為弱勢者發聲或促使發聲（voices） 3. 權力的抗爭主要是向既有權勢者或壓迫者 4. 反抗全球資本主義體制和國家霸權	1. 沒有普遍的真理、社會正義和自由、自由總有其情境限制（situated freedom） 2. 弱勢者能說（talk），但未必能真正發言（speak） 3. 代言人之權力正當性必須受到檢視 4. 權力無所不在，因此抗爭必須包含對內或對外、論述或實踐
分析重點	運用文化霸權或經濟再製的概念分析社會階級的形成、壓迫的生產關係和社會結構	運用「解構」、「心理分析」或「論述分析」探究日常生活世界的差異政略、認同政略，探討論述權力和社會脈絡的關係

主義的分析基礎，Freire 本人也不排斥以「後現代主義」的角度分析權力和壓迫的事實，而 Giroux 更是非常明顯地從批判理論的語言轉向後現代的語言。Michael Apple 在此出現的原因是，雖然他在文章中不常用「批判教育學」這個名詞，但大多數他的文章都是站在新馬的立場發言，故也列入。當然教育左派並不只是「男女對抗」，也有理論派系的問題。例如 Popkewitz（1998）、Popkewitz 與 Brennan（1998）在近十年來都以 Foucault 為其研究解釋的主要基礎，就與 Apple 和 McLaren 等人路線不同。

　　在《跨越邊界》（*Border Crossings*, 1992）一書中，Giroux 邊界的比喻暗指權力擁有、世界觀和自我認同的分野，邊界的跨越即是解殖、多元對話和邁向真正民主的過程。跨越邊界的呼籲，原是對於傳統教育實踐和研究保守性格與實用取向的反動，強調廣義的教育應與文化、社會、歷史和政治深切關連，而不只是順民意識的灌輸、謀生技術的傳授和資本主義生產體系與價值的再製。Giroux 以「對抗文本」（counter text）、「對抗記憶」（counter memory）、「差異政治」（politics of difference）等概念作為其對抗傳統教育觀的核心策略。對抗文本強調讓學習者覺察文本建構的政治性、如何透過逆向解讀與改寫以重新塑造解放主體；對抗記憶強調對歷史記憶的重新詮釋和建構；差異政治強調讓學習者覺察差異的論述和建構。而教師作為轉化型知識份子的角色則是教育批判和改革實踐的根本動力（Giroux, 1988, 1997）。上述所言，既是一種批判意識，也可以用來說明女性主義學者、基層教師，以及不同國家或社會文化脈絡的行動者如何對於 Freire 等人發展出來的批判教育學進行批判性的不同解讀。

　　簡言之，藉由批判識能的增長，廣義的批判教育學都強調對各種霸權形式的辨識、釐清、揭發、對抗和超越，包括個人所處的社會權力和文化語言脈絡、某一國家內部的文化霸權或全球資本主義霸權。

批判教育學可視為一種對抗權力的文化論述和民主實踐，以追求普遍的社會正義為目的，社會學理論中有關權力、意識型態、權威、統領（governance）的論述都可以作為批判教育學檢視權力和壓迫的資源。

批判教育學可視為一種「政治文本」（political text），即透過分析社會世界中權力關係和受壓迫者的情境，喚醒解放意識和革命行動，論述的最終目的不是學院知識的生產，而是系統和生活世界全面解殖的政治行動，所以 Freire、Ira Shor 或 McLaren 有些文章很像顛覆教育現況的行動手冊，戰鬥意味極濃，有很強的感染力和行動誘發力，但也被右派衛道人士視為危險之作。另一方面，批判教育學本身的產生和變化與「文本政治」（textual politics）有關，其中涉及思考教育實踐的不同政治意識型態和立場，以及學術論述的生產和傳播生態中的權力關係。Lemke（1995）指出，「文本政治」的概念主要是說明論述和社會動力的相互關係。廣義的文本泛指我們生產意義的媒介，例如言語、圖畫或行為；政治則是我們運用權力以形成社會關係的歷程。文本政治主要探討意識型態的生成和傳遞，與社會脈絡、論述形構、個人或群體的立場有關。文本政治強調「意義」解讀的社會脈絡和個人立場，以取代所謂的「真理」概念，因此文本的解讀可以是多義的。

後結構女性主義與男性批判教育學的連續論辯，不應只被視為男女學者觀點的不同，而應將解放論述放置在長遠的歷史和社會脈絡中，思考其不同理論基礎的特色和優缺點。深究而言，上述批判教育學兩種文本產生的重要脈絡與當代西方社會學「馬」或「後」路線之爭有密切關係。西方在一九六〇年代之後社會的急劇變化——包括資本主義經濟生產和交換型態的改變、共產政治意識型態的挫敗、民主政體的多元形式、社會世代間價值的差異——使得傳統馬克思主義的

分析方法陷入困境和危機。[4] 另一方面，法國思想界自一九六○年代之後的後現代思想轉折，開始與現代時期的馬克思主義思想產生決裂，針對快速變動的社會世界或啟蒙以來的學術論述展開全面的反思和分析，後現代論述以法國為中心擴散到北美和世界各地，儼然成為一個席捲各領域的重要思潮。後結構主義主要作為一種學術論述，Foucault 和 Derrida 嘗試超越馬克思主義，以「去中心化」和「主體離心化」等概念分析後現代情境的特殊性（朱元鴻等譯，1994）。

　　問題是，馬克思主義和後現代主義是否有調和或對話的可能？Laclau 與 Mouffe（1985）提出「後結構的馬克思主義」（post-structural Marxism），以 Foucault 的論述分析（discourse analysis）接合馬克思主義，並強調左派應與右派的自由民主合作。Laclau 與 Mouffe 將馬克思「經濟－階級－階級革命－共產社會」的理論模型轉換成「論述形構－論述主體－民主革命－基進與多元民主政治」以論述形構，這樣的說法引發「馬」派學者極大不滿，指責 Laclau 與 Mouffe 誤讀且終結馬克思主義，但他們也為「後」派學者提供了通往馬克思主義的連結。此外，Fredric Jameson 則是強調馬克思主義的不可取代，指出不同資本主義發展時期就有對應的文化風格，因此將後現代主義視為「晚期資本主義的文化邏輯」（張旭東編，1996）。

　　此外，有關對於社會壓迫的考察，Iris Young 的觀點值得參考，因為她的壓迫分析面向同時涵蓋了資源分配、不被承認和失去基本權力等諸多層面的不正義。Young（1990）認為正義不只涉及「分配」的問題，也涉及對於個人能力和集體溝通合作能發展和運行的必要制度性條件。她分析「壓迫」其實是一個結構性概念（structural concept），在不同歷史時空下，人們對其有不同的社會經驗和想像。她分析五種被壓迫的類型，簡述如下（p. 48-63）：⑴剝削（exploitation）：這是一種結構性關係，透過這種關係使某些人是在他人的控

制之下運作自己的能力，以達成他人之利益，因此規則性地增強他人的權力。在 Young 的論述中，剝削不僅產生在 Marx 所謂的階級關係中，也會以性別和種族的特殊性呈現；(2)邊緣化（marginalization）：指被排除在勞力體系和有用地參與社會生活的情境。Young 認為老人、殘障、單親家庭、低階的少數族群等，都遭到邊緣化的壓迫。邊緣化所造成的傷害不只是物質上的缺乏，也包括公民權利的縮減和發展機會的喪失；(3)無權力（powerlessness）：指受到他人權力的指使，而自己卻不能指使他人，只能聽從他人的命令，而自己卻不能給他人命令。這種沒有權力的處境，也表示一個人在勞力分工的地位中，沒有機會發展和運作技能，同時由於其職業地位低，所以也無法受到尊敬。遭遇這種壓迫的主要是沒有專業技能的工人；(4)文化帝國主義（cultural imperialism）：指支配族群以其經驗和文化作為普遍性的規範，其結果是使被受壓迫族群的觀點完全消失，而且將這些族群刻板化為「他者」。女人、非裔美人、美國的原住民、同性戀和其他許多社會族群，都遭受文化帝國主義的壓迫；(5)暴力（violence）：指某些族群成員易於受到任意、非理性卻是社會所容忍的攻擊，這些攻擊包括身體傷害、性騷擾、威嚇、嘲諷等。此類壓迫和文化帝國主義密切相關，受到文化帝國主義侵害的族群，也是受到暴力侵犯的對象。上述論述，可作為我們了解批判教育學兩種主要文本如何發展的重要參考。

即如英國馬派文化研究學者 Terry Eagleton（2003）所言，資本主義的發展仍在變動中，馬克思主義也不斷地被重新定義和修正以具有更合時宜的解釋力。並不是因為資本主義進行重整使得社會主義的批判成為多餘，進而將馬克思主義掃地出門。馬克思主義之所以蒙塵，完全是因為相反的原因：因為資本主義變得更加綿密，更加難以擊敗。當代教育是複雜社會現象的縮影，也是現代性問題的歷史沉

積。中國大陸學者劉小楓（1996）認為，現代社會思想不斷回溯到 Marx、Tocqueville 和 Nietzsche，此三者反映近代思想運動積累的問題，三者提示了激發社會思想的重要層面：社會的公義、自由的秩序和欲望的個體。但這三個語詞之間的矛盾，也造成現代學的不和諧。因為時代、民族、社會、個體經歷、文化傳統的差異，使得有關自由、公義、社會秩序、欲望與個體的經驗觀察呈現高度歧異（p. 54-56）。馬克思主義和後結構主義儼然是當代社會思潮中較被重視的兩個論述場域，兩者的爭議不應被忽略且值得正視，不同的理論語言和解釋概念基本上是回應不同層次的問題和價值思考。但值得注意的是，當代社會思潮絕不只限於馬或後，上述兩者為何能在學術的場域空間建立起巍峨大廈，並吸引一批數量龐大的學術研究者和忠誠信徒，是一個知識社會學待探究的問題。

　　所謂馬與後的爭議或對話，在歷史縱深的回顧中，其實都是個人對於自我和生命、社會和世界的質問和信念的尋求。批判的社會或教育論述看似對立，各自有其討論的層面和深度，但對教育而言，馬或後都是一種看世界、看自我的方便法門。既是方便法門，就不必然可以觀照所有的現象和回答所有的問題。中國人喜談中庸之道，若不是鄉愿的話，或許正是一種觀照全景可能的生命態度，在對立的論述中看見世界可能為何的各種片段。批判理性傳承自啟蒙時代對人性受壓迫抱持高度的同情和救贖的理想，對於國家的正義、公民的責任權力和角色、教育對於促進真正民主社會的功能，都賦予極高的神聖性和現世性。而 Nietzsche 和 Foucault 對於生命本我的高度推崇，人的解放和智慧的歡愉來自對於生命中所有束縛的深刻檢視和揚棄，包括宗教、親情、醫療、教育和所有可能的文化制度和訓規加諸於人身體、心靈和意識的影響和桎梏。後結構主義挖空了所有確定性的基石，也從未承諾它自己是唯一的真理。這種反思性適用於馬克思主義的檢

視，也同時適用於後結構主義本身的檢視。與其爭論誰才是最終的真理，不如去認識個別論述的優缺點和適用性。

肆 | 結語：多重的社會空間、不同層次的扣問與社會實踐

　　政治解嚴前的臺灣，馬克思主義是海峽對岸的政治綱領，因此被視為政治和文化生活的絕對禁忌，作為意識型態國家機器的學校教育體制或師資培育體制沒有談論馬克思概念的可能空間。另一方面，臺灣教育學術本身，在教育現代化的建制和發展過程中，大量汲取美國實證主義的教學思維和心理學式的學習論述，社會學的反思性思考較不具備選擇性親和的條件。臺灣教育學術或學校體制的高度政治化和技術化，構成了解嚴前（甚至解嚴後）教育的基本性格，這樣的性格具有某種巨大的思想慣性和封閉性，使得教育從業人員對於某些重要的反思或批判問題缺乏問題意識，或視而不見、習而不問。

　　解嚴之後，馬克思主義或新馬克思主義對於風起雲湧的社會運動或民主論述有一定的指導和催化作用，教育學術界也開始從西方發展近二、三十年的批判教育和文化論述中，引進許多的思潮和想法。近幾年來臺灣教育社會學學術論壇的舉辦、相關研究論文和著作、期刊的出版，學術人口的逐漸增多和學術建制的努力都隱然可見。但不論中外，教育一向是一個以實踐和應用取向為主的場域，馬克思主義批判的論述固然可以提供教育分析或溝通的工具，但當實踐和應用的社會脈絡與批判的教育思維相遭逢或對抗時，潛藏在文化深層的某些支配意識、權力概念、價值排序和習性卻是根深蒂固，需要時間和強力的論述加以解構和鬆解。因此，激進教育論述的蓬勃發展，並不是教育實踐的必然保證。另一方面，相較於西方世界中歷經二、三十年的

劇烈社會變遷和蓬勃論述發展，臺灣的教育學術界幾乎是在很短的時間內，被迫快速地對西方教育的反思和批判思維進行吸收和介紹，然後又必須積極地回返到對臺灣教育文化生態問題的分析、批判以及實踐。如何將上述的時空壓縮過程予以適當解壓縮還原、如何進出東西方教育議題的觀照並對理論概念進行有意義的體會、如何在概念工具和實踐層面取得兼顧和平衡、如何形成自己的學術或生命理念、如何避免錯誤的再現或盲目的移植、如何避免學術的壓迫或權力的濫用而不自知，都是臺灣教育社會學者或教育研究者的重要議題。

　　批判教育學在臺灣論述的形成和擴展有其歷史意義，此與解嚴後新馬克思主義和後現代主義在臺灣社會學界和教育界的接合有關，也與社會各群體對於爭取教育權和發言權的激進民主（radical democracy）有關。在現代化進程中，全球文化流通快速且相互影響的架構下，個人認為批判教育學不純然是一種外來「舶來品」，它的思想前身（如馬克思主義或新馬）或可能的片段（如解放神學）可能早已影響了臺灣的文化或教育思想，在解嚴前的民主抗爭，也在解嚴後的社會運動和教改運動中。[5] 而這篇文章的「浮現」，主要見證了臺灣左派教育論述的某種歷史累積，但有關論述的實踐和反省，仍是有待努力的過程。批判教育論述的釐清或許可以讓我們更清楚其來龍去脈（雖然並不容易），避免一些過分的天真或可能的盲點。但教育實踐的層面，仍必須與本土的文化和社會底層的運作邏輯相磨合。

　　我們從不同的社會位置和身分參與了批判教育論述在此時此地的「共同建構」。或是說，一種思想在另一個時空被「有意義地」發現和發聲，其實重點不在「原音重現」（再現本身就不等同於真實，這不只是語言的問題，而是脈絡和理解的問題），而是體察和思辯不同時空中文化條件和價值傾向的異同。即如 Crang 所言：

　　如果我們嚴肅看待對中立知識的批判，那麼我們必須探問自己
的動機、文化包袱和傾向是什麼，以及他們如何影響我們的研究，
所以自我反身性（reflexivity）意指覺察到研究，並非關注他們及他
們的文化，而是關注研究過程中，體現在自己身上的——我們的文
化背景與體現在他們身上的文化背景的相遇。（王志弘、余佳玲、
方淑惠譯，2003：258）

　　Lemke（1995）認為，一個有「解釋力」或「好的」社會理論至
少應符合三個要求：動態的（dynamic）、批判的（critical）和整合
的（unitary）。也就是說，理論應能說明社會的變化和不變之處、應
能讓我們透視權力運作的社會歷程（從細微的個人意識到社會制
度），並能連結個別行動者／結構，以及微觀／鉅觀的交互作用和整
合解釋。依上述三個規準看來，目前由 Freire 等人發展的批判教育學
似乎仍無法達到上述規準。或是我們應換個角度看，借用 Nigel Dodd
對於「社會理論」和「規範計畫」（normative project）的區分——前
者如結構功能論或馬克思主義，後者則指由思想和信念組成的系統，
包含著或隱或顯的價值和理想，以改善現存社會為目標（張君玫譯，
2003：2）——批判教育學更像是一種規範計畫而非理論，規範計畫
的價值基礎往往是先驗的，因此容易被視為是一種意識型態。但規範
計畫既然又是朝向實踐而修正的，因此所有價值相近的概念都可作為
這個計畫的資源，甚至採取一種概念的「修補拼貼」（bricolge）以
回應實踐所需。批判教育學既然宣稱包含「批判的語言」和「可能性
的語言」兩種層次，強調多元觀點，因此必須是一開放的論述空間以
包容各種學說和概念資源；強調反省觀照，因此必須與學校和社會生
活不斷對話；強調行動實踐，因此必須在不同層次的社會場域中產生
解放和具體建構的力量。所以批判教育學的多重文本發展應是可以理

解的。

　　批判教育學的討論，涉及對盤根錯節的思想場域進行某種「人為」的劃界和論述的「取捨」，在其中辨識、尋繹出某些議題和線索加以討論。上述劃界或取捨，與臺灣當前政治社會生態、教育學術的知識氛圍，以及研究者個人的背景和經驗密切相關。對於臺灣的讀者，了解如此外來的學說論述，是一種進出於遠方／本地、他者／自我的疆界，在不同時空中掌握有關歷史、文化、權力、立場、觀點、認同和聲音的複雜活動，活動本身的意義究竟為何，可能因人而異，但至少豐富了我們對社會或文化現象的理解和想像，並促使進一步的社會實踐（王慧蘭，2005b）。

　　批判教育學究竟啟發了什麼？批判的思考不是一種教學法，而涉及存在的持續反思，生活的信念、實踐和承諾。在面對許多批判語詞和新的分析概念時，臺灣的師資培育者或基層教師如何體察自己的文化價值信念和習性，以怎樣的心態看待教育和教學、以怎樣的方式與不同學生的生命經驗和價值進行碰撞，如何在教學、研究和服務的各個面向折衝，並維持與理想的持續對話，如何對於批判教育學概念進行「符號性參與」與「轉化的實踐」，都不是容易的事。我們仍需不斷地自我檢視：透過教育、透過不同的論述和文化勞動，我們究竟在追求什麼？又應如何反省和實踐？

卍 註　釋

1 目前臺灣的學者對於 critical pedagogy 有不同翻譯——「批判教學論」、「批判教育學」、「批判教育論」等。critical pedagogy 的淵源有其歷史脈絡，但在「理論旅行」的過程中，作者的論述已被讀者的論述所取代轉化，讀者／作者根據自己的身處情境和問題意識重新建構論述的面貌。本文採取「批判教育

學」為中文譯名，除了參考方永泉（2003）的說法外，也因研究者贊同 Stanley Aronowitz（1993）所言，即 Paulo Freire 的 pedagogy 常被詮釋為一種教學方法而非一種哲學或社會理論，這種對 Freire 學說的狹義解讀反映出美國學界對於「方法的崇拜」（the fetish of method），忽略了 Freire 以教育中權力關係的轉換（從教師到學生）為起點，進行一種超越教室的文化革命行動（p. 8-9）。在 critical pedagogy 的語意脈絡中，pedagogy 的含義比 teaching 更深遠、複雜，故本文選擇以批判教育學為中文譯名。

2 臺灣早期的介紹文章如宋文里（1995）對 Paulo Freire「問題陳顯」（problem posing）概念的說明、論述專書（周珮儀，1999；張盈堃，2001）的出版、Freire 與 Peter McLaren 等批判教育學代表人物重要書籍的翻譯（方永泉譯，2003；蕭昭君、陳巨擘譯，2003），Barry Kanpol 導論型專書的翻譯（張盈堃等譯，2004；彭秉權譯，2005）等。此外，相關研討會的舉辦，例如國立屏東師範學院（現為國立屏東教育大學）社教系主辦，第一屆「社會理論與教育研究」研討會，主題為 critical pedagogy（二〇〇三年十一月七日）；私立淡江大學課程與教學研究中心主辦，青年學子教育論壇，主題為「學校教師的日常生活世界——批判教育學的理論與實務」（二〇〇六年三月十七日）。相關的學位論文也逐漸出現。

3 McLaren 與 Farahmandpur（2005）在《對抗全球資本主義和新帝國主義的教學》一書中，描述了美國中小學教育如何受到財團商業活動的入侵。例如 Michael Milken 原是美國華爾街股市投資客，後來轉向教育市場，成立「知識宇宙」（knowledge universe）專門生產教材和所謂益智玩具，獲利非常可觀；全美至少有 234 個商業機構以提供教材名義進入公立學校，包括提供影片、教科書或電腦軟體等；因接受廠商贊助的視聽器材，學校中的教學頻道（Channel One）以播放廠商相關商業廣告影片作為回饋等（p. 166-168）。

4 法國解構代表學者 Jacques Derrida 認為，Marx 的幽靈們仍在思想界徘徊。不論是擁抱或排斥 Marx，都是與 Marx 的思想糾纏不清。自從一九六八年之後，隨

著蘇聯、東歐、波蘭等共黨政權崩盤（簡稱蘇東波事件），馬克思主義即面臨政治意識型態和理論上的危機，但若因此宣稱馬克思主義已經死亡或衰微，則未免言之過早。馬克思主義其實是一個持續變遷的複雜思想領域，學者認為「馬克思學」（Marxology）比「馬克思主義」（Marxism）更能避免對馬克思思想及其餘緒的教條化或意識型態化。馬克思學，簡稱馬學，概括 Marx、Engels 的學說以及後續對此學說的研究、詮釋、批判、運用等，包括西方馬克思主義、新馬克思主義、歐洲共產主義、反馬克思主義和後馬克思主義等（黃瑞祺，1998）。

5　粗略而言，反殖民的思想在日據時代即在臺灣文學中暗自成形，爾後反國民黨統治和社會階級壓迫的思想在臺灣的思想界也持續發聲，只是當時號稱「精神國防」的師範體系受制於政治意識型態，專業知識又偏向實證主義和心理學典範的行為主義取向，批判的論述在當時似乎沒有發展的契機，只有零星的學者敢批評政府教育施為的不當，如林玉体（1989）。臺灣的留美風潮遇上歐美一九六〇年代的學運風潮，也多少促使西方開放、激進的教育視野和思想逐漸傳回臺灣並產生影響。對於傳統學校黨化教育的批評其實在解嚴前即已開始，例如早期黨外雜誌《南方》有許多指控國民黨黨化教育的批評；解嚴後教育改革民間運動在不同時期有不同的訴求和行動，大抵可歸納為對於國家控制教育的批判、主張人民教育權、教育自由化和社會正義等（薛曉華，1996）。值得注意的是黃武雄（1994，1997）、四一〇民間教改團體（1990）、王震武與林文瑛（1994，1996）的著作，對臺灣教育的批判思考和重構都有相當分析。爾後女性主義團體積極參與兩性平等教育的解構和性別教育的建構、夏林清推動行動研究風潮和基層教師協會、黃武雄（2003）推動社區大學等發展、余安邦（2005）在臺北縣推動「社區有教室」的批判性實踐等，都是臺灣激進教育和批判教育學發展的相關現象。師範體制內，有關臺灣教育社會學的持續發展和社會轉化（李錦旭、張建成，1999；黃嘉雄，2000），批判教育論述亦逐漸累積一定的論述能量和反省實踐力。

參考文獻

中文部分

方永泉（譯）（2003）。**受壓迫者教育學**。臺北市：巨流。

王志弘、余佳玲、方淑惠（合譯）（2003）。**文化地理學**。臺北市：
　　巨流。

王慧蘭（2005a）。**批判教育學與全球資本主義——高等教育的若干
　　反思**。論文發表於私立南華大學主辦「第十一屆臺灣教育社會
　　學論壇——教育市場化、高等教育擴張與教育社會學理論反省」
　　研討會。

王慧蘭（2005b）。批判教育學：權力抗爭、文本政治和教育實踐。
　　臺灣教育社會學研究，5（2），85～112。

王震武、林文瑛（1994）。**教育的困境與改革的困境**。臺北市：桂
　　冠。

王震武、林文瑛（1996）。**教育改革的臺灣經驗**。臺北市：業強。

四一〇民間教改聯盟（1990）。**民間教改藍圖：朝向社會正義的結
　　構性變革**。臺北市：聯經。

朱元鴻、馬彥彬、方孝鼎、張崇熙、李世明（合譯）（1994）。**後
　　現代理論——批判的質疑**。臺北市：巨流。

余安邦（編著）（2005）。**社區有教室的批判性實踐——當學校課
　　程與在地文化相遇**。臺北市：遠流。

宋文里（1995）。批判教育學的問題陳顯，**通識教育季刊，2**（4），

1-15。

李錦旭、張建成（1999）。臺灣教育社會學研究的回顧與前瞻。見
　　國立臺灣師範大學教育學系教育部國家講座（主編），**教育科**
　　學的國際化與本土化（頁285-345）。臺北市：揚智。

周珮儀（1999）。**從社會批判到後現代：季胡課程理論之研究**。臺
　　北市：師大書苑。

林玉体（1989）。**民主政治與民主教育**。臺北市：師大書苑。

姚欣進（2004）。**馬克思主義政治經濟學與世界資本主義**。臺北市：
　　巨流。

張旭東（編）（1996）。**晚期資本主義的文化邏輯：詹明信批評理**
　　論文選。香港：牛津大學出版社。

張君玫（譯）（2003）。**社會理論與現代性**。臺北市：巨流。

張盈堃（2001）。**性別與教育：批判教育學觀點**。臺北市：師大書
　　苑。

張盈堃、彭秉權、蔡宜剛、劉益誠（合譯）（2004）。**批判教育學**
　　導論。臺北市：心理。

彭秉權（譯）（2005）。**批判教育學導論**。臺北市：心理。

黃武雄（1994）。**童年與解放**。臺北市：人本教育基金會。

黃武雄（1997）。**臺灣教育的重建：面對當前教育的結構性問題**。
　　臺北市：遠流。

黃武雄（2003）。**學校在窗外**。臺北市：左岸。

黃瑞祺（1994）。**馬克思論方法**。臺北市：巨流。

黃瑞祺（1998）。**馬學新論：從西方馬克思主義到新馬克思主義**。
　　臺北市：中央研究院歐美研究所。

黃嘉雄（2000）。**轉化社會結構的課程理論：課程社會學的觀點**。
　　臺北市：師大書苑。

萬毓澤（譯）（2000）。**全球化——馬克思主義的觀點**。臺北市：
　　新苗。

劉小楓（1996）。**現代性社會理論緒論**。香港：牛津大學出版社。

蕭昭君、陳巨擘（合譯）（2003）。**校園生活：批判教育學導論**。
　　臺北市：巨流。

薛曉華（1996）。**臺灣民間教育改革運動：國家與社會的分析**。臺
　　北市：前衛。

英文部分

Allman, P. (2001). *Critical education against global capitalism: Karl Marx and revolutionary critical education*. Westport, Connecticut: Bergin & Garvey.

Apple, M. (2001). *Educating the "Right" Way: Markets, Standards, God and Inequality.* New York & London: RoutledgeFalmer.

Aronowitz, S. (1993). Paulo Freire's Radical Democratic Humanism. In P. McLaren & P. Leonard (Eds.), *Paulo Freire: A critical encounter*. London & New York: Routledge.

Ball, S. J. (1990). *Politics and policy making in education: Explorations in policy sociology*. London: Routledge.

Chubb, J. E., & Moe, T. M. (1990). *Politics, markets and America's schools*. Washington, D. C.: the Brookings Institution.

Darder, A., Baltodand, M., & Torres, R. (Eds.). (2003). *The critical pedagogy reader*. New York: Routledge.

Eagleton, T. (2003). *After theory*. New York: Basic Books.

Ellsworth, E. (1992). Why doesn't this fell empowerment？Working through the repressive myths of critical pedagogy. In C. Luke & J.

Gore (Eds.), *Feminists and Critical Pedagogy*. New York: Routledge.

Freire, P. (1970/2000). *Pedagogy of the oppressed*. New York: Continuum.

Freire, P. (1993). Foreword (Donaldo Macedo, Trans.). In P. McLaren & P. Leonard (Eds.), *Paulo Freire: A critical encounter*. London & New York: Routledge.

Freire, P., & Shor, I. (1987). *A pedagogy for liberation: Dialogues on transforming education*. London: Macmillan Education.

Giroux, H. A. (1988). *Teachers as intellectuals: Toward a critical pedagogy of learning*. New York: Bergin & Garvey.

Giroux, H. A. (1992). *Border crossings: Cultural workers and the politics of education*. New York: Routledge.

Giroux, H. A. (1997). *Pedagogy and the politics of hope: Theory, culture and schooling*. Boulder, CO: Westview Press.

Gore, J. M. (1993). *The struggle for pedagogies: Critical and feminist discourse as regimes of truth*. New York: Routledge.

Hargreaves, A. (1999). Book reviews for "Struggling for the soul: The politics of schooling and the construction of the teacher". *International Journal of Qualitative Studies of Education, 12* (6): 725-728.

hooks, b. (1989). *Talking back: Thinking feminist, thinking black*. Boston: South End Press.

hooks, b. (1993). bell hooks speaking about Paulo Freire: The man, his work. In P. McLaren & P. Leonard (Eds.), *Paulo Freire: A critical encounter*. London & New York: Routledge.

hooks, b. (1994). *Teaching to transgress: Education as the practice of freedom*. New York: Routledge.

Jackson, S. (1997). Crossing borders and changing pedagogies: From

Giroux and Freire to feminist theories of education. *Gender and Education, 9* (4): 457-469.

Kanpol, B. (1997). *Issues and trends in critical pedagogy*. Cresskill, N. J.: Hampton Press.

Kenway, J. (1994). *Economing education: the post-fordist directions*. Victoria: Deakin University Press.

Laclau, E., & Mouffe, C. (1985). *Hegemony and socialist strategy: Toward a radical democratic politics*. London: Verso Books.

Lather, P. (1992). Critical frames in educational research: Feminist and post-structural perspectives. *Theory into Practice, 31* (2): 87-99.

Lather, P. (1998). Critical pedagogy and its complicities: A praxis of stuck places. *Education Theory*, 48(4): 487-497.

Lemke, J. L. (1995). *Textual politics: Discourse and social dynamics*. London: Taylor & Francis.

Luke, C. (1992). Feminist politics in radical pedagogy. In C. Luke & J. Gore (Eds.), *Feminists and critical pedagogy*. New York: Routledge.

Luke, C., & Gore, J. (Eds.). (1992). *Feminists and critical pedagogy*. New York: Routledge.

McLaren, P. (1998). Revolutionary pedagogy in post-revolutionary times: Rethinking the political of critical education. *Education Theory, 48* (4): 431-463.

McLaren, P. (2003a). *Life in schools: An introduction to critical pedagogy in the foundation of education* (4th ed.). Boston: Pearson Education.

McLaren, P. (2003b). Critical pedagogy and class struggle in the age of Neoliberal Globalization: Notes from history's underside. *Democracy & Nature, 9* (1): 65-90.

McLaren, P., & Leonard, P. (Eds.). (1993). *Paulo Freire: A critical encounter*. London & New York: Routledge.

McLaren, P., & Farahmandpur, R. (2005). *Teaching Against Global Capitalism and the New Imperialism*. USA: Rowman & Littlefield Publishers, Inc.

Miron, L. F. (2002). The Zen of revolutionary pedagogy: Is there a middle path? *Educational Theory, 52* (3): 359-373.

Morrow, R. A., & Torres, C. A. (2002). *Reading Freire and Habermas: Critical pedagogy and transformative social change*. N. Y.: Teachers College Press.

Orner, M. (1992). Interrupting the calls for student voice in 'Liberatory' education: A feminist poststructuralist perspective. In C. Luke & J. Gore (Eds.), *Feminists and critical pedagogy*. New York: Routledge.

Popkewitz, T. S. (1998). *Struggling for the soul: The politics of schooling and the construction of the teacher*. New York & London: Teachers College Press.

Popkewitz, T. S., & Brennan, M. (1998). Restructuring of social and political theory in education: Foucault and a social epistemology of school practices. In T. S. Popkewitz & M. Brennan (Eds.), *Foucault's challenge: Discourse, knowledge and power in education*. New York: Teachers College, Columbia University.

Shor, I., & Freire, P. (1987). *A pedagogy for liberation: Dialogues on transforming education*. Massachusetts: Bergin & Garvey.

Sleeter, E., & McLaren, P. (1995). Introduction: Exploring connections to build a critical multiculturalism. In C. Sleeter & P. McLaren (Eds.), *Multicultural education, critical pedagogy and the politics of differ-*

批判教育學──
臺灣的探索

ence. New York: State University of New York Press.

Tinning, R. (2002). Toward a modest pedagogy: Reflections on the problematics of critical pedagogy. *Quest, 54*: 224-240.

Weiler, K. (1991). Freire and a feminist pedagogy of difference. *Harvard Educational Review, 61* (4): 449-474.

Weiler, K. (2003). Feminist analysis of gender and schooling. In A. Darder, M. Baltodand, & R. D. Torres (Eds.), *The critical pedagogy reader*. New York: Routledge.

Weiler, K. (Ed.).(2001). *Feminist engagements: Reading, resisting and re-visioning male theories in education and cultural studies*. New York: Routledge.

Young, I. M. (1990). *Justice and the politics of difference*. New Jersey: Princeton University Press.

第2篇

溯源

第四章

Paulo Freire 批判教學論的探索與反思

李奉儒

　　Freire 的作品已在許多國家用許多語言出版，其中有一種語言跨越了所有的疆界，那就是他的解放的語言。自巴西放逐期間，Freire 的旅途是來自於對於宰制與壓迫之不屈不撓的奮鬥所驅使。Freire 藉由批判的意識醒悟所傳遞的自由與民主訊息，提供在世界上的無數人群需要的工具，使他們在歷史脈絡中安身為能動者，並採取行動來改變這些脈絡。（*Harvard Education Review*, Summer 1997; 67, 2, p. v）

壹 | 前 言

  Paulo Freire（1921-1997）是二十世紀著名的成人教育工作者和草根教育運動的提倡者，是一位「熱情的進步主義者」、「不妥協的民主主義者和不後悔的激進改革者」（Carnoy, 1997: 7）。也因此 Freire 由於他在祖國巴西「全國識字陣營」的領導身分，遭受一九六四年軍事政變政府視其為顛覆份子，歷經兩度被捕入獄和十六年的放逐，但在這段流放期間也擔任過數項重要的教育職務（Salter, Fain, & Rossatto, 2002）。Freire 對於中南美洲、非洲的成人識字教育實務有廣大作用和國際聲望，並於一九六九年至美國哈佛大學「教育與發展中心」擔任訪問學者，對美國的教育思想和課程領域起了深遠的影響（Apple, 1999）。例如，自由的進步主義者受其人文主義影響，新馬克斯主義者認同其革命的實踐，左派學者鼓吹其批判的烏托邦主義，即使保守主義者也尊重他對倫理學的重視（McLaren, 2000: 13）。

  Freire 的一生正是作為他的信念，「教育是基本的人權」之範例，其所有作品的核心則是持續關注壓迫、權力、政治、解放與教育之間的關係，而不只是方法論的討論或教學實務的應用而已。Michael W. Apple（1999: 5）在一篇紀念 Freire 的文章中也特別指出，「對他（Freire）而言，教育如果不是連結到爭取解放的奮鬥和對抗剝削，就不值得稱為『教育』了」。Freire（1970: 60）主張「真誠的解放——是一種人性化的過程——不是在人的身上儲存另一些東西。解放是一種實踐——是人們對於他們的世界採取行動與反省，以進一步轉化世界。」他接著又說：「解放的教育包括了認知的行動，而不只是資訊的轉移」；教師必須知道「教育者面對在世界中與學校內開展的社會衝突時，所假定的立場」。

　　Soler-Gallart（2000: 109）指出「如果教育者的目的是提供適當的技術與訓練，以適應變遷中的社會動態與要求，那麼教育領域將總是其他社會領域的邊陲、附件和附屬。」然而，「Freire 透過一生的著作和高度的社會關懷，顯現出如何發展在教育領域之外受到珍視的教育理論。」Peter McLaren（2000: 10）指出這個教育理論即是由Freire 發軔的批判教學論（critical pedagogy），是「對於班級教學、知識生產、學校機構的結構等之間的關係，以及更廣大的社區、社會與國家之間的社會與物質關係」的一種思考與轉化的方式。Freire 可說是北美學者發展批判教學論背後的驅力，McLaren（2000: 10）推崇他是「最具有重要意義的解放哲學家之一，也是批判素養和批判教學論的先驅之一，他的作品持續為那些在教育主流之外工作的教育者所採用。」總之，Freire 在「批判教學論的思維與實務之發展中，最具有影響力的教育哲學家」，對於成人教育、讀寫理論、語言、人類發展、後殖民理論、文化研究等，均有廣泛的影響（Darder, Baltodano, & Torres, 2003: 5）。

　　對於 Freire 而言，教育目的在於發展學習者的批判意識，轉化社會經濟中不公義的權力關係，達致人的自由與社會正義；Freire 的批判教學論是反威權的、激進的、解放的、民主的、對話的、互動的，將日常生活中的經驗置於課程與教學的中心。本文乃嘗試透過閱讀Freire 一生高度社會關懷的著作，理解其批判教學論的發展歷程，解讀其思想的理論基礎及其受到相當珍視的解放教育主張，進而反思與批判其學說的可能限制。

貳　閱讀 Freire：批判教學論的思想發展軌跡

　　本節藉由閱讀 Freire 歷年發表的主要著作，來掌握其思想發展軌

跡，受限於篇幅，本節的分析與說明僅只能相當地扼要，而無法逐一深入討論其所有的著作。不過，在下一節的理論基礎與學說主張中會適度地引用和討論相關著作中的重要議題。

一、早期著作：一九六〇年代至一九八〇年代中期

《受壓迫者教學論》（*Pedagogy of the Oppressed*）是 Freire（1970）學術生涯中最重要的代表作，即使在今日仍是許多批判教育者相當重視並最常引用的作品，但 Freire 也極力主張批判者在評鑑其學說時，不要僅侷限於該著作。Freire 在書中提供了受壓迫者教學論的理論基礎，倡導一種革命的解放教學論，主張人類存有的使命是成為主體，並藉由對話教學論喚起受壓迫者為解放自身而進行奮鬥，使能在其生存的世界中行動並加以轉化。

Freire 在該書中首先分析壓迫者與受壓迫者的特質與矛盾關係，凸顯出對抗壓迫行動的重要性；其次探討儲存式（banking）教育的壓迫，並提出具有解放性質的提問式（problem-posing）教育；書中的第三部分指出對話是教育的基本及自由的實踐，透過生成主題（generative themes）的運用可促使學習者的批判意識醒悟。Freire 最後詳細地解析教育作為文化行動的對立主張，說明反對話與對話行動的理論及其特質（參見李奉儒，2002；李奉儒，2003a）。

《受壓迫者教學論》並非 Freire 的第一本著作，而是《教育作為自由的實踐》（*Educacao como Practica da Liberdade*）。Freire 在一九六四年巴西的軍事政變中遭到逮捕下獄，他在囚禁的這段期間開始寫作，並於一九六九年在其流放的智利出版《教育作為自由的實踐》。本書的英文譯本收錄於一九七三年的《開展批判意識的教育》（*Education for Critical Consciousness*）的第一部分。[1]Freire 在《開展

批判意識的教育》中主要是闡釋在巴西和智利採用的成人識字教育取向，探究政治、社會、經濟等力量對於教育的影響，呈現一種馬克斯主義式的社會分析。Freire（1973: 19）在該書一開始即說明為了轉化巴西的「沉默社會」，必須透過教育來促使廣大的農民能夠喚醒出批判的覺察（the awakening of critical awareness）。

　　巴西當時是封閉的、非獨立自主的政治社會型態，一個有著貧困、飢荒、剝削，以及數以百萬渴求著社會正義人民的國家。面對缺少民主經驗、正處於轉型中的社會，Freire（1973）反對巴西社會中存在的派系主義（sectarianism）、狂熱主義（fanaticism），並批判當時主流的協助主義（assistencialism）之不當；主張以民主的激進主張（radicals）來解決社會問題。首先，Freire 指出無論是左派或右派的派系主義都不具批判反省意識，企圖以神話或半真實的口號、宣傳等，驅策大眾為特定派系的政治利益服務，缺乏對於意識型態分析的興趣，以及對主宰權力的反省與批判，不期望大眾有思考能力，反而忽略了其基本的責任應該是批判的和教育的。其次，狂熱主義則是進行反理性的煽動，加深社會的矛盾對立，將許多複雜的社會問題化約為單純的社會階級等想法，落入了宿命的觀點之中，對大眾主體性的人性化歷程，造成極大威脅，誤以為他們所遇到的困難都是不可跨越的障礙。第三，協助主義是導致平庸化社會的主因，攻擊社會疾病的徵狀而不是病因；政府假藉協助主義及行動，表面上幫助民眾解決他們遇到的困難，實則是箝制人民的思想與視野，剝奪人民自為負責的抉擇能力，不給予人民做決定的機會。協助主義將教育視為是中立的，將焦點置於技術及科層等相關問題的克服之上，以便使年輕的工人在進入生產世界時可以有稱職的表現。相反地，教育作為自由的實踐，「正是愛的行動，也是勇氣的行動」（1973: 38）。Freire 期待能喚醒巴西人民的意識，為社會正義而奮鬥；主張教育者必須透過關切

個人政治社會責任的積極對話式教育，使學習者由素樸意識階段（naive stage of transitive counsciousness）提升至批判意識。亦即教育者要採取批判的、謙虛的、愛人的、溝通的積極主張，肯定個體具有批判洞察社會歷史狀態的能動性，會以實際行動聯合其他主體，辨識社會變遷的癥結，加速民主改革，有助於「新人類與新社會的誕生」（1973: 32）。

　　Freire 於一九七〇年五月與八月在《哈佛教育評論》分別發表的〈成人識字歷程作為爭取自由的文化行動〉和〈文化行動與意識醒悟〉，組成了一九七五年出版的《爭取自由的文化行動》（*Cultural Action for Freedom*）[2]，反應他在那時代對於壓迫與文盲的關注。M. Soler-Gallart 與 B. M. Brizuela 在二〇〇〇年該書重新出版的「編輯者引言」中，特別指出：「這兩篇文章包含許多 Freire 關於人權與教育的原創想法，人權與教育的議題是他的作品的核心。Freire 是一位先驅，投入於提升教育與讀寫能力這種普遍權利，將其作為人類對抗壓迫的一部分。」該書進一步擴展在〈教育作為自由的實務〉一文中首次提出的「意識醒悟」（conscientizacao）理念和成人識字歷程，特別是將「意識醒悟」進一步分為「半未轉移意識」、「素樸轉移意識」和「批判意識」的歷程（參見李奉儒，2003a），也是對於所有人都需要基本教育之強力訴求。

　　文化行動是要對抗那些使人性退化的結構和實務。值得注意的是，Freire（1975: 31）提出了「公開譴責」（denunciation）與「公開宣告」（annunciation）作為文化行動的兩個要素。換言之，邁向恢復人性的唯一大道，即是受壓迫者與壓迫者對於壓迫的社會實在之理解和公開譴責，並支持公開宣告的人性化結構與轉化型行動。公開譴責是一種批判的語言，而公開宣告則是一種希望的語言。在此，我們可以隱約看到另一位批判教學論學者 Henry Giroux 後來區分「批判性

語言」和「可能性語言」的思想源頭。

　　此後，直到一九七八年 Freire 才有《進展中的教學論》（*Pedagogy in Process*）出版，包括佔了將近全書一半篇幅的「導論」，以及有關他對於剛從葡萄牙殖民地獨立的非洲 Guinea-Bissau 共和國，如何推動成人教育工作的討論信件。Freire 在一九七五年時是在日內瓦的「世界教會聯合會」的教育部門工作，並組織了「文化行動研究所」。《進展中的教學論》即是收錄 Freire 其時與 Guinea-Bissau 之教育與文化委員會負責人 Mario Cabral 之間的來往信件。他們的共同目的是為這新建立的國家人民發展出識字教育方案。Freire 在該書中說明解放受壓迫者所必需的政治觀點、歷程和組織，並指出在受壓迫者能夠採取政治行動之前所必須克服的強權。Giroux（1981: 135）認為 Freire 在 Guinea-Bissau 的工作清楚地彰顯了「意識醒悟的真正特質：藉由反省與行動來學習，以克服壓迫性實在中社會的、經濟的和政治的矛盾」。

　　一九八五年出版的《教育的政治學》（*The Politics of Education*），則是蒐羅、改寫和編輯該書出版之前十五年的十一篇論文、二篇訪談和一篇評論，Freire 希望藉此來「刺激更多對當前主要教育議題的討論」（Freire, 1985: xxvii）。這些教育議題包括了成人識字、農民閱讀文本、文化行動、政治素養、人文主義教育、教育與解放、意識醒悟與反學校化教育（受到 Ivan Illich 的影響）等。

二、晚期著作：一九八〇年代中期之後

　　自一九八七年之後直至其過世，可說是 Freire 的學術創作顛峰，其作品也出現新穎的呈現和風格的轉變。如一九八七年的《爭取解放的教學論》（*A Pedagogy for Liberation*）（Shor & Freire, 1987）是

Freire 跟 Ira Shor 針對一系列的教育重要問題之理論思索，以結構性的對話方式出現。雖然對話的作品在當時的教育文本中是很不尋常的寫作方式，但這對於向來就很強調「對話」在教育中有相當重要性的 Freire 而言，則是很適宜的。

這種對話錄的文本在 Freire 後續的出版著作中也屢次出現，像是跟 Donaldo Macedo 對話的《識字：閱讀文字與世界》（Freire & Macedo, 1987），和 A. Faundez 對話的《學習質疑：解放的教學論》（Freire & Faundez, 1989），跟 Myles Horton 對話的《路是我們人走出來的》（Horton & Freire, 1990），以及在一九八四年於墨西哥大學跟三位學者針對高等教育進行對話的文本等（Escobar, Fernandez, Guecara-Niebla, & Freire, 1994）。

《城市教學論》（Freire, 1993a）呈現 Freire 於一九八九年至一九九一年擔任巴西聖保羅市教育局長任內的教育經驗，如實施青年識字方案以促進公民社會的形成；以批判的社區為核心，推動「課程重構運動」，支持學校自主與課程的重新建構。Freire 其時致力於將公立學校轉化為更民主和大眾化的，而不是威權或菁英化的教育機構。Apple（1999: 6）推崇他在教育局長任內「創造出一個更為社會正義的教育」。《城市教學論》跟隔年的《希望教學論》（Freire, 1994），其後的《給 Cristina 的信》（Freire, 1996），以及《心的教學論》（Freire, 1997）等，都是比較多有關 Freire 個人的自傳和反思性質的著作。

這類自傳式的著作讓 Freire 得以回答一些對他學說的批評，特別是對於《受壓迫者教學論》的誤解。如《希望教學論》一書原本是 Freire 要寫一篇有關《受壓迫者教學論》的前言或新的導論，藉此修正並回應他在該書中的一些重要議題與陸續受到的批評，並重新思考自己後來發展的主張與立場，最終竟然就寫成本書，因此本書的副標

題即為「再經歷受壓迫者的教學論」。Freire 所界定的「希望」是自然的、可能的及必要的推動力。希望源自於人的未完成的不完整性，而尋求在與他人溝通中實現自己；失望則是一種沉默的形式，失望者會拒絕世界並逃避現實（Freire, 1998b: 69-71）。

《給 Cristina 的信》一書的副標題是「我的一生與工作之反思」，包含十八封 Freire 為了兌現他對姪女 Cristina Freire Bruno 的承諾所寫的信，依年代來回顧他童年和青少年時期的經驗，以及他作為一位教育者和決策者的經歷，並說明他對一些重要的教育議題之分析。例如，在第十一封的長信中，Freire 回溯他自一九四七年起在「企業的社會服務」部門工作的十年期間，讓他特別關注到社會階級的問題，批評「主宰的階級對於批判閱讀世界的需求是聽而不聞，堅持對於勞動階級的純粹技術訓練」（1996: 83）；Freire 說明自己「幾乎是直覺的傾向正義，並對於種族、階級、性別、暴力和剝削等的不正義和歧視有一種發自內心的拒斥」，因此他批評新自由主義的意識型態是「一種私有化的意識型態，從不談到成本的問題，這些成本總是由勞動階級所吸收」（1996: 85）。

Freire 生前最後一本出版的《心的教學論》，回憶他個人與智識上的發展軌跡，說出自己對於祖國巴西的深厚情感，並進一步地駁斥包括實用主義者、新自由主義者（neoliberalist）、左派教條主義等對自己的誤解，希望喚醒廣大巴西人民的意識，主張以批判的樂觀主義（critical optimism）來取代不能移動的宿命論（immobilist fatalism）（1997: 29-58）。Freire 特別提供事例與反省來抵抗並批判宿命論在學校和日常生活中的蔓延，指出統治階級為了維護少數人的利益而將一種悲觀的宿命觀點傳遞給廣大的民眾，讓他們誤以為每一種事情都只能有一種的可能、歷史也是靜止不動的。然而，「歷史並沒有死亡」，Freire（1997: 36）主張「我們是轉化型的存有，而不是只會適

應的存有。」人類可以自由地做決定,「我們不能拒絕運用我們的能力和做出決定的權利之奮鬥」,因為「歷史是一種可能性,而不是決定性的」(Freire, 1997: 37)。他在書中提供了教育者有關發展轉化型理論和實務的可能性,指出自由是需要經由奮鬥而來的,因此教導人民做決定、選擇及批判等就顯得十分重要。正如他說的,「問題在於決定如何將困難性轉為可能性」(1997: 64),而這些是流於記憶、儲存的傳統教育所無法達成的教育目的。Freire 對於轉化型教師和可能性語言的強調,也一再出現在 Giroux(1988, 1992, 1993, 1997)的著作當中。

Freire 逝世後的翌年有三本書同時出版,第一本是《教師作為文化工作者》(1998a),這是 Freire 在寫完《希望教學論》之後,仍感受到「希望」這一主題所引發的種種挑戰,開啟了許多新的反思,想要重新處理一些重要的議題而寫成。Freire 在書中透過十封信來詳盡地分析教學歷程、教師面對的艱難工作條件與教師的轉化型角色等,其中第四封信對於教師的教學素養有很多具體的主張;Freire 藉由本書釐清教學專業長期以來被「去專業化」、「技術化」、「褓姆化」的危機,重申「教育」作為一種政治,一種意識醒悟的實踐,以及不能脫離每日的班級實在等,賦予「教育者」新的意涵,如必須作為知識份子、社會的行動主義者、批判的研究者、道德的能動者、激進的哲學家,以及政治的改革者等,從而提醒有意從事教育工作者的人,唯有重新認識教育的任務與意識到教師所扮演的角色,才能自信地說:「我敢承擔教育工作了!」

第二本是《政治與教育》(Freire, 1998b),由加州大學洛杉磯分校拉丁美洲中心出版,收錄 Freire 早先發表的十二篇簡短論文(有些原本是以葡萄牙文寫作),並由該中心主任同時也是「Freire 中心」主任的 Carlos A. Torres 撰寫導論。這些論文探究的教育主題相當廣

泛，包括了繼續教育、成人教育、多樣性中的統一、教育素質、公民精神、社區參與、教育與責任、公共學校與大眾教育等。

　　第三本是《自由教學論》（Freire, 1998c），討論自由與權威、意識型態、文化認同、歧視、方法論的嚴謹、求知的歷程等，有些議題是一貫地在 Freire 的思維中持續出現，但不再是從巴西沉默社會的壓迫性角度出發，而是在橫跨全球的新自由主義之架構下提出基於認識論與倫理學的批判。也因此，早期的關鍵理念有所修正並進一步發展，像是仍然強調對話在教育歷程中的重要性（對話包含對於人的尊重），教師有必要對於學生先前知識與經驗加以認知與回應，也進一步討論教師的權利、工作條件與專業責任等。Freire 也在書中批評兩類知識份子立場的不當，一是藏身在反理論的多元主義之下，一是將自己封閉在自身的科學地位之中。相對地，Freire 主張我們要有勇氣，針對眼前的社會實在來發展教育理論，伸張教育的批判角色以克服社會與文化的不平等，並期待我們建立一種普遍人類倫理學來為新世紀的教育奠下更好的基礎。

參　解讀 Freire：批判教學論的理論基礎與學說主張

　　Freire 本身思想體系相當龐雜，從哲學、社會學、政治學、心理學等學術領域，以及其他教育者、革命者和神學家的實踐活動中，萃取出自己的淵博知識和心智版圖，讓 Paul V. Taylor（1993: 34）稱之為「Freire 圖書館」，其中「對於歷史與文化的分析主要是依賴 Althusser、Fanon、Lukacs、Mao（毛澤東）、Marcus 和 Marx，以及 Aristotle、Descartes、Hegel 和 Rousseau」等人之著作。也因此，這種學說思想中的借用、折衷或萃取，很難適當地將 Freire 和其後的批判

教學論者等之理論基礎完整地呈現出來。Giroux（1993: 182）指出
Freire 由於「放逐」、「無家」的經歷而在思想上有很大的轉變，從
早期關注社會階級之現代主義的本質主義，轉向到晚期著作中對於性
別、種族等議題的後現代論述，「駁斥先驗的倫理學、認識論的基礎
主義以及政治的目的論」。但這並不代表 Freire 在思想上有所斷裂，
他仍保持「概念上的連續性」，尤其是對於民主、宰制、壓迫、解放
教育等核心議題的討論。

　　Freire 所影響的批判教學論涵蓋範圍很廣，且即使被認定在批判
教學論範疇的學者，其觀點也未必完全一致，甚或有衝突（張建成，
2002：43；Torres, 1998）。這主要是因為自 Freire 提倡與實踐批判教
學論之後，隨著時間的演進，批判教學論者也結合和運用人文馬克斯
主義、法蘭克福學派（Frankfurt School）之批判理論，亦兼融其他諸
如後殖民主義、後現代主義、文化研究、女性主義等理論觀點，使得
自 Freire 以來的批判教學論主張更為多面而複雜。

　　本小節在此依據對於 Freire 上述著作的閱讀與解讀，將其最常探
究的主要議題和引用的相關資料，分成人文馬克斯主義和批判理論，
文化政治學和教育政治學，以及晚期的後現代思想與倫理學等三個層
面來加以說明。

一、人文馬克斯主義和法蘭克福學派

　　Taylor（1993）特別指出 Freire 受到天主教與人文馬克斯主義的
雙重影響。天主教的信仰增強了他對恢復人性的信心與關懷，人文馬
克斯主義的思想則提供了他提倡對話式教育的基礎。神學存在主義者
Martin Buber（1958）在《我與汝》一書中關注的會話、邂逅、存有
和倫理等，在 Freire 的著作中也多次出現。Freire 主張透過對話的過

程與意識醒悟的結果能達到個人解放的目的。這是一種轉化過程，在於啟蒙個體之主體批判意識，而能將人由客體轉為主體，受壓迫的轉為解放的，且為「實在」揭去面紗。讀寫能力由於是個人面對世界所發展出的思想語言，因此更具關鍵之地位，意識醒悟必須建基於讀寫能力的發展之上，進而讀寫世界才足以發生。

　　法蘭克福學派繼承 Karl Marx 的批判傳統，挑戰傳統的理性形式和啟蒙以來西方世界所界定之意義和知識的概念，認為社會研究必然蘊含著對社會的批判，其前提是假定人類基本上是不自由的，居住的世界充滿矛盾與權力及特權之不對稱。Giroux（1983）指出法蘭克福學派早期著重對於西方社會中所有已經建立的思維體系和宰制形式等的批判，其目的在發展一種理論的論述，以能夠協助人類免除當代資本主義的經濟、文化與心理壓迫，進行社會轉化與人的解放。Freire在早期著作中簡要地引用德國法蘭克福學派 Erich Fromm 和 Herbert Marcuse 等人的主張，並補強了法蘭克福學派對於理論與實際之間關係的強調，以及對於剝削和壓迫的持續批判。對於免除壓迫、社會轉化和人的解放等重要議題與實務，可說是 Freire 終身矢志不渝的使命。

　　Freire（1970）的知識論主張理論與實際的、反省與行動的連結正是實踐，兩者結合才不至於淪為沒有基礎的盲動主義，或過度抽象的巧言主義，且能有益於那些想要轉化存在世界中之壓迫情境的人。Freire「藉由解放教育的主張，將教學論的問題聚焦在社會的能動性、聲音和民主參與」（Darder, et al., 2003: 6）。對 Freire 而言，教育是為了人類更大的需求，亦即一個正義社會的發展。批判教學論的教育訴求同時指向社會改造，朝向建構無宰制的，且有公平正義的社會。

　　所謂的「教育改革」，自然不能是素樸天真地認為這只是教育體制的改造、教學技巧的改善或是課程內容的重新組合而已。教育改革

必須直指權力、結構與整個社會勢力的意識型態分析。從這角度看，教育改革毋寧是一場不折不扣的「社會改造」。這是批判教學論對教育目的的基本看法，也是批判教學論對教育改革的體認與方向，對於我國基層教師面對十年教改的紛紛擾擾，有一定的啟發（參見李奉儒，2003b）。

批判理論著重解放的旨趣。解放是一個具有動態性的概念，它包含兩層意涵。一是指人從宰制的處境中脫離，另一是指建立無宰制的生活環境，即是建立一個正義的社會。因此，它有「脫離」與「建構」的雙重意涵。Freire 指稱之人的解放，係指受教育者能夠經由教育的過程，而產生「彰權益能」（empowerment），脫離種種加諸其上的束縛。S. Kreisberg（1992: 19）認為，彰權益能意指個人得以發展潛能、技術與能力的結果，控制自己的生活，使能參與社會及政治的世界。H. A. Robinson（1994）指出彰權益能是一種對人自身力量、能力、創造力及行動自由的解放過程，彰權益能者可以從他人處及自身的內在中強烈感受到一股邊增的力量，特別是這股力量將促使其成長，成為如 Freire 所說的「更完全的人」（more fully human）。這種主體性的建立意味著一種自由、成熟、免於異化與宰制的解放旨趣。Freire 也主張社會問題必須加以辯證思考，因為社會的問題不僅是社會結構中個人的缺點所引起的獨立事件，而且這些問題是個人與社會之間互動脈絡的部分。

人的解放，亦即「人的自我完成」實際上是一個複雜且充滿變數的過程，絕非只是主觀的自由意志或是抽象的理性思維所能實現與完成，而是在現實生存環境中與社會交纏互動。教育作為主體建構的重要啟蒙機制，並非單純無涉權力與意識型態，而恰恰相反的，教育始終同權力分配及權力結構密切相關。

批判教育者將學校不僅視為灌輸或社會化的競技場，或教學的現

場，而且是提升學生彰權益能和自我轉化的文化地域。Taylor
（1993）曾引用 S. Bowles 與 S. Gintis 以及 Piere Bourdieu 等人之觀
點，將 Freire 之受壓迫者與壓迫者間存在的矛盾與衝突視為一種階級
上（權力位階）之區隔與宰制。例如，學校同時促使學生對於社會正
義等議題的彰權益能，也是維持、合法化、並再製階級利益的工具，
以創造出服從、溫馴和低薪的未來勞工。

　　受到批判理論與人文馬克斯主義的影響，Freire 分析教育過程中
權力、知識與宰制的辯證關係。從「批判意識」的啟蒙著手，重新思
考教育的目的，批判性地理解教育現實環境，進而產生抵抗與轉化社
會的實踐能動力，在此過程中「解放」既是過程也是目的。

二、文化政治學與教育政治學

　　所謂文化政治學是指符號資源和知識已經取代傳統的技術而成為
主要的生產力，而且指文化現在扮演主要的教學力量，以確保統治階
級的權威和利益的角色。「批判教學論尋求處理文化政治學的概念，
同時合法化和挑戰學生的經驗與知覺，它們形塑歷史與社會經濟的實
在，並對於學生如何界定他們的日常生活，以及如何建構出他們認為
是真理的事物，賦予意義。」（Darder, et al., 2003: 11）McLaren（1998）
同樣指出學校教育是一種文化政治學的形式，學校再製不公平、種族
主義和性別歧視，並透過對於競爭性和文化自大主義，使得民主的社
會關係零碎化，學生在學校中學到的是支持統治菁英的利益，即使這
有違他們的階級利益，這是一場文化的戰爭（Shor, 1986）。文化已
經變成一個重要的戰場和權力的武器（Giroux, 1999: 2）。

　　Freire 的批判教學論受到 Antonio Gramsci 文化霸權理論的啟發，
深化其批判教學論的理論基礎，分析「學校教育歷程是如何為宰制階

級的文化霸權之合法化提供服務」（Giroux, 1981: 136）。Gramsci
（1971）所指的霸權是一種社會控制，並非透過粗暴的物理手段來壓
迫人民，而是較多藉由社會的道德和智識領導者（包括教師）參與其
中，強化社會中主流的文化、價值和真理。文化既是抗爭的戰場，也
是教育的領域，對於社會和政治的改變相當有影響性，社會的統治階
級則是掌控生產知識、價值、認同、欲求等的條件。Giroux（1999）
即指出，Gramsci 洞見每一個霸權的關係必定是一種教育的關係，重
新界定政治如何藉由其在教學實務、關係與論述之力量來影響日常生
活，以說明文化不能和權力的系統關係分離，政治也不能跟知識的生
產和認同分離。

　　Gramsci 重新理解文化霸權作為社會和經濟再製的教育力量，認
為教學工作透過自己的文化實務，以合法化自己的動機問題，確保特
定的權威模式。文化霸權深深地滲透於社會意識中，建構了一般人的
常識及對現實的意義，形成了社會經驗，甚而與社會控制連結，更經
由知識份子之使用，以促其合法化。也因此，大部分學校的課程重心
圍繞著「共識」，卻很少認真處理階級、權力、科學衝突等問題。

　　對於霸權的分析，指明了政治、經濟、文化與教學實務之間的強
力連結。學校、知識、教育者的活動必須置於廣大的經濟、意識型態
和社會脈絡中來討論。批判教學論特別關注於學校教育的文化發展，
轉化學校結構與班級實務中存在的不平等和不民主的關係，賦權那些
在文化上處於邊緣以及經濟上受剝削的學生，Freire（1970）將這視
為是人性化的使命。既然霸權並非固定的，也不是絕對的狀態，對於
霸權的批判也就必須持續成為一種開展的歷程。

　　Apple 在一九九〇年再版的《意識型態與課程》書中，藉由分析
霸權與意識型態的概念來探討經濟、社會、文化與課程的關係，揭露
學校知識所隱含之衝突本質與再製功能，批判檢視學校課程中的官方

知識與意識型態。學校知識是社會構成的，學校知識的選擇、組織、
傳遞、分配、評鑑和社會文化控制之間存在著辯證的關係（Apple,
1990: 2）。要解決教育內的問題，則不能不透視那些因為國家霸權、
資本邏輯、工具理性等外部因素，而扭曲化了的現代教育功能與學校
角色。亦即，課程在學校和社會之間扮演了一個十分重要的角色。學
校知識不僅自教育中產生，也辯證地受外在之意識型態與經濟衝突所
影響。

　　Freire（1970: 90）指出教育深陷在文化政治中，所有的知識都是
在歷史脈絡中創造出來的，且歷史脈絡賦予人類經驗一種生命與意
義。批判教學論揭露並挑戰學校在政治和文化生活中扮演的角色，不
僅將學校視為教學的現場，也視作文化的競技場，在其中，各種異類
的意識型態與社會形式在競逐主宰的鬥爭中不斷地衝突。

　　學生及其帶到學校班級的知識也必須從歷史的角度來理解，亦即
學生是在特定的歷史狀況中建構與形成他們的知識。課程也不是知識
中立性的組合，它是一種選擇性的傳統或某部分人的選擇，或被一些
團體認為是合法知識，它也是從文化、政治、經濟等的衝突、緊張，
以及組織與非組織的人民折衷協調下的產物。教師必須安排機會讓學
生能夠發現他們是歷史的主體，並察覺不正義的狀況雖然是人類在歷
史中產生的，但也可以由人類來轉化，這是一種可能性的語言，也是
一種希望的所在。正如 Freire（1970: 111）指出的，

　　　沒有任何一種歷史實在不是具有人類性的。沒有歷史是可以沒
　　有人類的，但是，歷史也不是「為」人類而存在的；只有人類「的」
　　歷史，歷史是人群所造成，而且（如 Marx 所指出的）會反過來塑造
　　人群。當人群中的大多數被否認具有以主體身分參與歷史的權利時，
　　他們就會被支配而且被異化。因此，要以主體地位克服其客體的條

件時——就需要民眾對於要被改造的實在界從事行動與反省。

Freire（1997: 41）受到 Aristotle 的影響，認同「人是政治的動物」這一主張。他批評許多學者大多缺乏分析政治意識型態的興趣，也很少對支配權力加以反省與批判。因此，Freire 相當重視教育的政治意涵之理解，並主張教育必須是一種政治的行動。Martin Carnoy（1997: 16）在 Freire《心的教學論》一書之「前言」中指出：「Freire 重新界定教育的政治意涵，並重新改造教育的基本抗爭。對於 Freire 而言，教育具有解放的潛能，而解放教育是朝向知識與批判思考的路徑。」

對 Freire 而言，教育除了是一種認知的行動之外，它也是一種政治的行動，因而教育根本不可能是中立的（Shor & Ferire, 1987: 13）。Freire 本身對於教育中的各種意識型態也曾加以反省、批判，藉以發展出真誠的（authentic）解放教育。如 Freire 指出馬克斯主義者自以為是真理的擁有者，卻在批評資本主義社會時，也往往將許多複雜的社會問題化約為單純的社會階級問題，「只是以一種意識型態殺死另一種意識型態」（1997: 52）。傳統教學則是強調實證主義的、無關歷史的（ahistorical）、去政治化的（depoliticized）方式，這不但無法揭露教育中所隱藏的不平等的權力關係，反而助長了教育系統再製這些不平等。

此外，Freire（1997: 55）也指出許多右派份子藉由對外宣稱其中立立場來掩飾他們仍舊保守的行為，正如新自由主義者一味地將教育視為是中立的，將教育實務簡化為傳遞資訊內容給學習者，特別重視技能知識，以便使年輕的工人在進入生產世界時可以有稱職的表現。至於實用主義者關心的是人們能夠有更好的能力來處理眼前面對的困難，以至於將有效的教學實務等同於技能的訓練，學校中傳授的內容

之選擇與組織走向專家的培養（Freire, 1997: 46）。批判教學論也和
當代進步主義的教育主張相當不同，後者將政治自文化中抽離，並將
政治抗爭自教學實務中抽離出來；他們忽視了文化的形構已成為一個
主要的方式，個人藉此參與和理解那些形塑他們生活的物質環境和力
量。

　　社會事實上是由少數的菁英所控制，這些統治菁英決定了什麼是
標準或典範的文化，什麼是正統的價值。教育即政治，學生在整個學
校教育過程中的經驗均具有濃厚的政治性質以及政治結果。在由上而
下的行政官僚管理下的學校系統，會年復一年地建構出新一代的人民
出來，在他們身上發展出符合統治階級所期望的特定世界觀及行為模
式。傳統教育教導學生要順從權威，服從命令，接納不平等的社會、
制度等。而批判的教育是要鼓勵學生對他們生活在其中的社會制度之
正當性、課本中或他人所給予的知識之真實性加以質疑，亦鼓勵學生
討論他們的理想社會型態。

　　總之，Freire 反對學校是政治中立的、是傳遞客觀知識的概念，
確認不同的知識形式蘊含各自的特殊旨趣，他也批判學校知識是特殊
宰制文化的再現，是經由強調和排除的選擇程序所建構的特權論述。
相反地，學校可以教育市民具有批判素養和公民勇氣的動能，以成為
民主社會的積極公民。換言之，學校必須是由批判質問的方式所構
成，有意義的對話和人類的行動力變得更有尊嚴；學生在其中學習溝
通和社會責任的論述，進而支持個人自由和社會公平。

三、後現代思想與普遍倫理學

　　Freire 早期思想受到現代主義的學術傳統影響，如自由主義、馬
克斯主義、存在主義、現象學等，晚期思想則逐漸納入後現代性的部

分主張。現代主義重視理性的行動能力，以及人類克服苦難的力量。後現代思潮則是強力挑戰現代主義中的整體、理性、絕對知識等觀念，強調偶然性、多樣性和特殊性等，提供新的理論性語言以發展一種差異的政略。後現代性並不是指現代性的完全結束，不是點出一個歷史的結束，而是指另一種型式的論述，另一種解釋和說明事件的理論取向。亦即，後現代性是對於世界多元性的一種不同的理論取向或嶄新的理解。

Freire（1993b: xi）認為有必要避免來自 Hegel 根源的非同一哲學，因其往往使人掉入悲觀主義。他對於壓迫、解放等問題則是採取「進步的」後現代立場，以避免在評估當前問題時，落入素樸的樂觀主義或沮喪的悲觀主義（Freire, 1998b: 21）。「進步的後現代主義」（progressive postmodernism）對於衝突與和諧之間的理解是辯證的，反對諸如「一個沒有社會階級、意識型態、鬥爭、烏托邦和夢想的歷史正在開始」（Freire, 1994: 198）的溫馴想法。反而，他宣稱「讓我們後現代吧：激進的與烏托邦的，進步的」（1994: 51）。而「一個進步的、後現代主義的要求則是對於我們所確定的不要太過於確定，我們必須對於現代性所誇大的確定性進行逆向操作」（Freire, 1996: 4）。

Freire 堅定地相信教育的改造必須伴同社會與政治結構的改造。Roberts（2003: 463）指出 Freire「將那些把教育作為一種社會平等角色，並且是達成啟蒙的平順歷程之浪漫觀念加以問題化，但也同時注意到進步的教與學，是社會變遷的廣大歷程中有潛能的重要面向。」

Freire 晚期的批判教學論思想，在面對新自由主義逐漸成為主流的政策敘事的情況下，從後現代思潮當中擷取了部分主張，建構他所謂的「進步的後現代主義」。特別是在其《希望教學論》一書中，Freire（1994: 10）指出「希望」「意指對於容忍（不能跟姑息縱容混

淆了）與激進的辯護。它（《希望教學論》）是對於黨派主義的批評，嘗試解釋和防衛進步的後現代性，且拒斥保守的、新自由的後現代性。」不過，Freire 在該書中對於後現代性的正面態度，並將其視為一種結構的變遷，這不代表 Freire 已經放棄早年思想中的現代主義理念，這些現代性在其晚期著作之中仍是扮演重要的角色，Freire 在許多面向上仍是一位現代主義的思維者。Freire（1996: 131）的後現代立場主要是拒絕將「技術能力與哲學理性、手工技巧與心智運作、實務與理論、經濟生產與政治生產」等分離。亦即 Freire 批判資本主義的生產模式本質上是利用的與壓迫的，造成對於人性的結構性妨礙，這是不容妥協的。他指出：「使資本主義更為人性是不可能的夢想」（1996: 188）。

　　Freire 看到的後現代性，「有一個不同的、實質地民主的方式，來處理衝突，解決意識型態，持續奮鬥以更為決定性地使不正義挫敗，並達到一種民主的社會主義」（1994: 198）。對於政治的差異性，Freire 採取尊重和容忍的多元主義立場，但這並不會使他成為「怎樣都行」的相對主義者。他支持各種政治上不同的聲音可以發聲的民主原則，但是也堅持其對各種不同政治主張的價值性和正確性作出判斷的權利。尤其是 Freire（1994, 1996, 1998b）主張「多樣性中的統一」（unity in diversity），這是鑑於保守派人士在面對政治的開放性時，能夠將他們之間的差異放在一邊，而一致對外攻擊激進主義者，相反的，激進主義者總是很難有統一的看法，因為其成員之間就分成各種差異的派系。因此，不同團體之間的對話就變成很重要，而不是讓其間的差異用來攻擊彼此，導致一種 Freire（1970: 44）稱之為水平式的暴力，亦即同志之間的相殘。

　　「多樣性中的統一」說明了文化之間的特定緊張形式是民主社會中很正常的現象，且對話的存在必須依賴差異，如同依賴一定的相似

性。我們對於生存的世界有不同的經驗或相異的詮釋，才能提供兩個以上的人互動的實質，但也要建立一些共同的基礎，才有可能發生有意義的溝通。人類的世界是一個溝通的世界，「對話是我們成為人類存有者這個歷史進程之一部分」（Shor & Freire, 1987: 98）。Freire 主張的對話行動預設了溝通的先前要求，「溝通行動如要成功，在相互溝通的主體之間必須有融合的關係。」（1973: 138）這種融合的關係是對話與溝通的可能性條件，包括「愛、謙遜、信心、希望、批判」等後現代思想重視的特質（李奉儒，2002）。

Freire 鼓勵教育者要更為容忍的、開放與直率的、批判的、好奇的、以及謙遜的，認為這些教師的素質「無可爭議地是進步的，比較是後現代的……而不是現代的」（1994: 80）。隨後 Freire 在《教師作為文化工作者》一書的「第四封信」（1998a: 40-46）中，更有系統地闡釋這些教師必要的素質，包括了謙讓、武裝的愛心、勇氣、容忍、果斷與安全感、沒有耐心的耐心、追求正義，以及享受生命的喜悅等（李奉儒，2003a：16）。為了能批判地聆聽學生的聲音，教師也應該成為跨越邊界者，透過他們的能力產生各種有效的敘述，並合法化差異作為了解自己知識限制的基本條件。Giroux（1992: 28-29）指出教師必須自我批判反省，並以開放的胸襟面對學生的批評。這樣的教師不再只是教學的工具。

Freire 晚期思想中的後現代主張在倫理學方面尤其凸顯，他主張一種「倫理學與憐憫的後殖民政略」作為在後現代世界中偶然形成的身分認同之方式，以使「目前無法攻破的和不能貫穿的文化疆界變成不確定的」，進而產生對抗的文化，並得以建立所有人們新的公民權之基礎（Freire, 1993: xii）。這是一種「普遍的人類倫理」（a universal human ethic），也是對於人性化觀念的重新詮釋，以回應全球資本主義的新形式；Freire 宣稱「貿易的自由不能在倫理上高於人類的

自由，不加限制的貿易自由，就等於授權將利益擺在任何事物之上。」（Freire, 1998c: 116）對 Freire 而言，全球性的失業並非宿命的不可避免，而是經濟全球化和科技進步，市場的運作對於人類共通的倫理守則毫不遵守，只為少數控制這個世界的權力菁英如多國資本主義企業家服務，卻缺乏一種普遍的人類倫理形式的結果。

　　Freire 在《自由教學論》一書中，指出所有的歧視是不道德的，不論是種族的、性別的或其他類的歧視，都「違反了人類尊嚴的本質，並構成對民主的徹底否定」（1998c: 41）。普遍人類倫理不僅要在中小學實踐，也必須擴展至師資培育機構，使成為倫理上基本的機構。師資培育不僅是技能上的預備，也需要科學的素養、倫理的正直、尊重他人，以及跟那些持相異觀點的人相處和學習（1998c: 24）。教師作為文化工作者必須努力對抗教育中的歧視、利用和壓迫的事例，這是教師的重要責任之一，不管其要面對的情況有多困難。亦即教師要有勇氣秉持普遍人類倫理，不要害怕而不敢譴責那些排斥異類的、操控宰制的或是使人類團結化為烏有的措施，尤其是種族、性別和階級的歧視。

　　所有教育者必須秉持一種普遍倫理學，這種倫理學是教育者要誠實、公平、尊重、自由地跟學生對話教學，且要對自己的立場有政治上的澄明。以 Freire 自身為例，在他跟 Macedo 的對話錄中，Freire 說：

> 我無法保持中立……。我必須介入來教導農民，他們的飢餓是社會建構的，我要跟他們一起工作來辨明是誰該為這種社會建構負責，這對我而言，（飢餓）是一種反對人性的犯罪。（Freire & Macedo, 1995: 391）

　　教師要挺身對抗宿命論的意識型態，因其使人誤以為我們對於文

化、歷史、社會的進展是一籌莫展的。

批判教學論將倫理視為中心要點，批判那些有助於種族歧視、性別歧視和政治利用的形式。Freire（1998c: 115）提醒我們注意在上一世紀末興起的新自由主義改革的政略，對於批判思維和人類繁榮造成了極大威脅，特別指出當代的媒體宣傳形式和「市場的獨裁體制」，尤其是教育的市場化導向。

《自由教學論》的副標題「倫理學、民主與公民勇氣」更是點出該書的主題，在當前逐漸崛起的全球化社會中，教育者對於宰制的意識型態如新自由主義或全球化不能無動於衷，而是要勇敢地質疑它們，否則隨著宿命論而來的失業與飢餓等，將使人和社會都失去自由，且人將失去他們在歷史中的地位。《自由教學論》正是回應那些試圖消沉人類好奇心、壓迫理念，或是封閉民主參與社會生活的機會，指出開放、容忍、探究的傾向、謙遜與投入等的重要性（Roberts, 2003: 455）。本書對於那些處於困境的教師，而仍願意投入人類志業，亦即人性化實踐的教師，提供了希望的聲音。

綜言之，批判教學論是關於智識的、情緒的和倫理的投入，作為我們嘗試去協商、解決和轉化我們所在世界的一部分。受批判理論、文化政治學和後現代思潮影響的「教學論」，並不只是指那些發生在學校中的活動，相反地，它是任何政治實務的中心，質疑個人如何學習？知識如何產生？主體的立場如何建構？在這脈絡中，教學論的實務是指涉到內在於政治和歷史的文化生產之形式。批判教學論建立道德和政治規範的形式，提供人類關於他們自身和世界的特定觀點。探究教學論的重要性，就是探究學生如何學習，以及教育者如何建構意識型態和政治的立場。如此，知識和權力之間的關係將總是開放於對話和批判的自我參與。

肆 ｜ 再讀 Freire：批判教學論的批判與啟示

　　Freire 以確立其人性化的價值論、反壓迫的歷史志業作為基礎，進而主張恢復人性、批判意識和解放教育作為教育核心，鼓勵教師意識到教育即是政治行動，而認為教師必須作為進行對話教育與提問教學的文化工作者，以達到人的解放與社會轉化的最終目的。然而，正如 Freire 期待眾人不要將其哲學當成方法論，而是要重新發明適合他們所處實在的哲學。對於 Freire 的批判教學論能帶給臺灣教育研究者與實務工作者等什麼樣的啟示，必須要能夠「批判地攝融」（critically appropriate）其主張，警惕於其學說的可能限制，而不是將其理論與方法不加任何修正地接受。Freire 也強調對於他的作品，很重要的是「歷史地閱讀」，不能完全聚焦在《受壓迫者教學論》上，而忽略他後續著作中已經不斷重寫和擴展他的理念（Freire & Macedo, 1993: 172-173）。即使如此辯白，Freire 不啻承認了他的學說受到一定的社會、文化和歷史脈絡的影響，也必須批判地分析並轉化他的理念，使能應用到現今新世紀的更複雜多樣、更充滿矛盾衝突的教育實務之中。

一、Freire 學說的時空特性與限制

　　Freire 早期跟巴西農民的接觸經驗，相當程度地使其認同對於拉丁美洲、非洲和其他第三世界中經濟剝削的群眾反抗，他提倡與實踐的批判教學論可以說是在巴西當時充滿壓迫行為的農業社會中，經過批判、反思、行動與實踐的產物，也因此具有一定社會政治的時空特性與侷限性，如對於社會正義與解放鬥爭的強調。然而，Freire 所批

判的軍事獨裁政權,並不存在於臺灣今日資本主義社會當中,至於由大地主宰制、剝削農人所造成的不公義社會也跟臺灣並不相同。因此,對其學說的批判攝融必須考量不同的社會結構因素,如社會的生產關係、文化形塑以及機構運作等。

Freire 所使用的理論性、抽象性的語言,諸如人性化即是一種人類存有論的和歷史性的使命,是人透過批判和對話的實踐來成為更為完美的存有等,不僅是深奧的主張,也很容易忽視或低估社會現實中日常人民包括學校教師、學生等,為了生存所必須面對的各種艱難挑戰,特別是受制於教與學所在的機構與政治之複雜關係。這也使得一般人們(包含教師)很容易成為受質疑的對象,如為何沒能起來積極反抗壓迫者的不公不義措施,為何使壓迫社會中的沉默文化得以繼續維繫?這類可能二分對立的質疑,帶給生活在社會實在中的人們並不一定就是希望,反而,很容易成為菁英主義式的新壓迫性語言,而不是解放的可能語言,讓一般人或教師失去了 Freire 終身追求和期待的人性化希望。

二、意識醒悟的開展性與絕對性之商榷

Freire(1973)在有關「意識醒悟」的討論中,相當肯定批判意識的價值,以批判意識作為最終的進程。批判意識的開展是因為,當有些經驗引起我們質疑關於這個世界的根深蒂固的信念時,總是會產生骨牌效應,改變我們對於我們是誰和處在何種地位的整個觀點。這是「意識醒悟」歷程的典型例子。

批判理論學者主張批判意識不僅是所有教育者應該培養的習慣,且應該是所有教育工作所要服務的目標。教師所持的假定能夠塑造他們自己的行動,以及他們學生的未來。如果教師要使教育「真正地」

彰權益能，如果要「真正地」教育學生使其主動地和真誠地過生活，則學生必須學習質疑他們的「無意識的假定」，並發現在他們眼前卻先前不知道的選擇。

雖然 Freire 相信所有的人都具備能力來生產知識和反抗宰制，這是對於人類作為能動者的堅定信念，但是，我們不能過度樂觀，也要注意到人類生存所在的社會與物質條件，以及他們早已內化的信念或意識型態，會極大程度地影響人的意識覺醒和限制人們選擇如何抵抗的方式。換言之，意識醒悟的歷程不一定就完全是向著自由、解放的大道邁進的，人也很有可能「逃避自由」、不願意解放或接受解放。意識中的批判層面可能一閃而過，再次退入意識的素樸層面之中。

尤其是，在臺灣主張發展教師的批判意識固然很重要，但是，社會結構對於教師的無形限制和有形干擾，則是更需要批判和加以克服的。意識醒悟的教師仍需面對各種的結構性限制（李奉儒，2003a；許誌庭，2002），像是國家政策對於教師的管理與統治，社會普遍存在的升學主義對於學校教育的扭曲，學校主管恐懼、打壓或不樂見教師的自主意識等，均可能導致教師的技能退化，亦即對於整個教育問題之癥結，包括教育課程的設計、教育的制度、教育政策如何能加以轉化，仍需要全面的批判。Freire（1998a）提醒教師有關民主的方案，不能當成只是個人的奮鬥，教師必須團結在一起，挑戰整個教育不公的體系，運用自身的權利來爭取專業自主，使學校成為教學而非養育孩童的、有尊嚴的所在。教師必須正視 Freire 的提議，亦即教師在學校中的解放作為還需配合團結的政略，首先爭取校內其他教師的認同與參與，並進一步團結學校之外的人群，激勵和爭取整個社會中意識醒悟成員之集體努力。

批判教學論的主張與想法對於許多人而言是種威脅。因為，批判意識就是不將這個世界視為理所當然的，質疑日常生活中視以為常的

事情,這對於擁有任何特權的人是種恐怖的威脅和不寧靜的歷程,也會全力打壓或迫害。不過,Freire 也未能注意到「意識醒悟」或批判意識如缺乏節制或運用不當,可能使人墮入主觀的武斷,而未能同時從事對自我和外在結構的批判。如果對某項政策(如教育改革)有不同的見解,而對立的雙方均宣稱自己才是具有批判意識者,則又如何解決兩者之間的爭議?Freire 並未對這類可能發生在每日生活中的實際情況進行探究,而是「浪漫地」假定批判意識的覺醒會讓爭議的雙方自然達成共識。

三、階級本位與男性中心意識型態的爭議

雖然 Freire 指稱自己「總是挑戰那些反映在宣稱階級與性別之統一經驗中的本質主義」,而要求要「察知女性與有色人種所遭受的壓迫模式中之多重性」(Freire, 1993b: x)。但是,許多對於批判教學論的批評來自女性主義相異的身分認同、政治與教學論等觀點,指出批判教學論未能直接參與女性問題的論辯,重視女性經驗與知識建構的脈絡,使其即使挑戰社會中的家父長主義,也只是很表面地處理家父長主義的結構或實際(Darder, et al., 2003: 16)。

再如,Freire 對於人類、理性、解放、學習、知識、意識醒悟等議題的肯定或樂觀,招致其思想潛在著啟蒙以來對於人類理性價值的浪漫假定,反而限制了女性的參與,使不能成為完全的人類和作為社會中的平等一員。相反於對理性建構的知識之盲目崇拜,女性主義者熱情地追求個人的敘事、自傳等歷史情境建構的知識,並合法化其為理解我們生活世界的基礎。

除了來自女性主義學者的批判之外,Freire 本身對其批判教學論是否含有特定的意識型態也少有批判性的檢視。Donald Macedo 在一

次跟 Freire 的對話中就曾指出，「在將壓迫理論化為普遍的真相時，你未能理解到關於壓迫的不同歷史所在。」（Freire & Macedo, 1993: 170）Macedo 的觀點是認為存在著「壓迫的層級結構，從一位白人女性到下層階級的黑人女性，她可能也是一位鄉下農民。」（Freire & Macedo, 1993: 173）對此，Freire 同意層級結構觀點，但強調他早期的作品，受到本身文化與歷史脈絡的形塑，主要是關注在階級的壓迫上。Freire 晚期也希望能驅散對於他的誤解，指出壓迫與解放並不是可以用簡單的二分語詞來理解（Roberts, 2003: 457）。即使如此，在其著作中，的確是嚴重缺少對於種族、族群、性別等議題的明確關注，但女性、少數族群或文化弱勢等人群比起勞動階級，反而經常是歷史中最為沉默、邊陲的一群，我們必須再重新認識種族、族群、性別等議題，給予同等的重視，更要作為任何批判討論學校教育實務的中心，而非任其流放在邊陲。

四、二元對立的說法可能受到誤用與淪為教條

值得注意的是，Freire 往往使用二分法（either/or）的說明，如不是人性化就是人性退化，不是站在受壓迫者的一邊就是成為壓迫者等，使其分析不是過於抽象類化，就是易於簡化複雜的實際情境。Freire 對於「人性化」、「人性退化」的說明，就較為偏向從人與動物之區別來討論，而較少顧及人類所處世界的複雜環境與社會結構對於人性化的可能影響。例如，Freire 認為人類在演化歷程中之所以異於動物，是因為動物只能被動地「適應」生存的世界，而如果一個人易於接受他人的選擇，而不自己做決定，就淪為「適應」的行為，稱之為「失調」，這時就成為被人知覺和行動的「客體」，而成為「人性退化」的物（Freire, 1970: 18; 1973: 4）。但是這樣的宣稱實在是沒

有能夠充分地考量各種限制人類自由的多樣來源。

　　Freire 主張的「解放」是針對「壓迫」而來的，但壓迫跟階級宰制、經濟利用、社會與文化歧視等是彼此相互蘊含的（Freire, 1998c: 92）。一向習於傳統包袱壓迫的教師，往往一時之間無法發展出意識的批判層面，容易不覺地又走向自我禁錮的牢籠。譬如說，教師以往總是被視為是意識型態的國家機器之執行者，那麼教師究竟是壓迫者呢？或者是受壓迫者？抑或是壓迫者的幫兇？我們必須謹慎於 Freire 的教學論理念是否會成為另一種教條，像是 Freire 強調以社會轉化作為終極目標，然而，如何達成這項工程，才不至於為解放而解放、為轉化而轉化，必須同時考量如何在轉化的實踐過程中，避免不必要的衝突或不可忽視的代價。

　　教育的解放，其實是一項社會集體與制度改革的社會運動，也是個體心靈改造的文化運動。對於社會及宰制階級能採取批判與質疑的態度，是達到解放的目的之必要條件。但由於「解放」而可能引發的社會歧異，或形成諸如教育改革的亂象，凡此種種該如何才能獲致真正的「解放」呢？今天，教育改革宣稱將教育專業自主權落實到學校或教師身上，從課程設計到實際教學都將下放在教師身上。則課程如何成為一種對學生的幫助而非限制？又任何領域的知識形成過程或多或少涉及權力過程，如何能在避免權力宰制、意識型態灌輸之外，考量社會發展及兒童需要等來設計課程？上述的問題均是 Freire 所沒有或未能處理的，但又是在臺灣的我們必須要嚴肅面對與認真思考的問題。

五、批判教學論中的烏托邦理念可能過於理想化

　　Freire 指出當學習者與教育者是處於平等地位的求知主體時，兩

者間的真正對話、求知和學習才有可能（Shor & Freire, 1987:13）。求知意謂著個人成為一個主動的主體，對世界加以質疑，加以改善；而學習意謂著我們重新創造我們對我們自己、對我們的教育以及對我們的世界的看法。王秋絨（1990）指出 Freire 提倡的批判意識，是一種認知主體、認知意識及其互動的合理性行動條件，且 Freire 的對話教學相當重視辯證的過程，強調認知的作用，卻沒注意到理性認知有其限度，忽略其他非認知（像是情感）的作用，也較少對於學習者的討論。此外，李奉儒（2003b）認為批判意識醒悟的過程中，總是存在著觀念上的衝突，或者跟以往習慣、偏見、行為模式等的斷裂，這些都不是教師或學生容易克服的，因為人在情感上總不願意讓自己涉入危機，而去承擔責任。換言之，Freire 對於批判意識的想法可能過於樂觀和理想化。

　　Freire 的教學論較為強調教師必須扮演何種角色，又必須具備何種素質，對於師生之間的教學活動，只在理想上期待教師必須同時是學習者，並認知到學習者同時也是教師的可能性，實際上，教室活動仍是以教師為發動的主體。就像其對於提問式教學的討論，也大都指向「教師」如何運用教學策略，從而激發出學習者的好奇心與批判思考，較少論及學習者如何主動的提問，這即使不是其所批判的儲存式教育，也容易走向教師中心的教學模式（李奉儒，2003a）。換言之，Freire 鼓吹的提問式教育，也可能受到教師誤用，在偽裝的表面之下，偷渡各種教師的觀念與價值，而跟儲存式教育相去不遠。Taylor（1993: 148）更直指 Freire 的教學論跟儲存式教育，「只有程度上的差異，而不是種類上的差別」。

　　教師透過每天的課程與教學，將社會中的價值、權力和知識等與學生相連結。因此，教師在批判教學論中的角色便顯得格外重要。然而，有些教師本身就是在科技理性的環境中成長，使得他們不自覺自

己是依據工具理性的公式來行動。如現在流行的教學模式是「教師即
專家」，傳遞專業資訊。所謂學校教育是學生在其中獲得一大堆的事
實、數字、資料等。教師很少質疑為何他們會假定：只要他們在說話
而學生非常地安靜就是學習的情況。工具理性主義滲透進他們的下意
識中，使得教師只是填鴨學生資訊，並使學生完全依賴教師。

　　教育體制，或至少是教育體制的根本性改變，須視社會的根本性
改變之情況而定。當學習者與教育者為相同地位的求知主體時，兩者
間的真正對話才有可能。但現今教師所受到的教育，包括師資培育階
段也是以儲存式的教育為主，如此對於自己成為壓迫者的幫凶可說是
毫無知覺，該如何喚醒教師的意識使其成為批判教育者、轉化型知識
份子呢？以 Freire 一直強調的提問式教育的實踐為例，包括了師生間
矛盾的解決，以及對話關係的建立。雖然，對於批判教學論有深刻體
認的教師或許不再是壓迫者的一員，但是，如果假定提問式教育一定
可以克服師生衝突，解決教室中師生的權威與對立關係，並獲致解放
的彰權益能，這毋寧也過於樂觀。

　　對話與溝通不能「化約成在特定教育脈絡中對於結構機制和語言
能力的分析」（Giroux, 1981: 138）。外在的政治、社會情境扮演著
多重面向的角色，限制並影響對話和溝通的可能性。儘管如此，來自
Freire 的教訓，告訴教師必須檢視他們自己對於知識、人性和社會的
觀點，是如何透過不自覺的假定，帶進他們自己的班級經驗之中。亦
即教師需要批判地評鑑他們的教學實務，盡可能地理解主流階級的文
化如何成為學校正式的和潛在的課程。

六、後現代思想的轉向與限制

　　辯證的後現代主義指出地方的與特定的主張如要有意義，必須關

連到一些較廣的壓迫與解放的觀念。當後現代轉向的心靈似乎偏好個殊的而非普遍的，對於 Freire 而言，兩者的可理解性是相互依賴的。如果沒有較為廣大的壓迫理論，我們無法知道性別歧視與種族歧視是壓迫的事例。另一方面，一個壓迫理論如果要獲得其真確性，只有透過對於特定壓迫形式的指涉（Roberts, 2003: 458）。辯證的後現代性立場，也使 Freire 得以保留其為部分後現代主義者嘲弄的人文主義傳統，而不至於走進正統 Marx 經濟決定論的缺失。然而，對於特殊性的強調，對於多樣性的包容，卻也可能忽視了在相同社經階級的成員之間，存在著深層之壓迫的相同性，僅只是對於上下階級或不同族群之間差異的消除或是尊重，仍然無法面對和解決來自相同地位之間的壓迫。

　　後現代的開放社會，似乎對每件事情沒有統一的標準在，重視多樣性，那麼在後現代的課程中，課程的準則要如何去拿捏？多元文化教育強調各種不同社經地位、種族、文化的學生都應該被重視，但是在解讀文化時，來自不同背景的學生對於同一文化的解讀都不相同，有些甚至會有解讀上的困擾，教師在教學中應如何兼顧障礙的去除與文化傳遞的進行？Freire 主張的「多樣中的統一」是否能夠解決上述課程設計或多元文化的困擾？仍有待第一現場的教師繼續審慎評估。

伍　結　語

　　教育必須被理解為關連到特定的知識與權力之形式的排序、再現和合法化。教育的問題必然包含權力、歷史、自我認同、以及集體行動和奮鬥之可能性等議題。Freire 的批判教學論關注學校教育與政治、社會和經濟關係，從而對教育問題進行整體性思考，並致力於「人的解放」以及「社會轉化」，使人脫離心靈與物質的貧困，給予希望。

閱讀 Freire，可以提醒我們注意到教育問題並非只是理論的或技術的問題，也需要根據人類真確的需求來重新概念化。

Freire 的批判教學論對於激進的原則、信念與實務進行理論建構，以有助於民主學校教育的解放旨趣，將學校教育、學校結構、班級教學、知識生產等，和廣大的國家、社會、社區之民主原則相連結，關注那些受壓迫者，不論其是來自階級、性別或種族的歧視與不義，並對壓迫成因加以解析和批判，主張跟受壓迫者共同採取轉化的社會行動。

批判教學論揭露並挑戰學校在政治和文化生活中扮演的角色。學校教育是一種文化政治學的形式，總是引導、預備並合法化特定的社會生活形式。新保守主義者和自由主義者將「批判」一詞中立化，排除其政治與文化層面。學校日益採取管理型態之教學、績效責任之方案，以迎合市場需求的邏輯。教學被化約為協助學生獲得高層次的認知技巧，反而很少注意到這些技巧的目的何在。學生只被鼓勵來在現存的社會形式之高度競爭的世界中獲得成功。

任何人都不能否認教育改革的迫切性及價值性，然而處在政治、經濟、社會環境的劇烈衝擊下，要能發揮教育改革的功效，使教育真正獲得「解放」，實在是有些遙遠。此外，該如何促使教師的批判意識醒悟呢？而且該如何打破及掌握課程、教育體制的主導權呢？這也牽涉到壓迫者的權力下放問題，如此勢必期待壓迫者要有相當的醒悟，否則其權力豈會輕易讓予他人？但正如 Freire 早已指出的，壓迫者並不會輕言放棄其有利地位。也因此，期待或希望教育的解放，並不能單純地由提問式的教育來著手，還需配合整個教育課程的設計、教育的制度、國家政策的轉化，才不至於使 Freire 關於「人的解放」與「社會轉化」的訴求流於過度的理想化。

最後，對於 Freire 而言，在一個持續變化的全球化、新自由主義

的資本主義世界中，加速了教育政策的市場化走向和學校教育的商品化發展，因此，批判反思、對話溝通與轉化行動仍是非常重要的。基層教師也必須能夠敏知於全球化過程中，資本主義的自由競爭、市場化走向等對於各種教育政策和學校教育實務的影響。在這些方面的深刻認識與嚴格批判，其他批判教學論學者如 Michael Apple、Henry Giroux、Peter McLaren、Carlos Torres 等人也有相當重要的貢獻，但這不是本文在此所能進一步處理的了。

（後註：本文初稿曾在二○○三年十一月發表在屏東師範學院主辦之第一屆「社會理論與教育研究」學術研討會；也曾部分改寫後發表在**教育研究月刊**，**121**，頁 22-35，謹此說明並向這兩個單位致上謝意。）

註　釋

1　《開展批判意識的教育》一書共有兩部分，除了〈教育作為自由的實務〉之外，另一篇是同樣於一九六九年在智利由「農業改革研究所」出版的《推廣或溝通》（*Extension y communicacion*）。Freire 在〈推廣或溝通〉中，主張教育是人權之一，成人的識字教育是一種文化溝通行動，反對「推廣」一詞，因其暗指從教育者到未受教育者、從已開發到未開發國家的單向傳遞和「救贖」過程，這是一種文化侵略（Freire, 1973: 113）。

2　《爭取自由的文化行動》的這兩篇文章〈成人識字歷程作為爭取自由的文化行動〉和〈文化行動與意識醒悟〉，後來又分別收錄在一九八五年的《教育的政治學》一書之第六章和第七章。

參考文獻

中文部分

王秋絨（1990）。**弗雷勒批判的成人教學模式研究**。國立臺灣師範大學教育學系博士論文，未出版，臺北市。

李奉儒（1996）。後現代與道德研究：多元文化的德育出路。載於中華民國比較教育學會、國立暨南國際大學（主編），**教育改革：從傳統到後現代**（頁 355-383）。臺北市：師大書苑。

李奉儒（2002，10 月）。**對話教學論：Jurgen Habermas 與 Paulo Freire 的溝通與對話**。論文發表於中央研究院主辦之「當代教育哲學」專題研討會，臺北市。

李奉儒（2003a）。P. Freire 的批判教學論對於教師實踐教育改革的啟示。**教育研究集刊，49**（3），1-30。

李奉儒（2003b）。從教育改革的批判談教師作為實踐教育正義的能動者。**臺灣教育社會學研究，3**（2），113-150。

張建成（2002）。**批判的教育社會學研究**。臺北市：學富。

許誌庭（2002）。教師作為轉化型知識份子的可能性、限制與實踐方向。**教育研究集刊，48**（4），27-52。

英文部分

Apple, M. W. (1990). *Ideology and curriculum* (2nd ed.). New York: Routledge.

Apple, M. W. (1999). Freire, neo-liberalism and education. *Discourse: Studies in the Cultural Politics of Education, 20* (1), 5-20.

Aronowitz, S. (1993). Paulo Freire's radical democratic humanism. In P. McLaren & P. Leonrad (Eds.), *Paulo Freire: A critical encounter* (pp. 8-24). London: Routledge.

Aronowitz, S. (1998). Forword. In P. Freire, *Pedagogy of freedom: Ethics, democracy, and courage* (pp. xi-xxxii). Lanham: Rowman & Littlefield.

Buber, M. (1958). *I and Thou.* New York: Charles Scribners' Sons.

Carnoy, M. (1997). Forward. In Paulo Freire, *Pedagogy of the heart* (pp. 7-19). New York: Continuum.

Darder, A., Baltodano, M., & Torres, R. D. (Eds.). (2003). *The critical pedagogy reader.* New York: Routledge/Falmer.

Escobar, M., Fernandez, A.L., & Guecara-Niebla with Freire, P. (1994). *Paulo Freire on higher education: A dialogue at the national university of Mexico.* New York: State University of New York Press.

Freire, P. (1970). *Pedagogy of the oppressed.* London: Penguin.

Freire, P. (1973). *Education for critical consciousness.* New York: Continuum.

Freire, P. (1975). *Cultural action for freedom.* Harvard Educational Review Monograph Series No 1, revised edition.

Freire, P. (1985). *The politics of education: Culture, power and liberation.* Massachusetts: Bergin & Garvey.

Freire, P. (1993a). *Pedagogy of the city.* New York: Continuum.

Freire, P. (1993b). Foreword. In P. McLaren & P. Leonard (Eds.), *Paulo Freire: A critical encounter* (pp. ix-xii). London: Routledge.

Freire, P. (1994). *Pedagogy of hope: Reliving pedagogy of the oppressed.* New York: Continuum.

Freire, P. (1996). *Letters to Cristina: Reflections on my life and work.* New York: Routledge.

Freire, P. (1997). *Pedagogy of the heart.* New York: Continuum.

Freire, P. (1998a). *Teachers as cultural workers: Letters to those who dare teach.* Oxford: Westview.

Freire, P. (1998b). *Politics and education.* California: UCLA Latin American Center Publications.

Freire, P. (1998c). *Pedagogy of freedom: Ethics, democracy, and courage.* Lanham: Rowman & Littlefield.

Freire, P., & Faunder, A. (1989). *Learning to question: A pedagogy of liberation.* Geneva: World Council of Churches.

Freire, P., & Macedo, D. (1987). *Literacy: Reading the word and the world.* Westport, Connecticut: Bergin & Garvey.

Freire, P., & Macedo, D. (1993). A dialogue with Paulo Freire. In P. McLaren & P. Leonard (Eds.), *Paulo Freire: A critical encounter* (pp. 169-176). London: Routledge.

Freire, P., & Macedo, D. (1995). A dialogue: Culture, language, and race. *Harvard Educational Review, 65,* 377-402.

Giroux, H. A. (1981). *Ideology, culture and the process of schooling.* Philadelphia: Temple University Press.

Giroux, H. A. (1983). *Theory and resistance in education: A pedagogy for the opposition.* New York: Bergin & Garvey.

Giroux, H. A. (1988). *Teachers as intellectuals: Toward a critical pedagogy of learning.* Grandy, Massachusetts: Bergin & Garvey.

Giroux, H. A. (1992). *Border crossings: Cultural workers and the politics of education.* New York: Routledge.

Giroux, H. A. (1993). Paulo Freire and the politics of postcolonialism. In Peter L. MacLaren & P. Leonard (Eds.), *Paulo Freire: A critical encounter* (pp. 177-188). London: Routledge.

Giroux, H. A. (1997). *Pedagogy and the politics of hope: Theory, culture and schooling.* Oxford: Westview.

Giroux, H. A. (1999). Rethinking cultural politics and radical pedagogy in the work of Antonio Gramsci. *Education Theory, 49* (1), 1-19.

Giroux, H. A., & McLaren, P. (Eds.). (1989). *Critical pedagogy, the state, and cultural struggle.* Albany: State University of New York Press.

Gramsci, A. (1971). *Selections from the prison notebooks.* London: Lawrence & Wishart.

Horton, M., & Freire, P. (1990). *We make the road by walking: Conversations on education and social change.* Philadelphia: Temple University Press.

Kreisberg, S. (1992). *Transforming power: Domination, empowerment and education.* New York: State University of New York.

McLaren, P. L. (1997). *Revolutionary multiculturalism: Pedagogies of dissent for the new millennium.* Oxford: Westview.

McLaren, P. L. (1998). *Life in schools: An introduction to critical pedagogy in the foundation of education* (3rd ed.). New York: Longman.

McLaren, P. L. (2000). Paulo Freire's pedagogy of possibility. In S. F. Steiner, H. M. Krank, P. McLaren, & R. E. Bahruth (Eds.), *Freirean pedagogy, praxis, and possibilities: Projects for the new millennium* (pp. 1-22). New York: Falmer.

McLaren, P. L., & Leonard, P. (Eds.). (1993). *Paulo Freire: A critical encounter*. London: Routledge.

Roberts, P. (2003). Pedagogy, neoliberalism and postmodernity: Reflections on Freire's later work. *Educational Philosophy and Theory, 35* (4), 451-465.

Robinson, H. A. (1994). *The ethnography of empowerment: The transformative power of classroom interaction*. London: The Falmer Press.

Salter, J. J., Fain, S. M., & Rossatto, C. A. (Eds.). (2002). *The Freirean legacy: Educating for social justice*. New York: Peter Lang.

Shor, I. (1986). *Culture wars: School and society in the conservative restoration*. Chicago: Chicago University Press.

Shor, I., & Freire, P. (1987). *A pedagogy for liberation: Dialogues on transforming education*. Massachusetts: Bergin & Garvey.

Soler-Gallart, M. (2000). Editor's review: Pedagogy of the heart/teachers as cultural workers/pedagogy of freedom. *Harvard Educational Review, 70* (1), 109-117.

Soler-Gallart, M., & Brizuela, B. M. (2000). Editors' introduction. In P. Freire, *Cultural action for freedom* (2000 edition) (pp. 1-4). Harvard Educational Review Monograph Series No 1, revised edition.

Taylor, P. V. (1993). *The texts of Paulo Freire*. Buckingham: Open University Press.

Torres, C. A. (Ed.). (1998). *Education, power, and personal biography: Dialogue with critical educators*. New York: Routledge.

第五章

希望與參化——Freire教育美學推衍與補充之嘗試

馮朝霖

"*Education is naturally an aesthetic exercise. Even if we are not conscious of this as educators, we are still involved in a naturally aesthetic project.*" （Freire, 1987: 118）

"*Hope is not just a question of grit or courage. It's an ontological dimension of our human condition.*" （Freire, 1998: 58）

"*The beauty of the practice of teaching is made up of a passion for integrity that unites teacher and student.*" （Freire, 1998: 88）

"*——homo semper tiro, der Mensch ist immer ein lernender, die welt ist ein Versuch, und der mensch hat ihm zu leuchten.*" （Bloch, 1996: 12）

壹 前 言

　　批判教育學／解放的教育學應該總是屬於政治或社會的範疇，如何可能與美或藝術有所搭調？這應該是個頗為理所當然的質疑？然而按 Freire 自己的說法，教育本身卻同時是政治的與審美的行動（education is simultaneously...... a political and aesthetic act.）（Shor & Freire, 1987: 119），更嚴肅地說，「教育本質上乃是一種美學的實踐（education is naturally an aesthetic exercise），即使作為教育者的我們不自覺這一回事，我們仍然涉身於一個本質地美學的計畫／想像」（Shor & Freire, 1987: 118），尤其在他生前最後的重要著作 *Pedagogy of Freedom*（1998）一書中，Freire 很頻繁地談論到「教學的美」與「教學的藝術」。因此，作者斷言「教育美學」是一個解讀 Freire 教育學的重要範疇，但也是他並未系統地論述的範疇。

　　從而也衍生另一個問題——教育美學的必要性與可能性，亦即，教育哲學領域之中教育美學的定位與意義問題。解嚴以來臺灣的教育改革論述爭奇鬥艷，不論是學院形式或草根運動，其中可有些許內涵意識到教育美學的問題？教育美學的論述難道是教育上可有可無的「茶餘飯後」？或是對於教育實踐只能是「隔靴搔癢」的「附庸風雅」？眾所皆知，美學在法蘭克福學派複雜的批判理論（Kritische Theorie）建構中具有不可或缺的核心性學術範疇地位，但弔詭的是德文地區「批判教育學」（Kritische Erziehungswissenschaft）論述卻也尚未發展出有系統的教育美學論述。直到後現代主義論述的「美學化轉向」中才在教育哲學領域出現較為普遍的美學相關論述。[1]

　　在教育哲學的主要範疇領域中，拙見認為「教育人類學」（educational anthropology）、「教育倫理學」（educational ethics）與「教

育美學」（educational aesthetics）乃三個密切相關的基本範疇，中國古籍《大學》一書首言「大學之道，在明明德，在親民，在止於至善」一句話，其實就同時已經涉及教育人類學、教育倫理學與教育美學的三個範疇。因此本文之基本宗旨首先在於理解 Freire 所言「教學的美」、「教師作為藝術家」與「教學的藝術」等命題的相關意涵，其次將經由 Freire 的論述推衍，加上借用 Bloch「希望的原則」之美學基本意涵，推衍「希望」作為教育美學之核心概念的可能性；並進一步以作者拙見，提出「邂逅」（Encounter）、「投契」（Engagement）、「參化」（Methexis）三個概念作為「希望」的主要構成要素。教育的倫理性中心原則就是「責任」，教育責任的完成必須有教育美學的過程，教育的「至善」無法繞過教育的「至美」，因此，也可以說，教育美學是完成教育倫理學的必經之路，對 Freire 而言，顯然教育美學是批判教育學一塊不能忽略的園地。不論人們自覺與否，教育本質上就是一個美學的實踐，因此，這是一個必須用心闡明的命題。

簡言之，本文主要命題關係區分如下：

⑴教育美學是詮釋 Freire 教育哲學不可或缺的一個範疇；

⑵教育美學在 Freire 是一個論述尚未系統化的範疇；

⑶Freire 教育美學之教育人類學前提為人的未確定性、自我完成性與依他起性；

⑷「希望的原則」作為建構教育美學的出發點；

⑸「希望」範疇的構成根本要素為「邂逅」、「投契」與「參化」。

貳　Freire 論教育實踐的美與藝術性

教育的主要意義對於 Freire 的解放教育學而言，當然不在於知識的傳輸，或傳統文化的再製，而是幫助人重新獲得對世界「命名」

（naming）與發聲的能力，並因此而進而干預世界、參與世界、轉化世界、創造世界。教育的工作自始至終都是倫理的志業，依此觀點來看，現代教育的危機就在於大部分的教育工作者已經喪失對「教育工作之倫理性本質」的覺察。教育專業被窄化為科目教學，科目教學復進一步被化約為知識與技能的傳輸。Freire 在《自由的教育學》書中強調師資教育絕不可化約為一種訓練的形式，而應超越技術準備的層次，植根於個人與社會倫理的養成（Freire, 1998: 23）。

　　教育的技術面與倫理性並未窮盡教育工作的本質，Freire 又不斷地將教育工作的倫理性與美學性同時並舉，譬如他說：「從原始的好奇轉化為批判的好奇的必然過程，也應同時是一個嚴肅的道德形成與審美欣賞的歷程，美與合宜必須攜手同進。」（Freire, 1998: 38）根據此一理由，他批評將教育經驗化約為一個單純的技術性事物，就是貶損了教育經驗之本質──形塑人格的能力。教育內容的教學與學習者人格的形塑基本上無法分離，教學本質上就是形塑（To educate is essentially to form！）（Freire, 1998: 39）。按 Freire 的意思，教育的美學意義出自於「教育即是形塑」之洞察，所以教育美學所指涉的是教師的部分，因此，他說：「作為一個教師，我以教學實踐之美為傲，此種美卻脆弱而易於消失，假使吾人不去關注我們所應該教的奮鬥與知識的話。」（Freire, 1998: 95）

　　但這應不是教育美學的全部，因為這顯然忽略了教育之整體性的另一邊，學習者的學習難道與美學無關嗎？Freire 當然不是這麼狹隘了，他明白地指出：

　　　「作為一個學習藝術的冒險家，學生在創造歷程中的專注投入（engagement）──受到教師的激勵催化（instigated），與知識內容

的傳輸一點都無關連，這個歷程牽涉的乃是教與學的美與挑戰。」
（Freire, 1998: 105）

　　顯然教育美學牽涉的同時是教與學的「美與挑戰」，但教學的美、學習的美與挑戰指涉的究竟分別是什麼？這時教育人類學作為教育美學論述的前提性已經自然顯現。易言之，「生命美學」與教育人類學的信念與思維必然含攝於教育倫理學與教育美學的主張之中，Freire 底下這段文本已經透露了若干重要信息：

　　「即使嚴格的講，不論哪一教育階段，教育者的任務並非在於形塑（form or shape）學生，我的觀點認為在學生自我成長、自我形成的過程中教師是一個協助者（helper），這個過程必然的是一個美學的歷程。參與此個體的自我形成、一種再生（rebirth）的歷程中而缺乏美學的要素，實在是不可能的。就此觀點來看，教育本質上乃是一種美學的實踐，即使作為教育者的我們不自覺這一回事，我們仍然涉身於一個本質地美學的計畫／想像。有可能的後果就是，當我們對於教育的美學本質缺乏覺察時，我們成為很糟糕的藝術家，但只要工作涉及協助學生走向一個持續的自我形成過程，我們橫豎都是一種藝術家。」（Shor & Freire, 1987: 118）

　　對 Freire 來說，教學實踐的藝術活動本身是一個深刻的形塑（profoundly formational）工作，因此，也是一個倫理的工作。的確，實踐這種藝術的人不必要是聖人與天使，但他們應該具有完整性且對於善惡與正義有清楚的知覺。教師的責任是重大的，雖然往往他們對此並未自覺，這種藝術與實踐的形塑本質卻已經使我們理解教師應該如何善盡其責任。（Freire, 1998: 63）

參 | Freire 教育美學的教育人類學前提

從 Kant 將哲學的焦點從傳統形上學轉至於人類學之後，有關人類圖像（Menschenbild, human-image）的思考就逐漸成為西方哲學史的顯學，而由於 Nietzsche 的創造性貢獻，人的「未完成性／未確定性」概念自此成為人類圖像的「第一戳記」，存在主義與二十世紀的西方哲學人類學（philosophical anthropology）幾乎就是在為Nietzsche 的這個人類圖像作更精細的描述，演化論、機體主義哲學、系統理論、後現代主義……等等論述則加深了人類對於此一議題之自我了解。Freire 哲學論述的人類圖像基礎竟是「理所當然地」以人的「未完成性／未確定性」為出發點，因為他從未交代此一思維的理論來源。

> 「教育作為一個永恆的歷程立基於人所自覺的未完成性之上（in-completeness），人受教育的可能性程度端賴他對自我未完成性的自覺程度。並不是教育使我們成為可教育，是我們自覺自我的未完成性造就我們的教育可能性，這同樣的自覺也造就我人成為永恆的追求者（eternal seeker），永恆肇因於希望（eternal because of hope）。希望並非僅是一個膽量與勇氣的問題，那是人類存有的一個本體論層面。」（Freire, 1998: 58）

人的「未完成性／自我完成性」人類圖像在Nietzsche的大作《查拉圖斯特拉如是說》一書之「精神三變說」中刻劃鮮明。「精神三變」學說因此預言了二十世紀西方教育學的精彩發展，駱駝代表「傳統／保守的教育學」（traditional-conservative pedagogy），獅子代表「批判／解放的教育學」（critical-emancipatory pedagogy），而孩童

則代表「另類／創化的教育學」（alternative-creative pedagogy）。象徵駱駝的教育學著重文化的傳承與再製；象徵獅子的教育學則彰顯批判與否定文化的立場；而象徵孩童的教育學則盡情地發揮自由與創化的文化生命。Nietzsche 的精神三變說人類圖像預言（或啟發）了後世教育學的發展，這不能不說是他的偉大！[2]

　　Freire 的論述事實上充滿 Nietzsche 的語彙及哲學精神，諸如「自覺／覺醒」（conscientization）、「未完成性」（unfinishedness, uncompleteness）、「超越」（transgress）、「教育的非中立性」、「教育作為干涉世界的一種形式」等等。其解放教育學內涵終究離不開教育與自由。自由畢竟是教育應有的無上關注（ultimate concern），Aronowitz 因而認為 Freire《自由的教育學》一書與 Nietzsche 的「價值重估」理念有所關連：

> 「我們可以把《自由的教育學》一書當作 Nietzsche『評價的新原則』（new Principles of Evaluation）之基礎，此處評價指涉的不是一套用來產生膚淺的社會政策評估的固定準則，而是一系列用以觸發新教育歷程的概念。」[3]

　　Freire 認為批判教育學實踐的一個主要任務就在於「使人經由互動而重新體認到作為一個社會的、歷史的、思考的、溝通的、轉化的、創造性的位格、烏托邦的夢者，人有能力生氣，因為它有愛的能力。」（Freire, 1998: 45）[4]看來，人的生氣、批判與怒吼，都可溯源於他作為情性的主體、他的「愛的能力」，而 Nietzsche 也說：「的的確確，學習愛自己，這不是今日或明日的一個命令而已。而是，在所有藝術當中，它成為那最精緻的、細膩的和有耐心的。」[5]獅子的否定性象徵對 Nietzsche 與批判教育學而言都應是為了「復原」人性的創造性「愛能」——也就是自由。教育若是成人之美的藝術，那當

然必須幫助一個人能「愛其所愛」、「愛自己」。

「事實上，如果我人自覺到人的未完成性，卻不投身於持續性的追尋歷程，那將是一個矛盾。」（Freire, 1998: 57）[6]如此的「持續性的追尋歷程」即是「人之自我形成的歷程」，也就是「自我完成的歷程」，因此，人的未完成性與自我完成性，實際上乃是一體的兩面，這可以佛學上「空性」與「佛性」的關係作一種格義（詮釋）。

> 「教育的政治性本質真實根源就在於人格的可教育性，從另一面看，這種可教育性又是植根於人的本質上的未完成性以及人對此一未完成性之自覺。人的未完成性，因此衍生的歷史性、未完成性的自覺，使我人必然成為倫理的存有，因為我們必須做決定。」（Freire, 1998: 100）

Freire的人類圖像與二百多年前瑞士教育學家Pestalozzi的洞察很接近，要言之，「人同時是自然、社會與他自己的作品」，其中當然又與自我的創化部分最為關鍵。「為人的喜悅在於我了解到我在這個世界上的存在，此存在的建構創化依賴於他者、我的遺傳基因、社會—文化與歷史因素；即使如此，這個存在與我自己的建構創化更有關連」（Freire, 1998: 54）。[7]因此，如果人對於自己在這個世界上的存在之自覺，不同時意謂肯認此一存在之建構創化不能有我的缺席，那將是一個諷刺（Freire, 1998: 54）。

教育肇始於人初始的未完成性（未確定性）；其尊嚴在於人自身的自我完成性；但其脆弱與危險則在於其「依他起性」（隨機性、適然性），環境與人的外在因素都在受教者無抉擇能力之時即悄悄然對其產生長遠的影響！往往當個人有能力反省自我成長的歷史之時（自我了解），既有的生命遭遇已成永恆難以回溯的銘印，「人沒有什麼本性，他有的只是歷史」。所以「生命教育」的深刻意義應在於幫助

人覺察生命原初的「未確定性」！一個人深刻自覺生命的「未確定
性」、「自我完成性」與「依他起性」時，即能恢復其充滿學習能力
的可塑性，這時所體現的自由就是 J. J. Rousseau 所謂的「人的第二次
誕生」。所以，真正的教育在於其能促成人的第二次誕生，歷史上的
「另類教育」（alternative education）之所以吸引人，即在於此一奧
秘——人的第二次誕生、自由與自我完成之間的重新連結。

　　究竟而言，自覺（conscientization）乃是我們人類本性的一個要
求，自覺不但不是人性的陌客，自覺對於意識到本身之未完成的人性
而言乃是理所當然（Freire, 1998: 55）！[8] 因此，歸納 Freire 人類圖像
的要點即是：人的「未確定性」、「自我完成性」與「依他起性」，
再加上人對此「人性條件」（human condition）的自覺。作者也曾就
如此的人類圖像在教育上的意義作如下的簡要歸約：

　　「人的未確定性」原則：對於受教者「可能性、發展性」的關
　　注與尊重；應探索教育的生物學、存有學領域。以求教育實踐一般
　　作為之「正確性」的合理依據。「人的自我完成性」原則：對於受
　　教者「自發性、自願性」的關注與尊重；應探索教育的價值論、倫
　　理學領域。以求教育實踐消極作為（negative praxis）之「正當性」
　　的合理依據。「自我完成之依他起性」原則：對於受教者「需求性、
　　依賴性」的關注與尊重；應探索教育的政治學、社會學領域。以求
　　教育實踐積極作為（positive praxis）之「正義性」的合理依據。（馮
　　朝霖，2001）[9]

肆 「希望」作為教育美學的根本原則

無庸置疑,「希望」乃是西方基督教傳統文化世界的一個極核心概念,在近代則有 Kant 的批判哲學將之系統地提設為文化哲學(同時涉及美學與宗教)的根本範疇概念(到底人能希望什麼?);而到了 Marx,希望更進一步擴充到政治經濟學的實踐範疇。Freire 的哲學思路經由 Jean-Piere Sartre、Emmanuel Mounier、Erich Fromm、Luis Althusser、Ortega y Gassett、Martin Luther King、Che Guevara、Unamuno、Herbert Marcuse 的豐富傳承,不難理解其解放哲學論述的構成中「希望」所占有的分量。易言之,不論就基督教傳統或馬克思哲學傳統,希望都是其倫理學乃至整個哲學的核心概念,Freire 說:「如果離開希望與夢想,我就不了解人類的存在,以及為改善存在所必須的奮鬥。希望是一個本體論/存有論上的需求。無望則是失去方向的希望,因而造成的那個本體論需求的扭曲。」(Freire, 1994: 8)[10]

事實上批判教育學的基本內涵與希望關係密切,因此遠在一九八八年,Peter McLaren 就曾有「將批判教育學轉化為希望的教育學」的倡議(to transform critical pedagogy into a pedagogy of hope)(McLaren, 1988: 71)。希望在以實踐作為哲學基本關注的解放性論述中可以說乃是先驗的必要(a prior necessity),「如果沒有一點起碼的希望,我們就不可能起手奮鬥;但若無奮鬥,作為本體論需求的希望也將會消散、失去方向,而變成無望。而無望會轉變成悲劇性的絕望,因此就有了一種希望的教育的需要。」(Freire, 1994: 9)[11] 這是 Freire 於一九九四年寫《希望的教育學》(*Pedagogy of Hope*)時,為該書的寫作所作的說明,他說:「《希望的教育學》就是這樣的一本書,它乃基於悲憤與愛而寫;若缺乏悲憤與愛也就不會有希望。此

書將作為護衛容忍與激進之用……它嘗試解說與辯護進步的後現代主義，而拒絕保守的、新自由派的後現代主義。」（Freire, 1994: 10）[12]

在馬克思哲學的歷史上，將「希望」一概念推向整個實踐哲學與美學的峰頂應該是Ernst Bloch（1885-1977）的創作，他的代表作《希望的原則》完成於一九五四－五九，本文無意仔細考究 Freire 思想中希望概念之發展與 Bloch「希望的哲學」之間的實際關連，但相信在廣義馬克思哲學傳統上，對於 Bloch「希望的哲學」之美學基本意涵的扼要說明，應有助於澄清何以主張「希望」作為 Freire 教育美學論述核心原則的理由。

Bloch 的美學思想最初萌發於《幻想的精神》（*Geist der Utopie*）（1918），經由《當代的遺產》（*Erbschaft dieser Zeit*）（1935），最終完成於《希望的原則》（*Das Prinzip Hoffnung*）（三卷，1954-59）。基本上 Bloch 是二十世紀西方馬克思哲學理論家中的一位重要人物，雖然從未加入法蘭克福學派，但學術界卻公認他與法蘭克福學派關係密切，尤其對於法蘭克福學派美學有深刻影響，在 Marcuse、Benjamin、Adorno 三人的美學論述中，皆不難看出 Bloch 的身影。[13]

　　「布洛赫的幻想（烏托邦）哲學與法蘭克福學派美學在理論深處具有隱密的內在關聯。無論是作為人類此在之自我超越性的幻想，還是幻想中的自我邂逅，以及具有明顯思辯色彩的有關尚未存在物的一般本體論，都體現一個顯然的主線，即在幻想中超越既存現實，指向並達到現實中尚未出現過的現實。這一精神與法蘭克福學派美學的核心原則何其相似！無論是本雅明，還是阿多爾諾和馬庫賽，在他們的審美哲學思考中，無不以超越既存現實，指向現實尚未存在之真實為原則。」（王才勇，2000：288）

　　「我是我，但我並沒有自我，因此我人才成為自我」（Ich bin.

Aber ich habe mich nicht. Darum werden wir erst.）（Bloch, 1996: 13）
這是 Bloch 的名言，其中要表達的主要是在每一個當下瞬間，人都必
然感受到對於自我與宇宙的「混沌」與不確定。人所經歷的瞬間的混
沌這個事實使人們了解人在現實的自我理解中存在著不足，這個對自
身不足的意識，同時也使人們產生了要克服這個不足的要求。於是
「幻想／烏托邦」（Utopie）便有了其意義，因為幻想使主體在先期
存在中經驗到了自身的同一性，而幻想就是由經歷瞬間的不足所觸發
的。這種人類圖像與 Freire 所說的「人類自覺的未完成性」構成人成
為「永恆的追尋者」（eternal seeker），其實有同工異曲之吻合！人
走向幻想，並在幻想中超越此在的自我，同時也就達到了真正的自
我，換句話說，在幻想中超越此在（Dasein）的非同一性，同時也就
達到了屬於人的真實的同一性。Bloch《希望的原則》講的就是人類
「幻想精神」的存有論與美學，把幻想視為超越人類經驗存在的東
西，認為從幻想所導致的超越中人才能達到真實，人在幻想中體驗到
自我邂逅——體驗到他自身本質上所屬或可能成為的東西，因此，幻
想中的自我邂逅就使人在幻想中達到了的自我之本質真實，幻想中的
自我邂逅就是邂逅現實中所謂的本真自我，邂逅與既存時空秩序相反
的事實。

　　對 Bloch 而言，白日夢本身就具有「企圖改善世界」（Der Tagtraum
als Vorstufe der Kunst intendiert so besonders sinnfällig Weltverbesserung）
創造同一性之完滿終極狀態的特徵，「白日夢就是就是對完美性所作
的精緻幻想性實驗」，藝術必然以白日夢作為前提，因此具有幻想的
本質，正是在幻想中，藝術才達到了創造同一性的完滿終極狀態
（Bloch, 1959/1993: 106）。[14]

　　藝術與夢幻或幻想相連，就超越了現實，超越了眼下這個現實的
世界，從而達到了一個完滿的意義世界，從而也溝通了本真的自我，

因此，藝術就具有了一種所謂的預先顯現真實的功能，即 Bloch 所說的「超前顯現」（Vor-Schein, pre-present）。藝術能夠揭示歷史世界內在的深層實在，這個深層實在就是蘊含在這個世界本身中的完滿存在，也就是倫理學中所說的至善（Bonum），就像至善成了倫理學關注的核心一樣，在美學中，它也是人們關注的核心，因為藝術可理解為對這種作為完滿存在之至善的超前顯現。[15] 因此對 Bloch 而言，整個審美創造物所涉及的是「對人內在完滿世界的超前顯現」。但是，藝術和倫理學儘管皆關注人內在完滿世界的超前顯現，但其顯現方式並不相同，倫理學基本上是以願望和理想方式達成，而在藝術範疇中則是由審美的象徵方式衍生──審美的超前顯現：

> 「積極的願望形象在根本上是以人們所領會的某個更佳生活可能為內容的……，而理想在根本上是以得到實現的完滿人生狀態，即完滿社會關係的可能為內容的……。至於象徵則是以隱晦地實現的存在與本質在自然中非異化同一的可能為內容的。」（Bloch, 1985: 275）

教育美學不能不以「希望」作為其核心原則，其理由甚為明顯，因為教育實踐就如 Freire 所斷言「本質上是一種美學實踐」，那在教育過程中（本身是一種藝術作品）必須有「超前顯現」的象徵，若教育的人類學前提是：人的未確定性、人的自我完成性、自我完成的依他起性；以及此三者所共同構成的人的「創化」（Autopoiesis）；那麼，教育過程也必須能「超前顯現」此一人的「創化」特性的完滿象徵，教育美學上所「超前顯現」的三個象徵即是：「邂逅」（Begegnung）──對照於人之未確定性；「投契」（Engagement）──對照於人之自我完成性；「參化」（Methethis）──對照於人之依他起性。在這三個美學的象徵所融合的體驗中，人尋覓自我、嘗試自我、

轉化自我、創化自我，但其中關鍵性的是教育者的全心睿智參與。

教育美學的此三個象徵都可以在教育哲學思想史上發現相關的重要論述，如邂逅的議題主要有存在主義哲學Buber、Bollnow；投入的議題則有Sarter、Marcel，另類教育家的Montessorie、Greenberg；參化的議題則在後現代教育學以及「自我組織教育學」等論述之中屢見蹤影；此外，在東方思想傳統之中對此相關論述也未嘗缺席。然將邂逅、投契與參化融攝為「希望」之三個構成要素，則為本文之嘗試。

伍　教育希望的構成要素——邂逅、投契與參化

「教育實踐的美存在於意欲師生團融為一體的熱切期望，這是一種植基於倫理責任的熱情！」（Freire, 1998: 88）[16]

一、邂逅

在生活世界，邂逅意謂遭遇的機緣性（contingency）（不可預期性）與驚奇，在教育與學習世界則意味歷險與探索的自由，其實，根據存在主義的說法，學習的本質就是邂逅，沒有真正的邂逅就沒有深刻的學習！真實的教育肇始（ereignet sich, happen to）於真實的邂逅。Freire說「我喜歡當人，因為我知道我此生的旅程並非宿命所決定。」（Freire, 1998: 54）此話意謂：人成為自己的生命歷程同時包含了「條件性」、「自由」與「機緣」，也對應了人性本質的「未完成性」、「自我完成性」與「依他起性」。邂逅現象的揭明更有助於發現教育美學與人之基本存在的微妙關連。

根據猶太哲學Buber的說法，「所有真實的生活都是邂逅」（Alles wirkliche Leben ist Begegnung.），邂逅總是一個無法預見的事件，但她是一個給人賜福的深刻經驗，因為只有在邂逅中人才可能自我發現與自我實現，所有的邂逅究竟乃是人偶遇的贈禮／恩典（Bollnow, 1984：89）。[17]

就此意義而言，邂逅乃是人之所以為人與成為人的本源條件（Bollnow, 1984: 98）[18]；並非人本身中既有的本質在邂逅中得到確認，而是在邂逅中人才真正成為他自己（Bollnow, 1984: 100）。[19] 邂逅是一個嚴格定義上的（人）存在性範疇（Die Begegnung ist eine im strengen Sinn existentielle Kategorie.）（Bollnow, 1984: 100）。並不存在一種教育性邂逅的特殊型態，而始終就只有人的邂逅（Bollnow, 1984: 130）。[20]

Bollnow 認為在德文世界教育傳統之中，教育主要包含「工匠」（Handwerker）與「園丁」（Gärtner）兩種模式，兩者雖然大異其趣，但都將教育視為「可計畫性」（planbar）、「可製造」（machbar）的一件事，因此對於「影響人成為人的過程」都視為是具有恆常性（Stetigkeit）與可預測性。但「邂逅」概念的闡明，則可以使我們認識到「人成其為人」的過程並不是完全地可預測與計畫，偶然與機緣（contingence）往往才是造就一個人真實的存在（Existenz）的關鍵。因此 Bollnow 認為「邂逅」與「陶養」（Bildung）是一對互補性的概念（Bollnow, 1984: 122）。

教育不能製造邂逅，但邂逅也絕不是在毫無準備的狀態之下可以產生。一個對藝術毫無修養而缺乏藝術品味的人，即使有機會遇見最偉大的藝術作品，也不太可能發生那種會打動人之「存在核心」、而使人重新做人的「邂逅」。只有人在有關領域中，透過用心細緻的涵養與學習，而具備有關的能力條件，當因緣成熟時，邂逅才有可能發生。所以，「陶養」乃是「邂逅」的預備過程。教育上雖不能強迫邂

逅發生，也不能有意的導致發生，但卻可以為邂逅作準備（鄭重信，
1975：101）。Bollnow認為「教育者雖然不能籌辦邂逅，但是他必須
了解邂逅發生的道理，因而能夠使其行為朝其可能方向，因此，邂逅
如果發生，乃是謹慎細緻之照顧的後果。」（Bollnow, 1984: 125）[21]

　　因此「邂逅」作為教育美學的一個構成要素，需要的乃是教育者
的「慧心」準備，首先大人必須能以虛心批判的心重新體認為人父母
與師表的自然意義（天職），如果大人對於這樣的生命任務真正有所
體認，面對孩子必然由衷產生「謙卑」、乃至「敬畏」的態度，因為
每個孩子生命都充滿無限的未知與未確定！如果「一花一世界，一葉
一如來」令人油然感動，那麼面對每個孩子所蘊藏的造化奧秘，大人
又如何能不肅然起敬，而又如何能專斷傲慢地自以為可以影響，甚至
「主宰」孩子的人生？

　　謙卑的對照面並非「無為」，而是一種更需要勇氣與智慧的「敢
行」，敢於維護孩子的自主性與激勵孩子的自我完成性，Freire 也指
出自主的意義出自人的自我完成性（自我創化）的本質，沒有人首先
是自主，而後才做決定；自主乃是一系列不同而眾多的決定歷程的結
果，自主是成為自我的一個歷程、一個成熟的歷程，它不會發生於一
個特定的時間，因此一個「自主的教育學」應重視能激發決定與負責
的體驗，易言之，體驗對自由的尊重（on experiences that respect free-
dom）（Freire, 1998: 98）。

　　邂逅誘發希望，創化人的「本真」（authenticity）；但教育不能
製造邂逅，只能「醞釀」。邂逅的發生，既是生命的美，也是教育的
美。所以邂逅的可能乃是教育的藝術。在醞釀邂逅的藝術中，教育者
既謙卑地護衛了學習者的自由——人的未確定性，也縝密與巧思地提
供學習者探索、尋覓與嘗試的豐富可能性，使學習的體驗充分彰顯
「希望」的象徵。

　　Freire 批判教育學堅決反對虛無主義與宿命論，教育的使命乃是人的積極自由，但「解放」並非「還原」（reproduction），而應是積極的創化（創造的轉化）與自我完成。邂逅的教育美學有助於避免批判—解放教育學淪落於另一形式之「霸權複製」的嫌疑與危機。同時使教育實踐能符合於教育人類學的第一個原則——「人的未確定性」：對於受教者「可能性、發展性」的關注與尊重。而在教育實踐一般作為上體現教育倫理學的意義。

二、投契

　　投契的簡單定義就是「投入而產生默契」，指的是教師與學生在教學活動中（探究、練習、對話等等），因投入、專注而無形中達到與他人、事物、自己完全融入契合的現象，因為是自然而然形成，故稱為默契。

　　美感經驗之中都有一種共同的要素就是「忘我」，或稱為「神馳」（Flow），忘我的出現是在人全心全意專注於一個工作、一個活動時才有可能，這個活動或工作必然有吸引當事人的魅力、屬性，使得當事人會身不由己逐漸在專注之中到達忘我、神馳的境地。Montessorie 對於兒童心智特徵之描述曾特別強調兒童容易在遊戲的時候表現此種現象，對於兒童而言，遊戲（play）、工作（work）與學習（learning）之間基本上無本質上的差異，換言之，遊戲＝工作＝學習，但這種渾然一體的狀態是在其完全專注時才成立。然而在大人的干預下，這種三合一的自然性專注逐漸被破壞。主要原因在於教育者忽視了學習者「自我完成性」之中所隱含的「自發性、自願性」原則，因此教育往往逐漸異化為壓迫性、宰制性的一件事。教育工作的「究竟任務」不在於知識的傳遞，或教師自我真理的宣揚，而在於引

領學生的自我追尋、自我發現與自我了解！Freire 則明確地指出「投契」的教育美學意義：作為一個學習藝術的冒險家，學生在創造歷程中的專注投入（engagement）──受到教師的激勵催化（instigated），與知識內容的傳輸一點都無關連，這個歷程牽涉的乃是教與學的美與挑戰。（Freire, 1998: 105）

　　Freire 認為缺乏適當的教師美德則進步的教育實踐是不可能的：「我們必須了解如果沒有適切的美德，進步的教育實踐是不可能的，這些美德譬如：寬厚的愛心、尊重、容忍、謙遜、開朗、熱愛生命、對新事物的好奇、愛好改革、奮鬥的毅力、拒絕宿命論、希望的精神、對正義的開放。」（Freire, 1998: 108）其中傾聽似乎是達成「投契」的先行美德，因為傾聽乃構成教育性對話的必要條件，「在傾聽中我學著與他或她說話」（Freire, 1998: 106）。換言之，傾聽乃是聽者一種恆常性的態度──意謂著向他者的話語、他者的表情動作，以及他者的差異開放（Freire, 1998: 107）！[22] 如此的傾聽從而才能產生 Buber 所謂的教育性對話中的無條件「擁抱／包容」（Umfassung, including）（Buber, 1986: 44）！

　　但是在 Freire 整個對話教育學中，實現「投契」的教育美之另一關鍵性因素則在於：呵護學習者的「自發性好奇」（spontaneous curiosity），使其提升轉化為「智識性好奇」（epistemological curiosity）。這當中如無「投契」的教育美，學習者的自發性、自主性、主體性都將遭受催殘傷害。這就是所謂的「經驗知識」與「套裝知識」之適切性關連的奧秘。囤積式／添鴨式教育因忽視學習者主體性的經驗，因此不僅無法喚起學習者的「智識性好奇」，也同時壓抑了「自發性好奇」。所以，進步的教育實踐的一個最重要任務乃是促進批判性、勇敢與冒險性的好奇心（Freire, 1998: 38）[23]。要達到這樣的任務必須是教師本身也具有開放而批判的好奇，而非威權的僵化，對教師

與學生兩者都重要的一件事就是：行使他們的智識性好奇心（The important thing is for both teacher and students to assume their epistemological curiosity.）（Freire, 1998: 80-81）。

套裝知識的意義必須建構在個人生命經驗／體驗的前提才能不異化為壓迫人的工具，「除非我們自己對生命本身曾有感動的體驗，否則我們無法真正教導孩子了解生命的意義；除非我們能從自己的生命深處發現足以令自己信服的價值，否則我們無法真正教導孩子任何人生的真理。」因此，無疑地，投契的教育美學必須建立在教育者個人具體而活生生的「生命美學」基礎之上。

> 「批判教育實踐的一個主要任務就在於提供環境條件，在其中學習者經由與教師和其他人的互動而專注投入（engage）於體認（experience of assuming）作為一個社會的、歷史的、思考的、溝通的、轉化的、創造性的位格、烏托邦的夢者（dreamers of possible utopias），人有能力生氣，因為它有愛的能力。」（Freire, 1998: 45）

類似於 Freire 所分辨的自發的好奇與智性的好奇，美國瑟谷學校創辦人 Greenberg 則提出「普通的興趣與真正的興趣」之辨；他認為如果一個人對某件事產生了真正的興趣，他會有如下的徵狀：專注、堅持、沒有時間感、不覺得疲累、發自內心的動機、不耐煩。（丁凡譯，1999：246-58）假設一個孩子在下述的環境中成長：「**當他有真正的興趣時，大人不阻止他，讓他發展到自己滿意為止；當他尋求協助時，大人會根據他的要求，提供適度的協助，不多也不少。大人不會自以為是的妄下判斷，代他決定。**」這樣子長大的孩子有某些人格特質，經由長期練習，他會對自己的判斷有信心，覺得自在。他會有自動自發的習性，凡事主動、有主見，能獨立完成目標，善始善終。他會知道如何解決問題，如何達成任務，如何讓自己滿意。他會有深

沉的自信,知道自己可以面對挑戰,可以解決困難,因為他有許多的
摸索和經驗。他會有很高的自尊心,自我形象健康,因為他身邊的大
人一直信任他,讓他用自己的速度、自己的方法成長。他會對自己的
人生感到滿意,因為他一向以來,便能自由自在的去追尋自己的生命
意義,而他身邊的大人都能接受他的生命意義是有價值的,不予以否
定(丁凡譯,1999:253)。

我們可以說在此情況中,大人與孩子乃是處於一種「投契」的關
係。Greenberg 所提出的這一觀察,為本文投契概念的內涵作了充分
的註解;投契之所以是教育美學的主要構成性因素,主要理由在於其
對應了教育人類學中「人的自我完成性」之原則:對於受教者「自發
性、自願性」的關注與尊重,並且將此原則發揮到「盡善盡美」的程
度;而使教育實踐消極作為(negative praxis)具有教育倫理學「正當
性」的依據。在這裡更能印證 Freire 將教育的倫理性與美學性時常並
舉的深刻意義。

三、參化 [24]

參化的簡單解釋就是「同時學習」、「共同演化」(co-evolu-
tion)、「參贊化育」。教育的美就是在師生共同投入而忘我的學習
活動中,不知不覺地參與了彼此生命的成長與創化,在這同時事實上
也對於社會文化世界的發展有了可能的深遠影響。這應是 Freire 教育
思想最想表達的核心觀念,而這樣的現象簡單地說,就是中國古書
《中庸》上所謂的「參贊化育」。對於教育工作意義要有如此的體
認,一方面必須有教育人類學/生命美學的深刻反省為前提,另一方
面,也必須以教育倫理學「責任意識」的提醒,方能致之。

「參贊化育」就「基進建構論」之基本概念看,乃視學習為個人

無止盡的自我組織歷程，而教育即是促進他人自我組織之活動工作。自我組織（創化）是個人小世界與大環境互動之非線性因果關係，一方面是個體之「自我形成」（Selbstwerden, self-formation），另一方面則是影響環境的變遷，自我與世界皆非有其固定不變的本質，學習與演化也無理想之終境，只是不斷地造作與創化，參贊化育意思即是，個人與世界「共同演化」（co-evolution）。（馮朝霖，2003a：42）

　　教師在教育美學上的至高體認首先必須是認識教學本身也是一種學習，事實上，沒有學習，就沒有教導（Freire, 1998: 31）。學習乃邏輯上的先於教導，易言之，教導乃是學習的一個部分（Freire, 1998: 31）。所以 Freire 說「教學是一個整體性的實踐——如果不同時有學習，那它就不能存在，教學內容本身也意涵了教師工作的倫理性。」（Freire, 1998: 88）[25] 因此，教育上的參贊化育基本上的意義是將教師的教學與學生的學習都視為人生無止盡的自我組織歷程。教師若真能在教學活動中顯現與學生共同學習成長的真情真意，使兩者之間的「階層關係」消融於無形，而臻於莊子所說的「魚相望乎江湖，人相望乎道術」渾然一體的境地，教育關係（educational relationship）自然是一種美感境界。

　　教師與學生忘情地共同投入於學習活動中必能逐漸體會到「我喜歡當人，因為我與別人一起從可能性中創造歷史，而非只是順服於僵化的宿命。」（Freire, 1998: 54）[26] 也就是自覺到自身生命與這個世界本身的未完成性，而同時也體認經由人的參與，將決定這個世界的形成、變化，每個人都無法置身於創造歷史這樣的呼喚之外。但這個干預世界與創造歷史的過程更重要的乃是「與他人」的共事及參與；這也是 Freire 一再強調「我人的存在乃是一個共在——分享的存在。」（Our being is a *being with*.）的道理（Freire, 1998: 58）。

> 「人類永恆的追尋歷程所啟創的學習能力，並不只是為了適應
> 這個世界，而毋寧是為了干預、再造與轉化世界。這一切都是人類
> 學習能力的明證——以和其他的動物或植物大大不同的方式——完
> 成人類的未完成性。」（Freire, 1998: 66）

但教育上的參化之所以必須作為教育美學必要的一個構成要素，
根據 Freire 的論述，乃植基於一種師生自然而純真的熱情，他說「教
育實踐的美存在於意欲使師生團融為一體的熱切期望，這是一種植基
於倫理責任的熱情！」（Freire, 1998: 88）這種自然的熱情憧憬著教
師與學生能忘情地分享學習、探究、成長、奮鬥與創造；當這種期盼
能獲得實現，師生自然綻放於學習的喜悅之中，所以教育美學上的
「參贊化育」也就「超前顯現」了人性之中的深刻渴望——創造的喜
悅。

> 「在教學活動的必要因素——喜悅，與希望之間存有一種關連。
> 希望乃是教師與學生之間所分享的某些東西，希望我們能一起學習、
> 一起教學、一起致力於好奇地探求、一起創造某些事物，以及一起
> 對抗綻放我們的希望的阻礙。」（Freire, 1998: 69）[27]

參化的狀態其實又回歸於兒童人性中最為自然的表現，在遊戲中
學習與在遊戲中工作的三合一情狀。Greeberg 指出：古希臘人崇尚思
考，而不崇尚工作。他們認為人應該花很多時間思考，才會接近神
性。現在人們也愈來愈看清楚，許多看像是「不事生產」的活動，也
可能帶來更大的經濟效益。現代西方社會對遊戲的態度一向嚴苛，直
到最近卻逐漸有人終於開始認識遊戲的價值，遊戲是一種高度創意的
活動，Greenberg 認為未來的社會，人們遊戲的時間會愈來愈長，人
們不以「立即生產力」為標準設限的自由活動會愈來愈多。而兒童就

是最會以遊戲為生活的人，他們自小就不管大人認為「有沒有意義」、「值不值得」，逕自進行各種樣的遊戲，來提升自己的心智建構（形成自己的世界）（丁凡譯，1999：172-174）。

參化作為教育美學的關鍵性構成要素，因為參化具體表徵「希望」；而以 Freire 的語言來說，參化的精神在於「作夥兒」（zusammen, together），也不妨將之擴大為「團融」（solidarity），於德國後現代的用語則為「參贊化育」。但不管怎麼說都脫離不了「遊戲」此一概念的廣義範疇，因此參化才不得不是教育美學之究竟構成要素。難怪孔子要將其教育之最高境界形容為「游於藝」。此外，在世界人類文化傳統中，浩瀚的佛經文本乃是彰顯教育美學「參化」精神境界的無上範例，幾乎所有佛經在文本結束部分，都鉅細靡遺地描述所有與聞的「眾生」因參與佛說法的過程而達致生命重大的「轉化」──莊嚴無邊無量世界！

陸｜結　語

　　「觀於無常，而不厭善本；觀世間苦，而不惡生死；觀於無我，而誨人不倦；觀於寂滅，而永不寂滅；觀於遠離，而身心修善；觀無所歸，而歸區善法。」（維摩經──又名「不可思議解脫經」，鳩摩羅什法師譯）

將教育美學作為理解 Freire 批判教育學的一個範疇，進而論證教育美學是教育哲學理論建構及教育實踐不能或缺的一個範疇，這是本文的一個基本構想，其用意不在意圖「美化」或「神聖化」教育實踐，而毋寧在於「還原」教育現象應有的完整面向，意圖挽救教育完全淪為「技術理性」思維的危機。教育是一個人性化的行動（human act），從存有論上發現「希望」乃是人性的一個本質需求，因此可以說教育本應就是「希望」的同義詞，凡教育應當都是「希望的教育」，都是幫助人從未完成走向完成與創化的歷程，所以這樣的歷程本身必須具有「希望」的象徵，也就是 Bloch 所謂的藝術幻想上的「超前顯現」內涵，所以教育的工作本身不能不是一種美學的實踐。

「教育是成人之美的藝術！」是藝術，所以必須有格律、也必然超乎格律而隨時有「存乎一心」的妙用（藝術）！「存乎一心」的妙用彰顯於「引導」與「自由」（任其成長）的辯證。教育包含「引導」，因為生命有其本質之未確定性；教育包含自由，因為生命有其本質之自我完成性。教育若只有百分之百的引導，那就變成壓迫與宰制，不再「是」教育，因為它未尊重人之自我完成性；教育若只有百分之百的自由，那就變成放任，而不再「有」教育，因為它未顧及人之未確定性。真正的教育必然是「引導」與「自由」兩者的協調與辯證，因為教育之所以為教育，乃因其立基於人的未確定性、未完成性，而目的在於協助與促進其自我完成的成長。在每一個具體的情境中，恰到好處的同時施行引導與維護自由，這不是一件容易的判斷，它需要一種敏捷與正確的睿智（tact prudence），教育者擁有自由的大愛卻是必要的前提，誠所謂：「天心月圓，華枝滿樹」、「一雨普潤，千山秀色！」這種境界的完成有賴「邂逅」、「投契」與「參化」三個教育美學要素的理解與把握，而這種教育美學的境界值得教育者衷心的憧憬與追求！

如此理解的教育美學並非僅僅關注於大人與孩子間關係的狹隘範圍，教育的政治性、倫理性與藝術性，一如 Freire 所見，有永遠無法分離的密切關連性，因此教育美學所訴求的希望、邂逅、投契與參化的可能性，都應該從師生關係，進一步推衍到學校教育環境文化，乃至於鉅觀層面的教育法制與「文化政治」（cultural politics）方向。

這也是批判性、解放性教育學本應關注的基本議題，作者也深信未來我國教育改革發展，教育美學之思維應可有其發言之意義與空間。

註　釋

1 請參考 Beck, C.（1993）及 Fromme, J.（1997）兩書，為德文世界中研究後現代與教育學發展較系統性論述的代表作；也請參閱拙作（2003a）。

2 有關 Nietzsche 精神三變與教育學發展議題，參閱馮朝霖（2003b）。

3 Aronowitz, S.（1998: 13）。

4 原文為......as social, historical, thinking, communicating, transformative, creative persons; dreamers of possible utopians, capable oh being angry because of a capacity to love.

5 Nietzsche, F.（1984: 180）。

6 原文為 In fact, it would be a contradiction if we who are aware of our incompleteness were not involves in a movement of constant search.

7 原文為 I like being human because I perceive that the construction of my presence in the world, which is a construction involving others and is subject to genetic factors that I have inherited and to social-cultural and historical factors, is nonetheless a presence whose construction has much to do with myself.

8 原文為 In truth, conscientization is a requirement of our human condition... Far from being alien to our human condition, conscientization is natural to "unfinished" humanity that is aware of its unfinishedness.

9 本段文字本源並非得自 Freire 哲學的研究，而是綜合德國教育人類學與儒家教

育人類學的初步結論，細節請參閱馮朝霖（2001）。

10 原文（I do not understand human existence, and the struggle needed to improve it, apart hope and dream. Hope is an ontological need. Hopelessness is but hope that lost its bearings, and become a distortion of that ontological need.）

11 原文（Without a minimum of hope, we cannot so much as start the struggle. But without the struggle, hope, as an ontological need, dissipates, loses its bearings, and turns into hopelessness. And hopelessness can become tragic despair. Hence the need for a kind of education in hope.）

12 原文（*Pedagogy of Hope* is that kind of book. It is written in rage and love, without which there is no hope. It is meant as a defense of tolerance and radicalness. ... It attempts to explain and defend progressive postmodernity and it will reject conservative, neoliberal postmodernity.）

13 當然也有評論者對於 Bloch 的哲學理論與人格作為之間的不一致提出強烈的質疑，請參閱：還學文（1992）：布洛赫與烏托邦哲學——屈從是通向正直的必由之路？刊於 1992 年 8 月，《當代雜誌》，76，100-113。

14 原文（So ist überall Wachtraum mit Welterweiterung, als tunlichst exaktes Phantasie-experiment der Vollkommenheit dem ausgeführten Kunstwerk vorausgesetzet.）

15 參閱 Bloch（1959/1993）：S, 242f.

16 原文（The beauty of the practice of teaching is made up of a passion for integrity that unites teacher and student. A passion that has roots in ethical responsibility.）

17 原文（Sie ist...... immer ein nicht voraussehbares Ereignes, aber sie ist eine den Menschen tief beglückende Erfahrung, weil nur in ihr des Ich sich selber finden und sein erfüllen kann. Alle Begegnung ist letztlich ein Geschenk, das dem Menschen

zufällt.）

18 原文（Begegnung gehört in diesem Sinne zu den ursprünglichen Bedingen mensch-lichen Seins und Werdens.）

19 原文（Nicht eine schon in ihm vorhandene Substanz in der Begegnung bestätigt, son-dern erst in der Begegnung wird der menschen überhaupt er selber.）

20 原文（Es gibt keine Sonderform einer pädagogischen Begegnung, sondern nur die menschliche Begegnung schlechthin.）

21 原文（So kann der Erzieher zwar keine Begegnung veranstanlten, aber er muss wis-sen, was in ihr geschieht, und kann sich in seinem Handeln auf sie hin orientieren. ... So ist die Begegnung, wo sie geschieht, Gegenstand einer behutsamen Pflege.）

22 原文（To listen ... is a permanent attitude on the part of the subject who is listening, of being open to the word of the other, to the gesture of the other, to the differences of the other.）

23 原文（one of the essential tasks of progressive educational praxis is the promotion of a curiosity that is critical, bold, and adventurous.）

24 在德文世界，Berlin 大學教育學教授 Dieter Lenzen 借助基進建構論（Radikaler Konstrukti- vismus）的主要概念如自我組織（Selbstorganisation）與創化（Autopiesis）而首次提出「教育的參贊化育」（pädagogische Methexis）的構思，作為其後現代教育學論述的領導理念。德文請參考 Beck, C.（1993）及 Fro-mme, J.（1997）兩書；中文請參考馮朝霖（2003a）。

25 原文（Teaching practice, which doesn't exist unless there is learning simultaneously, is a holistic practice. The teaching of contents implies that the teacher be also ground-ed ethically.）

26 原文（I like being human because I am involved with others in making history out of possibility, not simply resigned to fatalistic stagnation.）

27 原文（There is a relationship between the joy essential to teaching activity and hope. Hope is something shared between teachers and students. The hope that we can learn together, teach together, be curiously impatient together, produce something together, and resist together the obstacles that present the flowering of our joy.）

參考文獻

中文部分

丁凡（譯）（1994/1999）。D. Greenberg 原著。**自主學習──化主動性為創造力，建構多元社會的瑟谷教育理念**。臺北市：遠流。

王才勇（2000）。**現代審美哲學──法蘭克福學派美學論述**。臺北市：書林。

馮朝霖（2001 年 5 月）。**未確定性與自我完成──從陳大齊論儒家教育人類學**。載於國立政治大學文學院主辦之第三屆「近代中國文化之解構與重建──陳百年」學術研討會論文集（pp. 199-216），臺北市。

馮朝霖（2002）。橫繫理性與網化思維。**通識教育季刊，9**（1），1-20。

馮朝霖（2003a）。**教育哲學專論──主體‧情性與創化**。臺北市：高等教育。

馮朝霖（2003 年 5 月）。**駱駝‧獅子與孩童──從尼采「精神三變說」看教育與文化關係**。論文發表於國立政治大學幼兒教育研究所主辦之「童年沃野與創化」學術研討會，臺北市。

鄭重信（1975）。**存在哲學與其教育思想**。臺北市：文景。

英文部分

Aronowitz (1998). Introduction, In Freire. P. (1998). *Pedagogy of Freedom*. Lanham, Boulder, New York, Oxford: Rowman & Littlefield.

Beck, C. (1993). *Ästhetisierung des Denkens: Zur postmoderne Rezeption der Pädagogik amerikanische, deutsche, französische*. Aspekte, Bad: Heilbrunn: Klinkhardt.

Biesta, G. (1994). *Postmoderne Erziehung: Zwischen Kontingenz und Engagement*. In Heyting, F., & Tenorth, H.-E.(Hrsg.)(1994), S.131-148.

Bloch, E. (1959/1993). *Das Prinzip Hoffnung*, 3 Baende. Frankfurt a. M.: Suhrkamp.

Bloch, E. (1963/1996). *Tübinger Einleitung in die Philosophie*. Frankfurt a. M.: Suhrkamp.

Bollnow, O. F. (1959/1984). *Existenzphilosophie und Pädagogik: Versuch über unstetige Formen der Erziehung*. Stuttgart, Berlin, Koln, Mainz: Kohlhammer. 6.Auflage.

Buber, M. (1953/1986). *Reden Über Erziehung*. Heidelberg: Verlag Lambert Schneider. 7.Auflage.

Freire, P. (1994). *Pedagogy of hope: Reliving pedagogy of the oppressed*. New York: Continuum.

Freire, P. (1998). *Pedagogy of freedom: Ethics, democracy, and civic courage*. Lanham, Boulder, New York, Oxford: Rowman & Littelfield.

Freire, P., & Giroux, A. (1989). Pedagogy, culture, and public life: An introduction. In A. Giroux & R. Simon (Eds.), *Popular culture, schooling, and everyday life* (P. VII-XII). Granby, MA: Bergin and Garvey.

Fromme, J. (1997). Pädagogik als Sprachspiel: Zur Pluralisierung der Wissensformen im Zeichen der Postmoderne. Neuwied, Kriftel, Berlin: Luchterland.

Heyting, F., & Tenorth, H.-E.(Hrsg.)(1994). *Pädagogik und Pluralismus: Deutsche und niederlandische Erfahrungen im Umgang mit Pluralität in Erziehung und Erziehungswissenschaft.*, Weinheim: Deutscher Studien verlag.

Jonas, H. (1979/1984). *Das prinzip Verantwortung: Versuch einer Ethik für die technologische Zivilization.* Frankfurt a. M.: Suhrkamp.

McLaren, P. (1988). Schooling the postmodern body: Critical pedagogy and the politics of enfleshment. *Journal of Education, 170* (H.3), 53-83.

Nietzsche, F. (1984). *Also Sprach Zarathustra,* München: Edition Deutsch Bibliothek.

Pongratz, L. (Hrsg.).(1975). *Philosophie in Selbstdarstellungen*, Mit Beitragen von Ernst Bloch u.a.. Hamburg: Felix Meiner Verlag.

Shor, I., & Freire, P. (1987). *A pedagogy for liberation: Dialogues on transforming education.* Massachusetts: Bergin & Garvey.

第六章

馬克思主義教育研究的式微和復興初探 [1]

李錦旭

壹 前　言

　　誰還在搞馬克思主義教育研究？臺灣向來就沒有這個傳統，中國
大陸沒落了，英語世界也好不到哪裡去，但一九九四年以來有復興的
跡象，值得關注。

一、臺灣篇

　　最近，難得的，臺灣中壯輩的代表性教育哲學學者但昭偉
（2002）寫了一篇文章〈馬克斯主義、新馬克斯主義暨批判理論的教
育觀〉，介紹了 Karl Marx（1818-1883）、Antonio Gramsci（1891-1937）
和 Paulo Freire（1921-1997）的想法。不過，個人以為這篇文章會讓
讀者誤以為馬克思主義教育研究就是這樣而已。

　　臺灣還有一些為數不算多的有關泛馬派教育理論家的作品，研究
的對象包括 Louis Althusser（1918-1990）、Freire、Ivan Illich
（1926-2002）、Pierre Bourdieu（1930-2002）、Martin Carnoy（1938-）、
Samuel Bowles（1939-）和 Herbert Gintis（1940-）、Paul Willis、
Kevin Harris、Michael Apple（1942-）、Henry Giroux（1943-）、Peter
McLaren（1948-）等。其中 Apple 和 McLaren 來過臺灣，Apple 的《意
識型態與課程》，McLaren 的《校園生活：批判教育學導論》和 Freire
的《受壓迫者教育學》三者的中文本都於二〇〇二年和二〇〇三年先
後在臺灣出版。英國馬派教育學術團體教育政策研究所（The Institute
for Education Policy Studies，簡稱 IEPS）[2] 及其密切相關的 the Hillcole
Group[3] 的主要成員 Dave Hill（1945-）的文章登在《臺灣教育社會學
研究》上（2002），二〇〇四年另一位主要成員 Mike Cole（1946-）

也出現在臺灣，其作品也登在《臺灣教育社會學研究》上（2005），稍後 Hill 和 Cole 並於二〇〇五年聯袂來臺。

或許是因為這樣表面上熱鬧的景象，臺灣教育社會學會的一位重要成員才會說臺灣的教育社會學界左的味道很濃，甚至需要平衡一下。

另一方面，跳出教育學圈來看，在臺灣主要馬派研究者的諸多作品裡，包括百科全書式的洪鎌德（1937-）和黃瑞祺（1954-）兩位教授的作品，遺憾地，找不到專門討論馬派教育研究的作品。

一九八八年我應邀為《現代教育》雜誌專號「教育社會學的發展趨勢」，寫了一篇文章〈西方馬克斯主義教育社會學導讀〉，之後長期關心和參與臺灣教育學界的學術動向，我的感受有三點。第一點，臺灣的馬派教育研究主要還是停留在一九七〇年代由 Bowles 和 Gintis 所開啟的第一波馬派教育研究上。第二點，臺灣的馬派教育研究尚未形成體系。第三點，臺灣的馬派教育研究和理論並沒有成為教育學術工作者和實務工作者的核心價值，自然談不上影響教育實踐。因此，我認為，臺灣的馬派教育研究還需要下大功夫。

二、中國大陸篇

一九八九年天安門事件前夕我初履中國大陸在北京參加學術研討會，之後展開大規模有系統地蒐集大陸的學術資料和結交其中的代表性學者，感受和目睹到中國大陸馬派教育研究由盛而衰的過程。我到大陸第一位想找的人是北京師範大學的厲以賢教授（1931-），當時他是中國教育學會馬克思主義教育思想研究會理事長；不過，我找他主要是因為他在美國的英文雜誌上發表過一篇文章介紹中國大陸教育社會學的研究情況。[4] 但他仍慷慨地送給我他的相關作品。[5] 厲教授後

來到臺灣幾次，不過都不是來談馬恩教育理論的。之後，另一位馬派教育專家華東師範大學陳桂生教授（1933-）送給我一些他的作品[6]。以上這些作品，我仔細讀後仍覺不滿足。二〇〇〇年十一月臺灣教育社會學界七位代表，到南京師範大學參加中國教育學會教育社會學專業委員會第六屆學術年會，其他幾位有人感到奇怪為什麼大陸學者不太談馬克思，有一位自稱是馬派的臺灣學者說他感到「很失望」。

二〇〇六年三月，在闊別北京十七年後，我和另外三位臺灣學者，一起去參加「北京大學首屆教育社會學國際研討會」，感受到馬克思主義教育研究在中國大陸仍屬敏感問題。這種感受也從剛在北京大學出版社出版專著[7]的黃瑞祺先生處得到印證。

二〇〇四年大陸年輕學者舒志定（1968-）出了一本書《人的存在與教育：馬克思教育思想的當代價值》，除了慨嘆「人們對馬克思教育思想的興趣不是在增強，而是在弱化」以外，也不諱言指出「以往對馬克思教育思想的認識存在著教條化的傾向，因而影響了馬克思教育思想與現實教育實踐的結合」（p. 230），而主張「必須解構對馬克思教育思想的誤讀」、「研究馬克思教育思想的方法論要求」。中國大陸教育哲學專業委員會主任陸有銓教授（1943-）為該書作序，除鳥瞰大陸馬克思教育研究的情況以外，同樣指出「對馬克思教育思想進行專題研究未能引起足夠的關注，是馬克思思想當代性研究極其需要補充的一塊重要內容」（p. 1-2）。

讓我們轉個方向來看看，中國大陸對於馬恩之外的馬克思主義教育理論的研究情況。中國大陸是個愛編套書和工具書的國家，除了有類似《馬克思恩格斯論教育》[8]和《馬克思主義教育哲學》[9]這類教材以外，在《外國教育思想通史》[10]、《中國教育哲學史》[11]、《中國教育思想史》[12]，甚至《教育哲學通論》[13]這類套書裡，都列有專章來介紹馬克思主義教育思想的外國和中國進展情況。

關於外國的情況，福建師範大學李明德和華東師範大學王佩雄是
主要的供稿者，他們的論述架構和內容，主要是根據 Giroux 於一九
八三年登在《哈佛教育評論》上的一篇文章〈新教育社會學中的再生
產和抵制理論：批判分析〉。事實上，這篇文章所提供的架構和內容
也常為臺灣學者所沿用。

此外，和臺灣一樣，大陸也有一些作品介紹泛馬克思主義教育名
家，包括：Freire、Illich、Bourdieu、Bowles 和 Gintis、Apple、Giroux
等。同時，隨著大陸的發展，當代外國教育名著的翻譯速度加快不
少，其中也有一些馬克思主義教育名著。不過，也和臺灣一樣，尚處
於引進、介紹和吸收的階段。

整體而言，第一波馬派代表作 Bowles 和 Gintis 的《資本主義美
國的學校教育》，原著出版於一九七六年，十幾年後，其中文版先後
於一九八九年和一九九〇年分別在臺灣和大陸出版，對兩岸馬派教育
想法有影響力，但也同樣形成侷限性，急待往前推進。

三、英語世界篇

英國馬派教育學術團體教育政策研究所的另一位主要成員 Glenn
Rikowski（1952-）長期關心馬派教育研究的發展，根據他自己的說法
這主要體現在他的五篇文章（1995; 1996; 1997; 1999/2002; 2000）
裡。而最近他在與倫敦大學教育學院 Anthony Green 合編的一本論文
集《重溫馬克思主義與教育的對話：第一卷——開始》的出版計畫[14]
裡，明白將馬克思主義教育理論、研究和寫作的發展，分成如下三個
階段：

⑴第一個階段：馬克思主義教育理論的古典時期（1970-1982）；

⑵第二個階段：停滯、紛雜和反動的時期（1983-1993）；

(3)第三個階段：馬克思主義教育理論的復興和進展（1994-）。

事實上，他在稍早的〈序言：後現代主義以後的馬克思主義教育理論〉（2002）一文中，已明白將馬克思主義教育理論加以分期概述，而他為自己所主辦的第三屆「馬克思主義與教育」研討會（二○○三年十月）寫的海報說明裡，也有簡要的分期說明。這些分期當然是建立在他先前長期的思考和寫作的基礎上的。以下的分期主要即根據 Rikowski 的研究。[15]

四、誰是馬克思主義教育學者？

在進入馬克思主義教育理論發展史之前，讓我們先來問一個不太容易回答的問題：誰是馬克思主義教育學者？Rikowski（1996: 422）認為，根據定義的嚴寬，可一層一層更寬鬆地歸納成九種類型：

(1)單純將焦點放在馬克思和恩格斯針對教育說了些什麼的學者，如 William Warren。

(2)古典馬克思主義者（Lenin、Lukacs、Gramsci）利用 Marx 的作品來發展馬克思主義的教育理論，他們或者使這種分析更進一步，或者使這種分析與他們所從事的政治鬥爭發生關連。

(3)當代馬克思主義者（Freire、Althusser、Bowles 與 Gintis、Willis、Rachel Sharp 等人）發展馬克思主義教育理論的方式是：①將新概念放在馬克思主義的論述中；②應用這些新概念到具體的教育發展上。

(4)基進者（radicals）從其自我標榜或理論─政治觀點來說雖不是馬克思主義者，但他們利用衍生自馬克思作品的概念和理論，再結合其他與教育有關的概念和理論，創造出解放的、自由的和批判的論述，而將它們用在各種教育的和教育外的鬥爭上。

這種人包括整個美國批判教育學學派（American Critical Ped-
agogy School）以及其他許多接受社會民主主義（social democ-
racy）和改革主義（reformism）但不接受革命的階級政治學
（revolutionary class politics）的教育研究者和理論者。

(5)社會主義的教師和研究者（如 L. Lubin, 1977；P. Carspecken &
H. Miller, 1984）利用馬克思主義者著作中的概念和理論，來支
持他們在教學、研究或政治鬥爭裡的實踐。

(6)學術的馬克思主義者／基進者（academic Marxists/radicals）利
用馬克思主義概念的目的，原則上是作為出書寫文章的「學術
資本」、觀念來源，但相對上保持與實際的教育鬥爭或其他鬥
爭相隔離。

(7)後現代教育理論者（postmodern educational theorists），如 H.
Svi Shapiro（1986）和 Henry Giroux 的中期作品，還玩弄馬克
思主義。

(8)竊取、貪婪馬克思作品和馬克思主義作品的學者，他們既不是
特別基進的，也不是社會主義者，但可能會自己宣稱或看起來
像是不明確的左派。

(9)學術滲透的一般過程，即馬克思主義的概念漂流進所有型態的
學術論述中，但經常與其馬克思的根源有一段長遠的距離；他
們定居在溫暖舒適的新家，變得政治上溫馴，與現實無關，且
意義不明確。最佳的例子是，（教師的）「勞動過程」和「普
羅化」一直被人們從馬克思主義理論中撕開來，而「應用」在
教師工作的領域。

貳 │ 古典時期（1970-1982）：第一波馬克思主義教育理論研究

馬克思主義的教育理論、研究和寫作，在一九七〇年代晚期和一九八〇年代初期達到第一波高峰，主要的作品包括 Althusser（1971）、Bowles 與 Gintis（1976）、Sarup（1978）和 Willis（1977）等的作品。

誠如前面已經提過的，迄今海峽兩岸仍然受到西方第一波馬克思主義教育理論研究成果的影響，甚至給人有點走不出來的感覺。

第一波馬克思主義教育理論研究的成果，臺灣學界比較熟悉，不是本文的重點。

參 │ 停滯、紛雜和反動的時期（1983-1993）

整體看來，一九八〇年代初期經濟衰退直到一九九〇年代初期，馬克思主義教育理論和研究是式微了。為何這段期間的馬派教育研究會式微呢？這有其內在的與外在的原因。Rikowski（2002: 18）認為這段時期「既是悲劇的也是崎嶇不平的」。

悲劇存在於馬克思主義教育理論界的作者們迴避將它推入新的、令人興奮的方向，多數皆未能繼續發展第一波馬克思主義的教育理論和研究。在這段期間有一些學者（如：Sarup, 1978；Liston, 1988a，1988b；Cousin, 1984；Lauder, Freeman-Moir & Scott, 1986）紛紛對古典時期的代表作提出嚴厲的批判，指出其缺點。而馬派陣營的一些學者（如：Michael Apple, 1985；Livingstone, 1995）則企圖捍衛第一波作品中所固存的許多問題和弱點。許多人只滿足於批死這些大師的作

品。不過，也有一些可敬的例外。有些人明顯想為馬克思主義教育理論鑄造新的路線。John Freeman-Moir 和 Rachel Sharp 最明確地想脫離「舊」馬克思主義教育理論的問題（詳見 Rikowski, 1997）。一九八八年，Mike Cole 編輯出版了一本書《再訪 Bowles 和 Gintis》，企圖嚴謹地重新評價《資本主義美國的學校教育》之後的馬克思主義教育理論。Richard Brosio（1985; 1993）和 Kevin Harris（1984; 1988; 1992）的作品，也鼓舞了那些少數在這段艱難的歲月裡，還在馬克思主義教育理論小池塘裡工作的學者。

對「舊」馬克思主義教育理論而言，其崎嶇不平的道路是由許多有害的資料所構成的（詳見 Rikowski, 1997）。這些資料包含由幾方面而來的決定論：基礎／上層建築模式的粗魯應用，因理論化 Willis 反抗理論中的行動（agency）所產生的問題，以及 Althusser 相對自主理論應用在資本主義學校所產生的弱點。

再者，「舊」馬克思主義教育理論也受到外來威脅的攻擊：蘇聯和東歐集團國家淪入資本帝國手中以後所帶來的「馬克思主義之死」症候群，以及後現代主義的興起成為一種表面上「基進的」另類。這兩種發展相互強化；「馬克思主義之死」似乎正當化、有效化一種向後現代主義邁進的運動，而後現代主義看起來好像至少是有前景的。

自從一九八九、一九九〇年東歐共產政權相繼垮臺以來，一般馬克思主義在學術圈裡就快速沒落了，一九九一年十二月三十一日出版的英國《金融時報》（*Financial Times*）甚至公開宣稱「馬克思主義死了」。另一方面，由 Bowles 與 Gintis（1976）的社會再製論以及 Willis（1977）的反抗論一脈相傳而來的馬克思主義教育理論，同樣也隨著東歐共產政權的相繼垮臺而快速式微，教育出版品甚至也一直宣稱馬克思主義教育理論已經死了。從那時候開始，雖然不斷有學者發表有關馬克思主義教育理論的作品，但絕大部分是站在反面的立場

上，馬克思主義教育理論成為學者們避之唯恐不及的一個名詞。即使原先的馬克思主義教育學者也紛紛改變立場，比較常見的是撤退成「自由主義左派」和「後現代主義」。至於現實的政治氣氛則早已視馬克思主義如敝屣了。這些共同形成「馬克思主義死亡」症候群。因此，任何想要重新思考馬克思主義的嘗試，都被看成是有罪的、反潮流的或古怪的。事實上，早在東歐共產政權相繼垮臺之前，真正還能夠堅守馬派理論框架的學者也並不多見，澳大利亞學者 Rachel Sharp（1980, 1986）是其中之一。

雖然對於一般馬克思主義的未來在一九九○年代早期曾短暫恢復信心（很快就被反彈回去），但是馬克思主義教育理論的前景在一九九○年代早期似乎是黯淡的。一九九○年代早期，美國有一些教育雜誌似乎已成為教育的後現代主義的「票據交換所」。在英國，Robin Usher 和 Richard Edwards 的《後現代主義與教育》於一九九四年出版，似乎成為馬克思主義教育理論的第一帖減壽劑。教育中的後現代主義似乎正在橫掃其面前的一切。漆黑的前景正籠罩著二十世紀結束前的馬克思主義教育理論。然而，就在那即將湮沒的瞬間，生命被延續下來了。

肆　馬克思主義教育理論的復興和進展（1994-）：第二波馬克思主義教育理論研究

由於個人能力和時間的限制，本文僅能根據一些資料來鳥瞰一九九四年以來馬克思主義教育理論的研究結果，更精緻的內容仍有待來日。

一、新進展簡史

一九九六年年底 Rikowski 發表一篇長文，反省馬克思主義教育理論是否已經結束了，他的結論是「我們還不到結束的時候」、「未來還很光明」（p. 443）。相反地，他指出，雖然現在各種促成馬克思主義教育理論死亡的力量還很強，公開、明顯的馬克思主義作品也很少出現在教育雜誌上，但自從英國學者 Peter Hodgkinson 於一九九一年發表〈教育變遷：一個分析模式〉以來，馬克思主義教育理論已開始露出小型復興（mini-renaissance）的跡象。他把所謂小型復興的證據，依其主題分成五方面：

⑴英國 Peter Hodgkinson（1991），Phil Mizen（1995）。

⑵英國 Glenn Rikowski（1995）。

⑶英國 Paul Auerbach（1992），澳大利亞 Kevin Harris（1988, 1994）。

⑷紐西蘭 John Freeman-Moir（1992），John Freeman-Moir 與 Alan Scott（1991）。

⑸英國 Mike Cole & Dave Hill（1995），Dave Hill & Mike Cole（1995）。

然而，Rikowski 在這篇文章裡面只略述這五方面證據的內容，而沒有詳細加以說明。

後來，Rikowski（2002: 19）指出，就在 Robin Usher 和 Richard Edwards 出版《後現代主義與教育》此一「大型炸彈」的同一年（一九九四年），有三個重要的事情發生，使馬克思主義教育理論得以延年益壽。第一，Richard Brosio 於一九九四年出版《對於資本主義學校的一項基進民主批判》。該書共六百三十五頁，分成十四章，利用

豐富的歷史的、當代的例子和證據，證明了民主主義與資本主義之間固有的矛盾；但也指出許多馬克思主義教育理論家作品中的理論問題，來作為其主要論據的背景。第二，Kevin Harris 的《教師：建構未來》也出現在一九九四年。該書共一百四十一頁，分成八章，給予馬克思主義者動力，針對教師工作及其對資本主義社會的再生產和引領社會朝向社會主義轉變的領導者而言所具有的策略重要性，尋求物質主義的理解。第三，Andy Green 的生氣蓬勃的、常被參考的對於國家教育中後現代主義的批判也出現在一九九四年。Green 對後現代主義持否定的立場，他認為，後現代主義不但無法為教育理論提供多少有價值的東西，反而帶來了許多危險。因而，使得一九九四年成為關鍵的一年。

　　一九九四年以來已經見證了馬克思主義教育作品的劇增。Rikowski（2002: 27-28, Note 22）列舉了非常多的例子，包括文章和書籍，書籍部分包括：Allman（1999, 2001）、Brosio（2000）、Gadotti（1996）、Marginson（1997）、Mizen（1995）、Neary（1997）。

　　加拿大的 Shahrzad Mojab 後來加入 the Hillcole Group，她（2001）則介紹了革命的批判教育（revolutionary critical education）的九本新書，包括：Allman（1999，2001）、Coben（1998）、Mayo（1999）、McLaren（2000）、McLaren 與 Leonard 主編（1996）、Cole、Hill、McLaren 與 Rikowski（2001）、Rikowski（2001）、Hill、McLaren、Cole 與 Rikowski（1999）。

　　另一方面，美國 George Ritzer（2004: 214-215）在其第六版的《社會學理論》中，指出馬克思主義從全球化的角度出發，正在復興當中。

二、舊馬克思主義教育理論的問題

如何重建馬克思主義教育理論？這是馬克思主義教育學者的使命。然而，在重建之前，學者們必須先對過去舊的馬克思主義教育理論進行總結，從而找出其問題所在，進一步找到重新發展的切入點和策略。

先來談談新一代馬克思主義教育學者所看到舊馬克思主義教育理論的問題所在。

Rikowski（1996: 426）說，一般學者認為，「馬克思主義教育理論」可以被視為奠基於 Bowles 與 Gintis 以及 Willis 的先鋒作品，但也包括由這些作品而來的四個發展階段：(1)依靠基礎／上層建築的比喻；(2)功能解釋；(3)相對自主；(4)反抗論以及想綜合反抗論與源自 Bowles 與 Gintis 的社會再製論的嘗試。他批評這是「舊馬克思主義教育理論」的說法，容易受到攻擊。後來，Rikowski（1997）把舊馬克思主義教育理論所遭遇的問題，歸納成五個彼此相互關連的問題。

首先，關於「基礎／上層建築模式」，其決定論的色彩使得階級鬥爭的理論空間無法存在，令人淪落入宿命論裡（Rikowski, 1997: 556）。

其次，「符應原則」本質上是功能論的，對馬克思主義不利。因為，雖然馬克思主義，與功能論一樣，也關心社會如何發揮功能，但是前者不只是一種社會的理論（a theory *of* society），同時也是一種反社會的理論（a theory *against* society）；換言之，馬克思主義是一種超越（beyond）現存社會的理論，追求社會主義的未來（Rikowski, 1997: 557）。

第三，為了避免基礎／上層建築的兩難，許多學者訴諸相對自主理論，希望靠它來提供一種弱式的決定論，同時保留反抗的空間

（Rikowski, 1997: 558）。然而，這種基於 Louis Althousser 等人而來的理論，其問題是所謂「最後的情況」（the last instance）究竟何時會來到，且相對自主可能滑落成為完全自主，從而完全拋棄馬克思主義的計畫（Cole, in press: 34）。

第四，關於學生反抗（resist）資本主義學校教育的問題，則是所謂「反抗」這個詞並不明確，因而變成多餘的（Rikowski, 1997: 561）。

第五，在追求自主的教育（education for autonomy）與社會革命之間，做兩分法的區分，固然提高了個人獨立思考的能力，但也可能使人們看不到馬克思主義對於社會革命的強調（Rikowski, 1997）。

三、重建馬克思主義教育理論

㈠ 策略

那麼，如何解決符應原則及其遺產所產生的這些困境呢？

Rikowski 主張要完全分解馬克思主義教育社會學，並用勞動力（labour power）此一概念作為起點，來分析學校教育與資本主義的關係（Cole, in press: 35）。

Rikowski（1996: 439）總結馬克思主義教育理論的發展經驗，指出有兩個最重要的「教訓」：⑴要發展馬克思主義教育理論，必須將教育看成是一種生產形式（和「物質基礎」的一部分）；⑵要把勞動力與商品相區分，且處於這種分析的核心。

他從勞動力的觀點（a labour-power perspective）出發，認為舊的馬克思主義教育理論已經墮落到無可救藥的地步，必須採用焦土政策來重建馬克思主義的教育理論（Rikowski, 1997）。

Rikowski（2000: 20）引用 Marx 的說法，將整個商品世界分成兩

大部分：勞動力，以及不同於勞動力本身的商品（commodities）。勞動力是個人工作的力量，得以生產剩餘價值，它同時也是一種內在的商品（internal commodity）。至於商品則是人身外的東西，不只包括工人的勞動產品，也包括服務和心智成果（如知識）。

　　Rikowski 樂觀地認為教育可以對抗全球化競爭所帶來的勞力剝削，因為教育可以產生對於資本主義體系的反抗。不過，同為 the Hillcole Group 成員的 Mike Cole 對此則表示有所保留，不過 Cole 還是說馬克思主義者一般都同意教育能夠在這種反抗中扮演重要的角色（Cole, in press: 37）。

　　Cole 同意 Rikowski 的看法：馬克思主義者的任務就是要完全分解馬克思主義教育社會學，並根據勞動力此一物質概念，來建立和發展對於學校教育／資本主義經濟之關係的理解，亦即回到 Marx 來發展二十一世紀的馬克思主義教育理論（Cole, in press: 37）。

　　然而，不只可以「回到過去」而已，誠如紐西蘭奧克蘭大學教育學系 Michael A. Peters（2004: 437）所說的，目前馬派也有學者「往前」結合許多新的思潮（如：後結構主義、後現代主義、文化研究等）豐富了馬派的思想武器庫藏。除了 Peters（2001）本身以外，加拿大 McMaster 大學 Henry Giroux（1992/2005）也是個中好手。

　　另一方面，相對於知識資本主義（knowledge capitalism）的盛行，馬派也應該利用各種媒體和團體，建立自己的知識社會主義（knowledge socialism），才能取得更多發言權，發揮更大的影響力，因為知識及其價值畢竟是根源於社會關係之中的（Peters, 2004: 437）。

㈡ 議題

　　下面以幾份資料作為主要的分析對象，來鳥瞰新近馬派教育理論所探討的主要議題。

1.「馬克思主義與教育」研討會

英國倫敦大學教育學院 Anthony Green 和諾坦普頓大學（University of Northampton）教育學系 Glenn Rikowski，自二〇〇二年十月起共同於倫敦大學教育學院主辦「馬克思主義與教育」研討會，每半年舉行一次，迄今共舉行了七屆。前兩屆（二〇〇二年十月和二〇〇三年五月）沒有設定主題，然根據其論文集計畫的說明，前兩屆論文可以分成四部分：(1)過渡時期的全球化、新自由主義與教育；(2)論述、後現代主義和後結構主義；(3)教學、學習和教育政策的政治、劃分和鬥爭；(4)教育中的勞動和商品化：理論、實際和批判。第三屆（二〇〇三年十月）的主題是「教學與文化」，第四屆（二〇〇四年五月）的主題是「教育與勞動過程」，第五屆（二〇〇四年十月）的主題是「歷史、國家與教育」，第六屆（二〇〇五年五月）的主題是「自由的範圍：教育中的鬥爭、另類和行動」，第七屆（二〇〇五年十月）的主題則是「追求社會變遷的教育和同盟」。

2.《批判教育政策研究雜誌》

英國馬派重鎮教育政策研究所（The Institute for Education Policy Studies）的機關刊物《批判教育政策研究雜誌》（*Journal for Critical Education Policy Studies*）半年刊，創刊於二〇〇三年，迄二〇〇六年三月為止共出版了七期，合計六十篇文章，作者所屬國別分布廣（涵蓋十五個國家），不過還是以美國人、英國人和巴西人最多，這反映了其三位主編的國別。[16]

他／她們所探討的主題很廣泛，例如：新自由主義、全球化、帝國主義、第三條路、商品化、市場化、學校選擇、私有化、管理主義、績效責任、階級（意識）、社會正義、不平等、數位落差、教育

人權、基進民主、批判教育學、基進教學、學習、異化勞動、師資培育、教師專業化、理論建構、高等教育、成人教育、種族主義、族群認同、性別平等。但以前面幾項最多，且其立論基礎都站在馬派的基本觀點上。

表 1　《批判教育政策研究雜誌》論文作者國別分析表（依篇數計）

卷期	英國	美國	澳大利亞	法國	西班牙	瑞典	芬蘭	希臘	斯拉維尼亞	巴西	智利	寮國	墨西哥	馬爾他	衣索匹亞	合計
1(1)	4						1	1		1						7
1(2)		4	1				1		1							7
2(1)		4	1			1				1		1				8
2(2)	3	4		1						1	1					9(10)
3(1)	1	5	1			1				1			1			10
3(2)	1	4	1			1				1				1		9
4(1)	3	6			2										1	10(12)
合計	12	27	4	1	2	3	2	1	1	5	1	1	1	1	1	60(63)

說明：2 卷 2 期有一篇由美國人和智利人合寫，4 卷 1 期有一篇由美國人和英國人合寫，另有一篇由英國人和西班牙人合寫。

3.《教育理論中的馬克思主義、後現代主義和超現代主義：起源、議題和未來》

英國 Bishop Grosseteste College 的 Mike Cole 積幾十年之功，現正準備出版《教育理論中的馬克思主義、後現代主義和超現代主義：起源、議題和未來》（*Marxism, Postmodernism, and Transmodernism in Educational Theory: Origins, Issues and Futures*）一書，其目錄如下：

　　從以上幾份資料，我們大致可以看得出來馬克思主義教育學者過去這段時間裡，一直努力在與當紅的主潮流奮戰，例如：後現代主義、後結構主義、新自由主義、全球化、新帝國主義和超現代主義（transmodernism）[17] 等。代表作之一是 Dave Hill、Peter McLaren、Mike Cole 與 Glenn Rikowski 合編（1999/2002）的《教育理論中馬克思主義對後現代主義的奮戰》。在馬與後的奮戰中，主要環繞在「認同」、「真理與知識」、「壓迫（階級）」、「政治行動與社會正義」，以及「權力」等上面。

　　馬派對資本主義教育的批判，砲火一直都非常猛烈。例如：Brosio（1994）、Allman（2001）、Cole、Dave、McLaren 與 Rikowski（2001）、McLaren（2005）、McLaren 與 Farahmandpur（2005）。連帶地，對於教育市場化的批判也很激烈。例如：Apple（2001/2006）。

　　至於「階級與教育的關係」此一馬派的古典課題，依舊持續受到馬派學者們的關注。例如：Freeman-Moir 與 Scott 主編（2003）。且這個課題，正隨著全球化的浪潮，轉換成新帝國主義者對後進國家的

壓迫關係，而得到新發展的生長點。

　　市場化、全球化、新帝國主義與新自由主義有著密切的關係。在一九八〇年代和一九九〇年代，許多教育政策都是在新自由主義的架構（the neoliberal frame）下做出來的。市場化、私有化、為資本開啟學校的大門等主流趨勢，在在迫切需要人們在理論和實踐層次上加以抵抗。而教育上沉重的管理主義、科層體制化和管制，呈現為資本的國家形式，以及將教育和訓練化約成廉價的勞力生產的驅力，也支持馬克思主義的教育鬥爭分析變成更加適用。過去幾年來，教學條件的惡化、教育研究變成為資本服務的國家教育政策的幫凶，以及課程被窄化成滿足資本積累的需要，在在都需要馬克思主義所提供的基進教育觀點。國家資本密集努力想將教育化約成勞力的生產和提高，而犧牲掉教育的其他目標和目的，已經暴露了資本主義教育此一怪物的本能。牠吞食了一切其他形式的教育生命。這些發展已經促使一些後現代主義者嘗試去磨利其教育理論的刀刃，以便接納和批判愈來愈貧乏的教育形式和出賣中的教育研究。然而，後現代思想家所做的這些「基進主義」的作為，在馬派看來，卻受到這些理論家自己的預設所嚴重限制。Rikowski（2002: 20）認為，後現代主義在面對教育和所有社會生命的資本主義化時所提出的異議，存在著一種壓抑的形式。後現代教育思想家不允許、削減並貶抑馬克思主義的社會分析形式，因為它能夠在教育和訓練政策裡產生後現代教育思想家所反對的危險後果。

　　綜合來看，馬克思主義教育理論的新發展仍然堅持階級分析的核心性（Hill, 2004）、堅持實踐和社會正義的重要性（Cole, 2003; Cole & Hill, 2002）。在這樣的基礎上，馬克思主義教育理論對後現代主義、新自由主義、新保守主義、全球化、新工黨和第三條路，展開猛烈的批判，當然也引來別人對他們的反擊。

雖然如此，誠如 Peters（2004: 436）和美國紐約州立大學 Stanley Aronowitz（2003）所建議的，除了階級以外，還有許多新形式的社會運動有待馬派學者去結合。例如：國際勞工運動、反新帝國主義運動、反資本主義運動、反全球化運動、女性主義運動、環保運動、多元文化運動等。

最後，過去馬克思主義教育研究最受詬病的地方之一，是對於教育現實（特別是校園生活）的具體分析比較欠缺。新一波的馬派教育研究已考慮到這一點，因此已有一些具體的研究，雖然整體而言仍嫌不夠。這方面，更重要的是，馬派學者在「批判教育學」此一名稱下，企圖發揮對教育現實的影響，例如：McLaren（1989/2003）。海峽兩岸也正開始在感受此一潮流的影響。[18]

伍 | 結 語

馬克思主義的教育戰火正在快速延燒西方社會，華人世界呢？我們的策略和議題是什麼？

首先，我們有必要從「學術」而非「政治」的角度，來面對西方馬克思主義教育研究的新進展，冷靜、理性地仔細研讀其代表作。其次，面對西方馬克思主義教育研究代表作時，我們必須揚棄膜拜的心態，以批判的眼光，擇其精華，去其糟粕。第三，最重要的是，必須從本身社會脈絡的角度，有主體性地吸取／挪用西方代表作的神髓，避免錯把外國特有的問題當做自己的問題來庸人自擾。最後，與第三點同樣重要的是，我們必須開展本土的馬克思主義教育研究，挖掘自己的問題，提出解決方案，在自己的社會中加以實踐和落實。

註　釋

1 本文初稿發表於國立屏東師範學院初等教育學系主辦，第二屆「社會理論與教育研究」學術研討會（主題：馬克思主義與後現代／後結構主義的教育對話），2004 年 10 月 1 日，屏東市：屏東師院。

2 教育政策研究所（The Institute for Education Policy Studies）是英國一個獨立的基進左派（Radical Left）／社會主義（Socialist）／馬克思主義研究所，旨在發展教育政策的分析。它也尋求發展馬克思主義教育理論、分析和政策。它批判全球的（global）、國族的（national）、新自由主義的（neo-liberal）、新保守主義的（neo-conservative）、新工黨（New Labour）、第三條路（Third Way），以及後現代主義的（postmodernist）分析和政策。它企圖為學校教育和其他教育，發展出民主社會主義（democratic socialist）／馬克思主義的轉變政策。該所成立於一九八九年，並主導 the Hillcole Group of Radical Left Educators 的成立，其主任是 Dave Hill，副主任則是 Peter McLaren。該所組織英國全國性的會議，最近也開始舉辦國際性的會議，出版基進左派／社會主義／馬克思主義作者的文章電子版和紙本手冊。二○○三年起更創刊電子雜誌半年刊《批判教育政策研究雜誌》（*Journal for Critical Education Policy Studies*）（http://www.jceps.com/），迄二○○六年三月為止共出版了七期。由英國 Dave Hill、美國 Peter McLaren 和巴西 Pablo Gentili 主編。目前該所的作者群有六位，包括：英國的 Dave Hill、Glenn Rikowski、Paula Allman、Mike Cole、美國的 Peter McLaren 以及加拿大的 Shahrzad Mojab。以上參考該所網站 http://www.ieps.org.uk/

3 the Hillcole Group 是 Dave Hill 和 Mike Cole 共同發起創立的團體，成立於一九八九年六月，自稱是一個基進的左派教育工作者團體（a group of Radical Left Educators），一九八九至二○○○年的主席是 Dave Hill，最初只有九個成員（包括後來鼎鼎大名的 Stephen Ball）（Hill, 2004），二○○○至二○○一年

時成員有二十四位（參見教育政策研究所網站 http://www.ieps.org.uk/）。它有三個目標（the Hillcole Group, 1997: ii）：(1)影響教育事務的政策和決策；(2)快速回應來自基進右派對於教育品質的攻擊；(3)改進學校教育和師資培育的品質。

4 在美國出版的《中國教育》（*Chinese Education*）季刊，1987 年夏季號（20 卷 2 期）刊出「中國教育社會學：重建和新方向」專輯，由香港大學教育學院白傑瑞（Gerry Postiglione）擔任客座主編。其中第一篇是厲以賢所寫的〈試談教育社會學的學科性質和研究對象〉，第二篇是他與其學生劉慧珍合寫的〈社會化與學校教育〉。

5 厲以賢、李明德等（1985）。**馬克思恩格斯教育學說探討**。北京市：教育科學出版社。張健主編，厲以賢、李明德副主編（1989）。**馬克思主義教育思想研究**。北京市：教育科學出版社。厲以賢主編（1992）。**馬克思列寧教育論著選講**。北京市：北京師範大學出版社。厲以賢主編（1992）。**馬克思教育思想**。北京市：北京師範大學出版社。

6 陳桂生（1988）。**人的全面發展理論與現時代**。上海市：上海教育出版社。陳桂生（1993）。**馬克思主義教育論著研究**。上海市：華東師範大學出版社。

7 黃瑞祺（2005）。**社會理論與社會世界**。北京市：北京大學出版社。

8 蘇聯教育科學院編，華東師範大學《馬克思恩格斯論教育》輯譯小組輯譯（1986）。**馬克思恩格斯論教育（上下冊）**。北京市：人民教育出版社。華東師範大學教育系編（1987）。**馬克思恩格斯論教育（修訂本）**。北京市：人民教育出版社。人民教育出版社教育室編（1993）。**馬克思恩格斯列寧論教育**。北京市：人民教育出版社。

9 刁培萼、丁沅（1987）。**馬克思主義教育哲學**。上海市：華東師範大學出版社。董標（1994）。**馬克思主義教育思想論綱**。江蘇徐州市：中國礦業大學出

版社。章能全（1998）。**馬克思主義教育思想概述**。合肥市：安徽大學出版社。

10 吳式穎、任鍾印總主編，李明德、楊孔熾主編（2002）。外國教育思想通史·**第十卷 20 世紀的教育思想**（下）。長沙市：湖南教育出版社。

11 張瑞璠主編，黃書光著（2000）。**中國教育哲學史·第四卷**。濟南市：山東教育出版社。

12 孫培青、李國鈞總主編，金林祥主編（1995）。**中國教育思想史·第三卷**。上海市：華東師範大學出版社。

13 黃濟（1998）。**教育哲學通論**。太原市：山西教育出版社。陸有銓（**1993**）。現代西方教育哲學。鄭州市：河南教育出版社。陸有銓（**1997**）。**躁動的百年：二十世紀的教育歷程**。濟南市：山東教育出版社。

14 Anthony Green 和 Glenn Rikowski 自二○○二年十月起共同於倫敦大學教育學院主辦「馬克思主義與教育」研討會，迄二○○六年三月為止共舉行了七屆。本論文集就是該研討會第一屆和第二屆的結晶，但有四篇沒有收錄，另外找了四篇來補。

15 本文作者從一九九六年開始接觸 Rikowski 的作品，之後承蒙他惠賜諸多稿件，並介紹他的好朋友（包括熱情的 Dave Hill）給我。當時我正值博士論文寫作的低潮期，感謝他在思想上的鼓勵，使我有勇氣走過來，特別是他自己在英國的學術路也是崎嶇不平的，我見證了一位馬派教育學者的堅持。

16 詳見註解 2。

17 超現代主義（transmodernsim）是阿根廷哲學家 Enrique Dussel（1934-）所提出來的概念，對 Mike Cole 而言，超現代主義具有如下幾個特徵：(1)拒絕整體化的綜合；(2)與其說它是一種思考方式，不如說它是一種如何與他者一起生活的

新方式；(3)語錄式的互動：傾聽「受難他者」的聲音，並與受難他者民主地互動；(4)崇敬（固有的、古代的）宗教、文化、哲學和道德的傳統；(5)對現代性的銳利批判；(6)反歐洲中心主義；(7)反（美國）帝國主義；(8)類推式的推理：從全球宰制的系統「之外」來推理（Cole, in press: 82）。

18 例如：王慧蘭（2005）。批判教育學：權力抗爭、文本政治和教育實踐。**臺灣教育社會學研究**，5（2），85-112。楊昌勇（2004）。**新教育社會學：連續與斷裂的學術歷程**。北京市：中國社會科學出版社。並請參考本書附錄「中文批判教育學文獻目錄」。

參考文獻

中文部分

但昭偉（2002）。馬克斯主義、新馬克斯主義暨批判理論的教育觀。
載於黃藿、但昭偉編著（2002），**教育哲學**（頁 207-232）。臺
北縣：國立空中大學。

李錦旭（1988）。西方馬克斯主義教育社會學導讀。**現代教育，3**
（3），27-34。

舒志定（2002）。**人的存在與教育：馬克思教育思想的當代價值**。
上海市：學林出版社。

英文部分

Allman, P. (1999). *Revolutionary Social Transformation: Democratic Hopes, Political Possibilities and Critical Education.* Westport: Bergin & Garvey.

Allman, P. (2001). *Critical Education Against Global Capitalism: Karl Marx and Revolutionary Critical Education*. Westport: Bergin & Garvey.

Althusser, L. (1971). Ideology and Ideological State Apparatuses. In *Lenin and Philosophy and Other Essays* (pp.127-186). London: New Left Books. 杜章智譯（1990）。**列寧和哲學**。臺北市：遠流。

Apple, M. W. (1979/1990). *Ideology and Curriculum*. London: Routledge.

黃忠敬譯（2001）。**意識形態與課程**。上海市：華東師範大學出版社。王麗雲譯（2002）。**意識型態與課程**。臺北縣：桂冠。

Apple, M. W. (1985). *Education and Power.* London: Ark Paperbacks.

Apple, M. W. (2001/2006). *Educating the 'Right' Way: Markets, Standards, God, and Inequality (2nd ed.)*. New York: Routledge.

Aronowitz, S. (2003). *How Class Works: Power and Social Movement.* New Haven: Yale University Press.

Auerbach, P. (1992). On Socialist Optimism. *New Left Review*, March/April: 5-25.

Bowles, S., & Gintis, H. (1976). *Schooling in Capitalist America: Educational Reform and the Contradictions of Economic Life.* London: Routledge & Kegan Paul. 李錦旭譯（1989）。**資本主義美國的學校教育：教育改革與經濟生活的矛盾**。臺北市：桂冠。王佩雄、丁靜、范國睿、操宏高譯（1990）。**美國：經濟生活與教育改革**。上海市：上海教育出版社。

Brosio, R. (1985). One Marx, and the Centrality of the Historical Actor(s). *Educational Theory, 35*(1): 73-83.

Brosio, R. (1993). Capitalism' s Emerging World Order: The Continuing Need for Theory and Brave Action by Citizen-Educators. *Educational Theory, 43*(4): 467-482.

Brosio, R. (1994). *A Radical Democratic Critique of Capitalist Education.* New York: Peter Lang.

Brosio, R. (2000). *Philosophical Scaffolding for the Construction of Critical Democratic Education.* New York: Peter Lang.

Carspecken, P., & Miller, H. (1984). Croxteth Comprehensive － Curriculum and Social Relationships in an Occupied School. *Socialism and*

Education, 11(1): 5-8.

Coben, D. (1998). *Radical Heroes: Gramsci, Freire and the Politics of Adult Education.* New York: Garland.

Cole, M. (2003). Might It Be in the Practice that It Fails to Succeed? A Marxist Critique of Claims for Postmodernism and Poststructuralism as Forces for Social Change and Social Justice. *British Journal of Sociology of Education, 24*(4): 487-500.

Cole, M. (2005). Postmodernism, Transmodernism and the United States Empire: Some Educational Implications. 臺灣教育社會學研究，**5** (1): 1-38.

Cole, M. (ed.) (1988). *Bowles and Gintis Revisited: Correspondence and Contradiction in Educational Theory.* London: Falmer.

Cole, M. (in press). *Marxism, Postmodernism, and Transmodernism in Educational Theory: Origins, Issues and Futures.* London: Routledge.

Cole, M., & Hill, D. (1995). Games of Despair and Rhetorics of Resistance: Postmodernism Education and Reaction. *British Journal of Sociology of Education, 16*(2): 165-182.

Cole, M., Hill, D., McLaren, P., & Rikowski, G. (2001). *Red Chalk: On Schooling, Capitalism and Politics.* London: the Tufnell Press.

Cole, M., & Hill, D. (2002). 'Resistance Postmodernism' — Progressive Politics or Rhetorical Left Posturing? In D. Hill, P. McLaren, M. Cole, & G. Rikowski (Eds.). *Marxism Against Postmodernism in Educational Theory* (pp.89-107). Lanham: Lexington Books.

Cousin, G. (1984). Failure through Resistance: Critique of Learning to Labour. *Youth and Policy, 10*: 37-40.

Freeman-Moir, J. (1992). Reflections on the Methods of Marxism. *Educational Philosophy and Theory, 24*: 98-128.

Freeman-Moir, J., & Scott, A. (1991). Looking Back at Education: The Abandonment of Hope. *New Zealand Journal of Educational Studies, 26*: 109-124.

Freeman-Moir, J., & Scott, A. (Eds.). (2003). *Yesterday' s Dreams: International and Critical Perspectives on Education and Social Class.* New Zealand: Canterbury University Press.

Freire, P. (1968/2000). *Pedagogy of the Oppressed.* New York: Continuum. 顧建新、趙友華、何曙榮譯（2001）。**被壓迫者教育學**。上海市：華東師範大學出版社。方永泉譯（2003）。**受壓迫者教育學**。臺北市：巨流。

Gadotti, M. (1996). *Pedagogy of Praxis: A Dialectical Philosophy of Education.* Albany: State University of New York Press.

Giroux, H. (1983). Theories of Reproduction and Resistance in the New Sociology of Education: A Critical Analysis. *Harvard Educational Review, 53*(3): 257-293.

Giroux, H. (1992/2005). *Border Crossings: Cultural Workers and the Politics of Education (2nd Ed.).* New York: Routledge.

Green, A. (1994). Postmodernism and State Education. *Journal of Education Policy, 9*(1): 67-83. 朱旭東、徐衛紅、趙萍、李慶譯（2004）。後現代主義與國家教育。載於 Andy Green（1997；朱旭東、徐衛紅、趙萍、李慶譯，2004）。**教育、全球化與民族國家**（頁 7-30）。北京市：教育科學出版社。

Green, A. & Rikowski, G. (Eds.). (in press). *Renewing Dialogues in Marxism and Education: Vol. 1-Openings.* Basingstoke: Palgrave Macmillan. 本文參考其 2004 年的出版計畫。

Harris, K. (1984). Two Contrasting Theories. *Education with Production, 3*(1): 13-33.

Harris, K. (1988). Teachers, Curriculum and Social Reconstruction. *Forum of Education, 47*(2): 3-21.

Harris, K. (1992). Schooling, Democracy and Teachers as Intellectual Vanguard. *New Zealand Journal of Educational Studies, 27*(1): 21-33.

Harris, K. (1994). *Teachers: Constructing the Future*. London: The Falmer Press.

Hill, D. (2002). Global neo-liberal capital education policy and the growth of educational inequality. 臺灣教育社會學研究，**2**(1): 233-267.

Hill, D. (2004). The Hillcole Group of Radical Left Educators. http://www.ieps.org.uk/ 2004 年 12 月 1 日連結。

Hill, D., & Cole, M. (1995). Marxist State Theory and State Autonomy Theory: The Case of 'Race' Education in Initial Teacher Education. *Journal of Education Policy, 10*: 221-232.

Hill, D., McLaren, P., Cole, M., & Rikowski, G. (Eds.). (1999). *Postmodernism in Educational Theory: Education and the Politics of Human Resistance*. London: The Tufnell Press.

Hill, D., McLaren, P., Cole, M., & Rikowski, G. (Eds.). (2002). *Marxism Against Postmodernism in Educational Theory*. Lanham: Lexington Books.

Hillcole Group (1997). *Rethinking Education and Democracy: A Socialist Alternative for the Twenty-first Century*. London: the Tufnell Press.

Hodgkinson, P. (1991). Educational Change: A Model for Its Analysis. *British Journal of Sociology of Education, 12*(2): 203-222.

Journal for Critical Education Policy Studies, Vols.1-3 & Vol.4, No.1, March 2002- March 2006.

Lauder, H., Freeman-Moir, J., & Scott, A. (1986). What Is to Be Done with Radical Academic Practice? *Capital and Class, 29*: 83-110.

Liston, D. (1988a). *Capitalist Schools: Explanation and Ethics in Radical Theories of Schooling.* London: Routledge and Kegan Paul.

Liston, D. (1988b). Faith and Evidence: Examining Marxist Explanations of Schools. *American Journal of Education, 96*(3): 323-350.

Livingstone, D. (1995). Searching for the Missing Links: Neo-Marxist Theories of Education. *British Journal of Sociology of Education, 16* (1): 53-73.

Lubin, L. (1982). The Ideology of Education. *Socialism and Education, 4* (10): 19-20.

Marginson, S. (1997). *Markets in Education.* St. Leonards, NSW: Allen and Unwin.

Mayo, P. (1999). *Gramsci, Freire and Adult Education: Possibilities for Transformative Action.* London: Zed Press.

McLaren, Peter (1989/2003). *Life in Schools: An Introduction to Critical Pedagogy in the Foundations of Education (4th Ed.).* Boston: Allyn & Bacon. 蕭昭君、陳巨擘譯（2003）。**校園生活：批判教育學導論**。臺北市：巨流。

McLaren, P. (2000). *Che Guevara, Paulo Freire, and the Pedagogy of Revolution.* Lanham: Rowman & Littlefield.

McLaren, P. (2005). *Capitalists and Conquerors: A Critical Pedagogy against Empire.* Lanham: Rowman & Littlefield.

McLaren, P., & Farahmandpur, R. (2005). *Teaching against Global Capi-*

talism and the New Imperialism. Lanham: Rowman & Littlefield.

McLaren, P., & Leonard, P. (Eds.). (1996). *Paulo Freire: A Critical Encounter.* New York: Routledge.

Mizen, P. (1995). *The State, Young People and Youth Training: In and against the Training State.* London: Mansell.

Mojab, S. (2001). New Resources for Revolutionary Critical Education. *Convergence, 34*(1): 118-125.

Neary, M. (1997). *Youth, Training and the Training State: The Real History of Youth Training in the Twentieth Century.* Basingstoke, U.K.: Macmillan.

Peters, M. A. (2001). *Poststructuralism, Marxism, and Neoliberalism: Between Theory and Politics.* Lanham: Rowman & Littlefield.

Peters, M. A. (2004). Editorial. Marxist Futures: Knowledge Socialism and the Academy. *Policy Futures in Education, 2* (3&4): 435-437.

Rikowski, G. (1995). Education Markets and Missing Products. Paper presented to the Conference of Socialist Economists, 'Socialism beyond the Market.' University of Northumbria at Newcastle, 7-9 July.

Rikowski, G. (1996). Left Alone: End Time for Marxist Educational Theory? *British Journal of Sociology of Education, 17*(4): 415-451.

Rikowski, G. (1997). Scorched Earth: Prelude to Rebuilding Marxist Educational Theory. *British Journal of Sociology of Education, 18*(4): 551-574.

Rikowski, G. (1999/2002). Education, Capital and the Transhuman. In D. Hill, P. Mclaren, M. Cole, & G. Rikowski (Eds.). *Marxism Against Postmodernism in Educational Theory* (pp.111-143). Lanham: Lexington Books.

Rikowski, G. (2000). That Other Great Class of Commodities: Repositioning Marxist Educational Theory. Paper presented at the British Educational Research Association Conference, Cardiff University, 7-10 September.

Rikowski, G. (2001). *The Battle in Seattle: The Significance for Education*. London: the Tufnell Press.

Rikowski, G. (2002). Prelude: Marxist Educational Theory after Postmodernism. In D. Hill, P. Mclaren, M. Cole, & G. Rikowski (Eds.). *Marxism Against Postmodernism in Educational Theory* (pp.15-32). Lanham: Lexington Books.

Ritzer, G. (2004). *Sociological Theory (6th ed.)*. New York: McGraw-Hill.

Sarup, M. (1978). *Marxism and Education*. London: Routledge & Kegan Paul.

Shapiro, H. S. (1986). Schooling and the Left: Policy Alternatives for Education and the Economy in the 1980s. *Journal of Educational Thought, 20*: 77-89.

Sharp, R. (1980). *Knowledge, Ideology and the Politics of Schooling: Towards a Marxist Analysis of Education*. London: Routledge & Kegan Paul.

Sharp, R. (Ed.). (1986). *Capitalist Schooling: Comparative Studies in the Politics of Education*. South Melbourne: Macmillan.

Usher, R., & Edwards, R. (1994). *Postmodernism and Education*. London: Routledge.

Willis, P. (1977). *Learning to Labour: How Working Class Kids Get Working Class Jobs*. Farnborough: Saxon House.

第七章

後現代主義、超現代主義與美國帝國對教育的啟示

Mike Cole 著

王瑞賢 譯

壹 | 後現代主義與國家

Robert Cooper（譯者註：係英國 Tony Blair 政府國際秩序與外交政策高級顧問暨外交官）認為後現代世界具有下列幾項主要特徵：

(1)打破國內外事務的分野；以及

(2)（傳統）國內事務相互牽制和監控；

(3)排斥以武力解決紛爭，將自治行為規則給予法律化；

(4)邊界重要性不再，國家角色改變，飛彈、汽車與衛星也具有穿透性；

(5)安全是從透明、相互開放、相互依存及互為脆弱性中獲得保證（Cooper, 2002: 2）。

對 Cooper 而言，歐盟是後現代體系一個發展極致的實例，不再強調領土的統治。隨著奧圖曼帝國、德國、奧匈帝國、法國、大英帝國……蘇聯等瓦解，現今除了後現代國家外，還有「兩種新類型的國家」存在。Cooper指出，這兩種類型的國家分別是「前現代」與「傳統現代」國家。前者以索馬利亞為例，在那個地方，國家幾乎已經蕩然無存，變成了一種全體對抗全體的霍布斯式戰爭。後者是以印度、巴基斯坦和中國為主，國家是以 Machiavelli 的原則和存在的理由體現（Cooper, 2002）。

「身處在後現代世界裡，沒有安全的威脅」……「也就是說，它的成員彼此不會相互侵略」，但是根據 Cooper 的論點，這個世界卻有侵犯他人的權利。他提到：

　　在我們之間，我們依法論事，建立安全合作的關係。但是面對
歐陸之外其他舊式國家時，我們必須回到較為嚴苛的做法，諸如早
期的傳統武力、先發制人、矇騙，用盡各種必要手段處理仍舊停留
在十九世紀的國家。在我們之間，我們遵循法律，但是當我們身處
叢林時，我們也必須使用叢林法則。（Cooper, 2002: 3-4）

貳　新帝國主義：一種後現代的幻想[1]

　　我曾在它文詳細指出，後現代主義的危險在於它的意識形態支持
全球資本主義（Cole, 2003, 2004a, 2004b, 2004c；Cole & Hill, 2002）。
如今不論一般場合或學術領域更能確信（也因而更加危險），後現代
主義其實是新帝國主義的主要提倡者，這尤其邪惡。是故，Cooper 認
為：

　　我們所需要的是一種全新的帝國主義，能夠接納他所謂的「一
　種人權和普世價值的世界」：帝國主義，「就像所有的帝國主義一
　樣，帶給秩序與組織」（但他絕口不提剝削與壓迫的問題），「只
　是今日是基於一種自願性原則」。（Cooper, 2002: 5）

　　他認為，後現代帝國主義有兩種形式。第一種是全球經濟的自願
帝國主義（voluntary imperialism），諸如國際貨幣基金和世界銀行，
這些機構資助「那些願意重返全球經濟，進入投資與繁榮良性循環的
國家」。如果國家意圖得到利益，「它必須開放，接受國際組織和外
國的干預」（Cooper, 2002）。

　　第二種後現代帝國主義形式，Cooper 稱之為「邦鄰帝國主義」
（the imperialism of neighbours），「當鄰國動盪不安造成威脅時，沒

有任何一個國家可以坐視不管」。Cooper 在此所指的正是歐盟。他解釋到：

> 巴爾幹半島的惡政、族群暴力和犯罪對歐洲構成一種威脅。聯合國在波西尼亞、科索夫實施的自願保護措施就是其中的反應之一。這兩個情況都是歐陸主要的代表傑作，一點都不令人意外。歐洲提供最多的支援和部隊，以維護波西尼亞、科索夫的平靜，（雖然美國的參與是不可或缺的穩定因素）。歐盟更是史無前例地開放單邊自由市場，讓前南斯拉夫所有國家所有產品，包括農產品在內，暢行無阻。（Cooper, 2002）

Cooper 認為，不僅是軍隊來自國際社會；「連警察、法官、監獄人員、*中央銀行官員*和其他人員都是來自國際社會」。「選舉是由歐洲安全合作組織（Organization for Security and Cooperation in Europe）舉行，並且監督。聯合國補助當地警察的訓練」。

歐盟近年來會員國不斷增加而擴張。如果，歐盟的擴大是出於一種自願帝國主義的話，Cooper 認為，「最終國家的形態應該會是一種合作的帝國形態。『共和體』（Commonwealth）這個名稱自是一個不錯的寫照。」他結語到，「這或許是一種願景」，但是「在偷偷地競賽取得核子武器的情況下，又有前現代世界日益猖獗組織性犯罪、國際恐怖主義，這個帝國的建立應加速進行」（Cooper, 2002: 6）。

可是，這位帶頭倡議後現代主義的新帝國主義是誰？倡議對於「舊式非歐洲國家」先發制人的合法性又是誰？始作俑者正是在一九九九年到二〇〇一年間，擔任英國布萊爾（Tony Blair）政府的國防暨國外事務大臣。現今擔任布魯塞爾（Brussels）歐洲議會新職，《每日電信報》（*Daily Telegraph*）（2003 年 10 月 25 日）形容這個人為，「一位來到 Javier Solana 的右翼人士，歐洲外交與安全政策最高主

管」，「他與唐寧街（Downing Street）高層關係密切，他的想法格外獲得高度器重」（http://www.derechos.org/nizkor/excep/cooper. html）。

當然，眾人皆知 Blair 是一位溫和的全球化主義者（有關這個立場的批判請參閱 Cole, 2005）。雖然，他向來以 Bush 總統馬首是瞻聞名，但總不敢公開宣揚後現代主義的新帝國主義。

Julie Hyland（2002: 4）認為 Cooper 的論點基本上是錯誤的，因為Cooper堅信世界強權之間不再出現任何利益上的衝突。雖然Cooper對於美日兩國持有某種保留意見，但是他深信世界強權在集體規劃世界的政策上，皆有共同的既得利益。Hyland（2002）引用 Lenin（1975: 111）的話說到，Lenin 認為所有強權之間的聯盟，「在戰爭時期，都會*盡可能地*維持一種休戰的狀態」。Lenin 說到：

和平的聯盟是為戰爭基礎所做的準備，當它改變了，戰爭就會爆發；一個是另一個的剋星，和平與非和平的鬥爭完全取決於帝國主義在世界經濟和世界政策上的關連與關係（Lenin, 1975，引自 Hyland, 2002: 4）。

Hyland 進一步提到，Cooper 整個論點似乎認為，世界權力都能捐棄己見，追求一致性的政治議程。事實上，帝國主義不是一種政策，而是「世界強權為了控制全球市場及資源之間的客觀衝突下，經濟的社會關係之錯綜複雜組合」（Hyland, 2002: 5）。她總結到，原油的爭奪，權力的資源，不只已成為西方帝國干涉的主要因素，更是世界強權未來潛在衝突的主要焦點。

利益的衝突在這個議程上仍是無可避免，遠遠超過左派的鬥爭範圍。例如，帝國史權威學者 Dominc Lieven，就相信「美國帝國的意識型態是民主與平等」（Lieven, 2004: 25），他指出「將十二・五億

中國人帶進第一世界裡，帝國的偉大遊戲將永無寧日」。

參　新帝國主義：美國的現況

　　新帝國主義的主角並不是「歐洲共同體」，而是美國。美國投身於帝國主義早已為人所悉。事實上，政治光譜上不同主張皆承認這個事實，新保守派廣泛支持它，而自由主義者及馬克思主義者則同聲譴責（例如：Cole, 2004a; Ferguson, 2004; Hyland, 2002; Lieven, 2004; Lind, 2004; McLaren & Farahmandpur, 2005; Smith, 2003; Young, 2002；另見 Cole, 2004a。這些作者有不同政治立場）。

　　誠如英國《衛報》（*Guardian*）自由派專欄作家 Hugo Young 剴切地指出：

> Cooper 忽略的問題似乎對 Blair 不會造成任何困擾，因為「新世界秩序」完全以美國的圖像以及美國安全利益和商業利益重新打造而成的。如果後現代主義帝國主義的秩序可以接受的話，絕對不是這種秩序。（Young, 2002，引自 Hyland, 2002: 8）

　　這項說法（儘管是在二○○二年發表）卻低估了 Blair 與美國資本主義的盟友關係。其實，任何新的帝國主義議程都需要體認到「美國對全球秩序亦是一種威脅」（Young, 2002，引自 Hyland, 2002: 8），Young 卻對於美國成為當今世界真正的威脅持保留態度。

　　美國新世紀計畫正是現今真正的新帝國主義象徵（http://www.newamericancentury.org/）。Reagan 政府一向自負，它的國防計畫流露出下列幾項原則：

- 今日我們若要肩負起捍衛全球的責任，致力武力現代化，以備未來之需，必須大幅增加國防支出；

- 我們必須強化與民主盟國的關係，迎戰對我們的利益和價值具有敵意的政權；
- 我們必須促進海外政治和經濟自由的誘因；
- 我們必須體認美國保衛、增進國際秩序和平的重責大任，以確保自身安全、繁榮與原則。

Reagan 政府這種強化武力和道德淨化政策今日或許不再盛行。若美國意圖立足於二十世紀往昔的成就之上，並確保在這個世紀的安全和偉大的話，這種做法仍屬必要。

「增加國防支出」、「迎戰敵意政權」、「促進政治與經濟自由」、「擴展國際自由」讓我們更清楚它的原貌，只要新帝國主義有存在的一天，它的戰爭陰影會一直揮之不去。

McLaren 與 Farahmandpur（2005）曾經提到：

> 美國曾有意將全世界置於核武毀滅的危機中，以保持它在冷戰時期的反共戰略；如今共產主義早已走入歷史，而美國推動它的新自由主義帝國主義路線，包括先發制敵，以打擊任何對於美國企業或是地理策略利益構成威脅的國家，又將世界置於另一種危機之中——一種卑劣的危機之中。

一、全球化與美國帝國

全球化在意識*形態*上通常是用以支持新帝國主義的正當性。全球化是自由貿易大獲全勝的先兆，不論馬克思主義者或是非馬克思主義者之輩都已覺察這個新現象。事實上，它與資本主義一樣悠久，只是它的特徵隨著歷史的更迭而蛻變（請見 Cole, 1998）。[2] Ellen Meiksins Wood（2003: 134）簡要貼切地指出它現今一些相關特徵：

現有的全球化……意謂著弱勢的經濟與其脆弱性必須對帝國資本主義開放，而帝國的經濟從這種反向的影響裡，得受庇蔭。全球化與自由貿易是兩回事。相反地，全球化是基於維護帝國資本主義的利益，小心翼翼地控制貿易條件。（引自 McLaren & Faramandpur, 2005）。

二〇〇二年九月十七日，一份署名為〈美國國家安全戰略〉（National Security of the United States of America, NSUSA）文件發表，將美國全球戰略赤裸裸地表露無遺（Smith, 2003: 491）。報告中宣稱「自由、民主與自由企業是國家成功唯一的模式」。歐洲附庸於美國，也依賴美國，北大西洋公約組織在美國領導之下重新調整組織，成為一個全球性干預武力，美國國家安全獨霸一方，不容其他超強的崛起。報告亦將「資訊戰」作為一種戰爭武器。顯然地，一種祕密武力已經建立，以打擊恐怖主義，並正當化美國對於任何「掩藏恐怖份子」的國家進行「軍事反擊」（The Research Unit for Political Economy, 2003，引自 Smith, 2003: 491-492）。[3]

雖然〈美國國家安全戰略〉指陳美國的外交政策採取類似歷史上「總督」的做法，以統理附庸國，但實際上，新美國帝國不再尋求對於世界其他地方直接進行領土管轄，英國做法亦是如此，反而改採「古代附庸國」的方式進行控制（Bello, 2001，引自 Smith, 2003: 494）。這是因為資本的累積是透過市場的控制，而不再透過領土主權的控制方式。這種新帝國主義不再需要派遣武力占領。這是一種「*遙控的*」（*in absentia*）帝國主義。Bush 總統在二〇〇三年國情諮文演說的內容，也點出了部分的事實，美國正尋求「一種不必征服的力量」。美國不再用過去大英帝國所用的*長期占領的殖民方式*，就此而言，他是對的。美國所尋求的做法是，Benjamin Zephaniah（2004:

18）所描寫的，「文化與財政的帝國主義」。這包含短期派遣軍隊，或是根本不需要派遣武力。[4] 誠如 Zephaniah 所述：他們派遣整個部隊過去，但是以財政方式來殖民。

Michael 從一種自由主義的觀點指出，這並不能遏止美國許多新保守主義嚮往大英帝國（尤其向年輕的 Churchill 學習）（Lind, 2004: 5）。前述廣受好評的歷史學者暨電視主持人 Nial Ferguson，認為英國帝國主義是相當慈善的。他在最近一次言論提到，美國帝國只要虛心向大英帝國求教，「有潛力做更好」。第一，它需要輸出資本，並在殖民地投資；第二，永久移民至殖民地；第三，對於帝國主義的*承諾*；第四，與當地菁英合作。他的結論是，只要美國打算*長住久居*，成功一定十拿九穩（Ferguson, 2004）。

《華爾街月刊》（*The Wall Street Journal*）發行人 Max Boot 甚至認為，「阿富汗和其他動盪不安的地方至今哭喊著穿著短馬鞭和戴著遮陽帽的自信英國人所領導的開明政府」。這當然不會發生。原因有三：第一，（就上述理由）這沒有必要。其次，這不符合成本效益。Paul Kennedy 認為「帝國過分擴張的問題」會導致（經濟、軍事和行政）資源分散。第三，這種做法無法得到大多數民眾的支持，會導致如 Waldon Bello 所描寫的「合法性危機」，無法以德服人（引自 Smith, 2003: 498）。

肆　布希的「反恐戰爭」：一種超現代分析[5]

Smith 認為 Bush 政府的反恐戰爭是一種障眼法，用來掩飾長期的、但十分密集的全球性帝國主義目標。在這些作為之下，他認為就如同 McMurtry（1998: 192）所言，知識已成為「一種荒謬的措辭」（Smith, 2003: 489）。根據 McMurtry（2002: 55）的看法，Smith 指

出，（由美國主導的，尤其透過石油公司主導的）全球經濟的公司結構「它的治理模式一點人性都沒有」，看似解救生靈塗炭，其實是藐視生命。以假反恐之名，行恐怖之實；假追求和平之名，行戰爭之實。美國國務卿 Colin Powell（2003）以嚴峻且斬釘截鐵的語氣宣讀 Bush 政府的〈迎向千禧年挑戰證詞〉，就是在「一種世界必須遵守的標準」，即「自由市場體系正確操作」的條件下，將「自由選舉的民主」推廣至全球。而這讓自一九九〇年開始，北大西洋公約組織不斷轟炸及破壞伊拉克公共基礎設施（自來水、醫療等），導致數以千計的兒童遭到殺害的行為，得到正當性。這種正當性也使得拉丁美洲、非洲和亞洲民選政府的動盪不安得到合理的解釋（Smith, 2003: 494）。

這種說一套，做一套，笑裡藏刀的做法，達到空前絕後。我想，Bush 和 Blair 用一種荒謬至極的說詞，認為入侵伊拉克，強加占領是情非得已，因為 Saddam Hussein 擁有毀滅性武器，用以對付西方。這個說詞伴隨另一種*看似合理的*陳述，即 Hussein 對於其同胞施以鞭刑，違反民主。美國及其盟邦攻入伊拉克後，我們被告知了發現毀滅性武器，人民不再受到鞭刑，民主也實現了。當然，真正實情是，Hussein 沒有毀滅性武器（美國才有毀滅性武器，而且是唯一將原子彈投入戰爭的國家）；美國仍在使用鞭打；而且仍然缺乏民主。

由於美國宣布要將「自由選舉的民主」深植於世界各地，因此值得詳細說明美國是如何處理新伊拉克過渡政府臨時首相 Ayad Allawi 派任的過程。根據 Peter Symonds（2004）的解釋，為了解除伊拉克人對於美國領導的占領軍日益升高的敵意，美國召集伊拉克聯合國特使 Lakhdar Brahimi 組成一個臨時過渡政府（http://www.wsws.org/articles/2004/may2004/iraqm31.shtml）。由於 Brahimi 所宣布的新政府是由美國和聯合國安全理事會通過的，但這項計畫因首相的任命意見紛

歧，很快就宣告破裂。Brahimi 執意尋求合適的技術官僚，不完全隸屬於 Bush 政府欽點的伊拉克統治委員會裡任何黨派。然而，華盛頓當局不考慮讓任何不願配合美國利益的人選擔任重要的行政職位。

在美國駐巴格達殖民總督 Paul Bremer 三世的號召下，伊拉克統治委員會同意 Ayad Allawi 任命。Bremer 被召至會議中，給予他形式性的祝賀，隨後將任命召告天下。這個動作讓 Brahimi 有點措手不及，不容他有任何意見，只能宣布他歡迎 Allawi 的任職。

Allawi 為伊拉克多數民眾所不恥。根據伊拉克研究中心實地的訪察，他是伊拉克十七名當權的政治人物中最不受歡迎的一位。調查中指出，近 40％的人民「強烈反對」Allawi。Allawi 不受歡迎的理由不難發現，因為他長期與西方情報機構親密合作。在二○○三年十二月，他親自飛往美國中央情報局總部與中央情報局局長 George Tenet 會面，討論有關設立伊拉克新情報局的相關事宜，以對抗反美的武裝勢力（Symonds, 2004）。

根據《紐約時報》一篇報導，Allawi 必須同意徵召那些令人憎恨的伊拉克情報局前報人員，才能獲得任命，但是該情報局必須為當時 Hussein 政權的鞭刑和屠殺伊拉克人負起全部的責任（Symonds, 2004）。

Allawi 長期與美國中央情報局和其他情報機構打交道，是入侵伊拉克合法化的重要「情報」管道。尤其，他更應該為英國首相 Blair 所講的那句惡名昭彰的話——伊拉克的毀滅性武器能在四十五分鐘內發射出去，負起全責。就如同 Symonds 所做的結論一般：

> 這個中央情報局長期的資產被扶正，成為巴格達過渡政府的領袖，不論他如何決定（新）政權的組成，只會讓伊拉克人民更加唾棄……但可以肯定的是，伊拉克新政權將會在經濟上、軍事上和政

治上更完全依賴華盛頓……一切以白宮唯命是從。（Symonds, 2004）

伍 | Dussel 和美國帝國主義的起源

Smith 援用阿根廷哲學家 Enrique Dussel 的想法，解釋美國辭令的兩面做法，Smith（2003: 494）稱這種為「深不見底的卓越倒裝法」。Dussel 是當代辯才無礙、思路清晰的學者之一。他以專精於馬克思思想聞名，其作品深受歐洲思想家如 Gramsci、Adorno、Heidegger、Ricoeur 與 Levinas 的影響。他從 Gramsci 處習到避免決定論；從 Adorno 處學會專注西方現代性的「神話特性」，再從 Adorno 懷疑論觀點體認到 Hegel 的概念辯證論之全面性企圖心。（Dallmayr, 2004: 8）

Dussel 尤其受到 Heidegger 的影響，特別強調人具體存在於情境之中，亦即所謂的*在世存有*（Dasein, being-in-the-world）。Dussel 認為所謂「世界」不是外在於人，而是人共同建構而成的。如同 Mills 所解釋的（1997）：

> 世界是一個與他人在公共親近性下共享的世界。在世存有的共同結構無法抹煞*眾他性*（theyness）的共同參與。憑藉著在世存有的公共特徵，我們無法自外於社會實務性所決定的世界，以及將現世存有活動結構化於每日關懷之外。Heidegger 認為，真實性問題因關心與掛念，而和在世存在的特徵緊密扣連。他認為，「與他人共有的在世存有」是在世存有的建構，它可以從關懷的現象加以詮釋。

如 Ricoeur 一般，Dussel 鍾情於詮釋學，而跟 Levinas 一樣，他

致力於揭穿自我中心主義的假面具，即「對『他者』的整體性倫理要求的開放不夠堅持，尤其是對於邊緣團體和弱勢團體」（Dallmayr, 2004: 8）。

Dussell 提到，「現代性」誕生於一四九二年歐洲人「發現」美洲人，隨即加以征服的那一年（Dallmayr, 2004: 9），它象徵著全球權力核心從回教的中亞轉移到歐洲，從此世界其他地方都淪為邊陲地帶（Smith, 2003: 494）。

Dussel 從中世紀末期洞察出一些端倪，他描寫現代性是：

> 歐洲面對他者的開始。歐洲透過控制、征服和壓迫他者，將自己界定為發現者、征服者和殖民開拓者，這是現代性的組合要素。而歐洲其實從來沒被發現過……這個他者是一個被隱藏的他者，這個他者就是歐洲這個同一者（the Same）的一部分。現代性開始於一四九二年，帶有一種特殊的犧牲性暴力，最終侵蝕所有非歐洲人的神話。（Dussel, 1995: 12）

根據 Dussel 的論點，歐美的現代性從十五世紀末延伸至今，是由一個一體兩面的神話交織書寫而成。Dussel 認為「現代性神話」的表面看來是「解放理性神話」，但是其實骨子裡潛藏著「犧牲理性神話」（Smith, 2003: 494）。Dussel 指出，「解放理性神話」不是按自由來定義的，而是以*主體性*來界定，或者，更重要的是，將自由溶蝕成主體性來定義的。這以一種強烈的個人認同確保自我的封閉性，成為現代西方人的特徵。這種基本的自我陶醉正是西方暴力的來源，「因為在它的內在優越感的前提下，解放理性的迷思實際上無法吸取在自身運行典範之外的他人經驗，尤其那些受到它欺凌的人的經驗」（Smith, 2003: 495）。據此，犧牲神話就是指任何排斥甚至輕忽「解放理性神話」，因此成為被征服的理由，以更赤裸的話來說，是種族

屠殺一個正當的藉口。

現代性內層的運作，間接或直接地影響了種族屠殺。間接的影響是，它以進步之名，忽略、導致環境的惡化，抑或是，忽視了市場鬆綁政策不可避免地造成人類相互占有的悲劇（Smith, 2003）。直接上影響的是，犧牲性神話意指「依我們的遊戲規則進行」，否則我們將殺得你片甲不留，因為你們妨礙我們所知的普遍性真理，而我們是真理的承擔者（Smith, 2003: 496）（請參照上述 Colin Powell 的訪談；或參閱註解 2）。

Dussel 的研究對於理解新美國帝國主義相當重要，因為他揭露了美國最近的外交政策本身就是帝國主義，而這有其盤根錯節的系譜學（Smith, 2003）。[6]

陸 | 歐洲中心主義、後現代主義與超現代主義：馬克思主義的批評

Smith 指出，（Habermas、Rorty、Taylor 等人）對於「今日現代性的批判或反省，仍然不能掙脫歐洲中心的立場」（Smith, 2003: 497）。他們三人的立場之所以如此，原因主要有三個：第一，他們的分析並不是從歐美全球化「秩序」（或失秩）的角度來理解，因為纏繞著北半球控制著未開發的南半球在內。第二，西方支配的哲學典範並沒有正式體認到這個傳統裡所表現的暴力。第三，北半球與南半球之間沒有對話。依照 Dussel 的見解，Smith 看到，現代主義與後現代主義的議程完全陷入一種互助的敵對圈套之中，無益於對付假狹隘真理之名，而行破壞人類幸福暴力之實。他進一步分析，這種圈套很容易從西方學術裡的科學和科技的普遍邏輯與後現代人文主義鼓吹的特殊性之間的緊張觀察到，使得個人僅以自傳、故事、民族、部落、

個人治療或現象學之名表達經驗，其他超出個人事務的關懷完全潰散（Smith, 2003: 497）。

Smith 在拒斥現代主義與後現代主義之後，採取 Dussel 的*超現代主義觀點*，以尋求答案。[7] Dussel 分析上述的哲學傳統，促使他走向一種「倫理詮釋學」（ethical hermeneutics）（將個人置身於受壓迫者的立場，為他們爭取利益）；或是走向「解放哲學」，格外關心「發展中世界」的需求（Dallmayr, 2004: 8）。這當然與解放哲學相互呼應。對於 Dussel 而言，受壓迫者的解放若包含權力的野蠻鬥爭的話，最後只會淪落到一種權力取代另一種權力的狀況。[8] Dussel 的「倫理詮釋學」的目的不只在解放被壓迫者和被排除者，同時更要解放壓迫者內心的壓迫欲望——最終在於訴求一種潛在的倫理可能性（Dallmayr, 2004: 9）。

由於 Smith 將現代主義侷限在「科學和科技的普遍邏輯」上，無法充分體認到馬克思主義對於後現代主義當前所做的極為重要的（學術性）批判，以及對於假借「無以迴避的」新自由主義之資本主義帝國主義永存的大規模暴力，提出對付、解釋和解決方式的真正貢獻（而非部分西方人士那種擷取馬克思理論的做法）。這是馬克思的優點。從時間發展和地理來看，馬克思主義是現代主義道道地地的一部分，誠如 Sartre（1960）所提的，馬克思主義是一種「生活哲學」，「被數以千計的各種新的努力」不斷調整適應。對於 Sartre 的觀察，Bartolovich（2002: 20）更補述到，馬克思主義是一種生活的方案，「而非僅是一種論述或一種（學術性）知識體而已」。馬克思主義並不是歐洲中心的，禁得起「許許多多堅信自己是馬克思主義者的敏銳、卓越、具有戰鬥力的反殖民運動者」考驗（Bartolovich, 2002: 15）。

Smith 的現代主義的範疇不包含「馬克思主義」在內，因為馬克

思主義是最早體認到，並描繪這種暴力的思想（包含體認到史達林主義的暴力觀）。Smith 引述 Robert Goizueta 的觀點認為，「現代與後現代相同之處在於，它們對於受難者的哭泣充耳不聞；前者忽略它們，而後者則將它們普遍的主張看成是一種相對化現象」（Smith, 2003: 497）。第二種主張是後現代主義的想法；很明顯地，馬克思主義不同於 Stalin 立場，不會對於受難者的哭泣充耳不聞。事實上，馬克思主義主要的計畫就是在解放：國際勞工階級的解放。

一、馬克思主義和後現代主義

我將依次分析馬克思主義對於後現代的批評，進而討論它對於資本主義和帝國主義的分析。許多學門（尤其是社會學）已失去分析後現代主義的能耐，但是教育理論的後現代主義分析仍然如山堆積，而且從許多方面來看，在英國，它仍然是這個場域的支配典範（例如：Atkinson, 2002, 2004），而且在美國亦是（例如：Lather, 1991, 2001）。雖是如此，後現代主義近年來已受到馬克思主義教育者的批判（諸如：Cole, 2003, 2004b, 2004c; Cole & Hill, 2002; Cole, Hill, & Rikowski, 1997; Green, 1994, 2001; Hill, McLaren, Cole, & Rikowski, 2002; McLaren & Farahmandpur, 2002a, 2002b）。

馬克思主義者對後現代主義的主要批評是：拒斥後設敘述，一種有關社會的大型理論，舉如馬克思主義（事實上還有新自由主義）；拒斥雙元性，所以無法體認階級鬥爭的存在；它的多元真理觀點，認為所有的解釋都是同等價值的，而非某些解釋較有價值〔這與多聲性（眾聲喧譁）有關，認為所有人的意見都是等值的〕；它重視解構，而非解構後的重構；它專注在地性，犧牲了全國性和全球性，使得重要的結構性變遷無法實現。

二、馬克思主義、資本主義和帝國主義

對於（新自由主義）資本主義的批判，是馬克思主義整個方案的精髓，馬克思主義者不寄望於「將壓迫者從壓迫欲望中解放」。相反地，馬克思主義者認為所有的進步是由勞工的階級鬥爭努力贏得的。馬克思主義者堅信，實質上，資本主義就是冷酷無情地榨取勞工勞動的剩餘價值。[9] 資本家的利益在於將自己的利潤極大化，從古至今任何國家都是不斷地壓低勞工的薪資（以便創造最大量的新剩餘價值），又不引起激烈的抗爭或是其他形式的對抗。雖然還是有某種仁慈天性存在（例如，慈善的資本家或是某種社會民主政府），帶來資本主義社會的勞工利益，但從整個歷史來看，一般而言，這些利益都是工人靠自己的鬥爭掙來的，而非資本家仁慈施捨的。

如同後現代主義，超現代主義對於帝國主義本質提供犀利的洞察（尤其是上述所提的它的起源和系譜學）。此外，Smith（2003: 499）指出，超現代主義超越後現代主義的解構，不但積極找尋受到不正義威脅的他者，「特別是……受難的他者」。因此，不論在理論上及實際上，它都比後現代主義來得進步。不過，如同後現代主義一般，超現代主義和伴隨出現的「解放哲學」「駁斥所有整體同一性的形式」（Dallmayr, 2004: 10）。馬克思主義正因為它代表社會民主主義可行的未來而被摒除於外。這樣的摒棄主要是基於一種具體概念的馬克思主義，將它看成是「一種普遍性真理的理論，會成為自信者手中的一把斧頭」（Smith, 2003: 500）。馬克思主義者已經從前史達林主義國家假馬克思主義之名，實施不民主的極權「國家社會主義」中記取很多教訓。一旦所有後設敘述都遭摒棄，資本主義的後設敘述只能在露出猙獰的霸權下才得以存續。

更重要的是，超現代主義的議程最終是一種道德訴求，「不接受普遍性真理」（Smith, 2003），轉而尋求儒家的德性，佛家的拒絕自我中心狂熱精神，一神論者的指引，以及印地安人「以合作對話」達成共識，而非邏輯或妥協的傳統（Smith, 2003）。Dussel 援引 Bartoleme de las Casas 為例，他是一位放棄征服者暴力，進而宣揚反抗勢力的西班牙僧侶。Las Casas 受到受壓迫者的教誨，學會如何去尊重美、文化、原住民、新住民與他者的良善。Dussel 提到，Las Casas 發現倫理不是由外向內施予的，而是源自於與他者真正的相逢（Dallmayr, 2004: 9）。Las Casas 以互動的「對話錄」模式發動對壓迫者的批判（Dallmayr, 2004）。這是一種在全球支配體系之外的論理形式，對話來自於將他者啟蒙，成為受壓迫者的解放哲學的一部分（Dallmayr, 2004）。儘管這種互動具有進步的意涵，但它本身並不會帶來社會變遷。[10] 誠如上述，Dussel 認為「受壓迫者的解放並不是涉入一種野蠻的權力鬥爭之中」（請見註釋 9），但是馬克思的解放卻是來自於這樣的鬥爭。馬克思主義者相信社會變遷是來自於一種辯證的歷程，社會的進步是來自於正、反、合的歷程。[11]

Dussel 為當今這種非帝國主義對話，提出一個前提。他認為，對話不應落入「一種理性主義、抽象的普遍主義的過度樂觀，這樣會將普遍性與歐洲中心主義融合一體」。同時，亦不應「陷入非理性、不可溝通性或論述的不可共量性，這些都是許多後現代的典型」（Dussel, 1995: 132）。「取而代之的是，促進一種變通或是對話錄的理性，撫平排除和壓迫的傷口」，一種必須「能拒絕現代性的非理性的犧牲神話，並肯定（納入一種解放的方案裡）在一種新的超現代性裡的啟蒙和現代性的解放趨勢」（Dussel, 1995: 132）。

這些都是高尚的道德情操。[12] 不過，正如 Dallmayr（2004: 11）本人所描述的「全球規則的興奮效應」，帶來「統治者全面性的墮落

和腐敗」〔如（2004 年 5 至 8 月）經常報導有關美國部隊分別對伊拉克和關達拉摩（Guantanamo）灣的囚犯施予鞭打和虐待，揭露出它的惡行惡狀〕，它仍是一個遙不可及的烏托邦夢。對馬克思主義者而言，新自由主義帝國主義的粗暴武力邏輯，誠如我們所見識到的，必須組織化工人的粗暴武力和辯證邏輯才能克服。

柒　對教育的啟示

在當代社會中，我們在很多方面都已經被全球性誤導。Bush 和 Blair 政府宣傳「大規模毀滅性武器」戰爭，粉飾了新帝國主義追求帝國霸權的計畫和資本全球化的事實，石油就是一個明顯的例子。

由上述可知，「資訊戰」就是帝國主義的關鍵策略之一。這也影響到學校的教育。「教育」由於緊繫於全球性公司資本的需求，世界各地的教育已經淪為一種彈性勞動力的製造者，（政治人物與資本家）都大方地公開承認、讚揚今日全球市場的需求（請參閱 Cole, 2005）。商業盛行於學校，決定課程，並且開始以商業方式控制學校（Allen et al., 1999; McLaren, 2003; McLaren & Farahmandpur, 1999a, 1999b, 2005）。

McLaren 提出不同的教育願景。他主張，教育應該追隨 Paulo Freire 所言的，「日常生活的社會和政治分析應成為課程的核心」（McLaren, 2003: xxix）。

Smith 正確地指出，應該是「當知識與錯誤的再現（misrepresentation）之間的界線在公共心靈中已經變得模糊，教育便難以成為一種公民責任的實踐」。他提到，美國新帝國主義極具爭議性的一面就是，「它完全不顧對於尋常百姓生活的實際影響，特別是年輕的下一代」（Smith, 2003: 498）。Smith 更認為，當新政治朝向另一個方向

移動時，我們該如何以民主教育之名〔參與行動研究、對話教育（Smith 以「教導」（instruction）來稱謂）〕來教學和討論呢（Smith, 2003）？如果撒謊的話，口是心非和圖謀作假成為日常的活動，教師又該教什麼呢（Smith, 2003）？

綜上所述，我認為，馬克思主義教育者的角色就顯得更為重要。我在它處曾為文討論過教育應有的形式，在此我僅簡要地說明個人的觀點（Cole, 2004d；亦參見 Cole, 2005）。我想就 Richard Johnson 提出的大眾「激進教育」四種面向，即*既有體系的批評、另類的教育目標、改變世界的教育和公平的教育*（education for all）加以分析。今日這四個面向彼此相關性愈加密切。在此，我以一種普遍性方式說明它們的相關性，以闡明本文的分析。[13]

Johnson 指出英國在某一時期，對這些激進者而言，知識的生產與交換的使用價值是提供給勞工階級——這是多麼崇高的目的。我懇求本文的讀者能夠以這四個相關性*作為民主原則的合理性*，而非它們在當今世界秩序體現的迫切性來考量。

第一，激進者應持續不斷地批評所有的「既有」教育形式，包含過去數十年來，文化和意識型態上鬥爭的實踐性和理論性理解（Johnson, 1979: 76）。學校和其他教育機構能成為、已成為，或有時成為批判論辯的核心，地方工會、教職與非教職人員、父母親／照顧者和學生（從小學到大學）都應參與。論壇焦點可以包括美國帝國主義方案對世界的影響以及它與先前帝國主義之關係，尤其是與英國帝國主義的關係（請參閱 Cole, 2004a）。文化和意識型態鬥爭的問題隨著討論應運而生。

第二，激進者應發展另類的教育目標：這應包含教育烏托邦真正實現的方法，以及有關「真正有用的知識」的定義，納入真正值得知道的激進內容（Johnson, 1979: 79）。在「促進社會正義與均等」時，

什麼知識真正有用？學校知識長久以來加以結構化，排除、壓迫和阻礙了某些議題。很明顯地，讀、寫、算對所有的孩子來講都很重要，但是某種程度勞工階級兒童就是沒有機會接觸到所關心的領域，例如，愛斯基摩人對於美國展現出全球性帝國主義的看法（Cole, 2004a）？關鍵的均等問題是什麼？

　　第三，激進者的重要內在議題，是將教育視為一種政治策略或是改變世界的一種手段（Johnson, 1979: 76）。Richard Hatcher（1995）認為，當今大眾自發性活動中，有三項發展得以協助。一、資訊科技讓學生有更多選擇，降低了教師作為知識守門員的角色，強化了教師轉變成學習過程的*促進者*角色。二、增加學生的權益。民主社會的有效能公民行使始於學校。三、學校的孤立必須受到挑戰。我們必須嚴肅地看待「學習型社會」的概念，並開啟學校探索社會、商業及工業生活所有可能面向（Hatcher, 1995: 3-4）〔產生一種有趣的對立點來看待學校對於商業與工業的開放，包括商業*價值*在內（請參閱 Allen et al., 1999; Rikowski, 2001, 2003）〕。Hatcher 結論指出，學校與教室結合這三項發展，可以成為一個複合式的學習網絡中心，協助創造一個全新的大眾文化教育（Hatcher, 1995: 4）。這種學習網絡必須確實包括對於美國帝國主義的評價在內。

　　一個全新的大眾教育之精髓是以一種真實性對話教育，取代以往「事實」的學習與考試（知識已經被商業化了）（Cole, 2004d）。這種對話歷程需要與後現代的眾聲喧譁觀點分開，因為這種觀點只是提供了解構而已。它也需要超越因尋求受難他者而頗受讚許的超現代主義。這種對話不只需要確認受壓迫者，更需要建立一個具體可行性的改造計畫。

　　這並不表示，學校和其他教育機構應以社會主義的宣傳代替資本主義的宣傳。相反地，學生應有機會以不同方式解釋事物發生的理由

和方法，同時鼓勵他們質疑學校所教的世界觀，而誰的世界觀又被摒除；過去是誰的觀點，今日又是誰的世界觀。這種教育方式能讓學生成為思考的公民，也成為社會的批判家和具有行動力的行動者。Bush／Blair 的議程為何是常見的媒體；而 Castro／Chavez 卻不見任何蹤影呢？

最後，邀進運動發展出一種熱情活力且多樣的教育實踐，教導所有公民成熟的理解，成為追求更富正義的社會秩序的一員。在此概念裡，（相較於中產階級的兒童概念而言）教育不再區分為「兒童」和「成人」（Johnson, 1979: 77）。這是所有公民終其一生都應接受的教育；倡導所有教育層級的民主化與社會責任；更重要的是，這些議題都應時時保持*批判*分析，注入學校的日常活動。校外「教育」原則上經由媒體進行，在政治和經濟方面，以及其他方面相互輝映。

如果這種教育看似理想的話，上述重點值得重述一遍：應該是設法讓這些民主教育體系的建議更加合理，而非只關注它們在可預見未來的體現程度。

Smith 在其文章結尾提到（2003: 501），「除非能以一種更均等的、公平的及正義的方式重新思考人類運作的參與規則，否則橫亙在前方的仍是無法想像」。他否認普遍性真理，認為它是不可能的（Smith, 2003: 500），因而隱含地拒斥了馬克思主義，儘管他也否定浪漫主義，但他還是支持一種基於孔子、佛陀和愛斯基摩人等哲學的浪漫道德主義。一種均等、公平且正義的未來還是可以預見，但絕非通過後現代主義，甚至啟蒙的超現代主義。對馬克思主義者而言，抉擇其實不難：是在野蠻──「難以想像」──或是社會民主主義之間作出一個抉擇。

註　釋

1 本文後續兩段內容主要參考自 Cole（2004a）。

2 普遍來講，大家咸認全球化已經是不可避免的了（Cole, 1998, 2004c, 2005）。因此，《紐約時報》（*New York Times*）一位已經成為美國官方對於全球化的詮釋者的專欄作家 Thomas Friedman，喜歡將全球化比喻成黎明的到臨：無可迴避，若是加以回絕的話，將會弊端叢生；它照遍了正義與不義（Purdy, 2004: 28）。

3 David Geoffrey Smith 杜撰了「行騙整個公眾領域」這個片語，剛好適合於描述這段歷程。正如他在（2003: 488-489）所解釋的，特別的環境需要新的語言與新的語彙。他創造這個片語，用以形容「這不只是一個單純或單一的欺騙、欺瞞或誤導的舉動而已」（也許可以形容為「詐騙」），更是「一種公共領域全面性積極的訓練，透過體系化的說謊、欺騙和誤導來進行」。

4 John Howard 的南太平洋政策，似乎追求相同的政策，軍隊視情況機動派遣（Pilger, 2004: 13-14）。

5 本文後續內容大部分參考自 Cole（2004e）。

6 Smith（2003: 496）指出，並非所有帝國皆是相同，而美國帝國仍然保有冷戰邏輯的雙重性，「可能是人類史上最後一個不以領土、族群、君主政體或是自然資源建立的帝國」。我個人對此有兩點評論。首先，我同意新美國帝國主義不同於其他帝國主義，其中，新帝國主義不再尋求對於世界其他地方領土的直接控制，取而代之的是，一種「封建似的諸侯政體」作為它的訴求。其次，我不同意 Smith 所說的「美國帝國是人類史上最後一個不以領土、族群、君主政體或是自然資源建立的帝國」這句話。我不相信這種論調，因為它不是最後一個摧毀世界的新帝國（雖然這是極有可能做到）。我認為中國未來將有可能成為

新帝國。

7 以下的討論不應視為個人對於 Dussel 或是 Smith 的批評。身為一位馬克思主義者，我個人的目的在於以一種志同道合的方式和超現代主義倡導者對話，追求我們大家所信仰的：一個具有社會正義的世界。

8 值得再說明的是，Dussel（2004）最近指出，根據 Bartolome de las Casas 的觀點，以暴力對付壓迫者是合法化的。所以，Las Casas 認為，對付西班牙征服者的武力鬥爭是永遠合乎正當性的，但對 Dussel 而言，這種鬥爭必須視特定歷史時間才能正當化。Dussel 所舉的例子如一七七六年波士頓的 Washington，一九五九年古巴的 Che Guevara，以及最近巴基斯坦的 Hamas，和伊拉克人民對抗他們國家的入侵者。

9 有關剩餘價值的討論請參閱 Cole（2003: 494-495）。

10 我想在此說明與個人進行對話錄互動的相關人物的見解。首先，我必須指出，我對原住民抱持崇高的敬意，並且從他們身上獲益匪淺。事實上，馬克思主義生活方案值得去發展的方式之一，就是接受不同於組織性宗教的精神性（spirituality），這是人類存在條件的一種重要要素。我曾經分別在加拿大與澳洲各住了一年，常年與當地原住民朋友交談。我亦參加過澳洲原住民朋友（請參閱 Cole, 1986: 9; Cole & Waters, 1987）和加拿大原住民的正式溝通（請參閱 Cole, 1988）。在 Cole（1988: 9）裡，我描述一百位加拿大女性原住民建立「一種融合傳統信念而工人自有合作的公司」（這是一份經過個人吸收消化的訪談稿，並以一篇文章形式發表於期刊，名為加拿大原住民女性訪談錄──超現代主義者對於這項事實一點也不感到驚訝）。馬克思主義者支持資本主義社會裡所有進步改革的形式，並視為一種過渡到社會民主主義的長期改造方案。

11 馬克思主義者認為，社會的進步是壓迫力量之間鬥爭的辯證結果。是故，封建社會源自於奴隸與主人之間的鬥爭；資本主義是源自於農奴與諸侯之間的鬥爭；而社會主義是來自於工人與資本家之間的鬥爭。

12 Dussel 強烈反對他是「一位道德家」，認為超現代主義主要是一種文化哲學。
　　教育對他而言，相對於國家的權力運作並不太重要（個人書信往返所得到的結
　　論）。對馬克思主義者而言，資本主義國家並非是中立的國家，需要加以推
　　翻，而不是改革。但是，Dussel 認為，國家必須「改造」，而非「改革」。

13 這種激烈的教育並不容易實施。個人主義誇大「自我學習會讓個人在主流的學
　　習方案裡有所成就」（Smith, 2003: 499），它是大學生無奈地投入所促成的；
　　這本身就是當代新自由主義資本主義重要的構成要素之一。

參考文獻

Allen, M., Benn, C., Chitty, C., Cole, M., Hatcher, R., Hirtt, N., & Rikow-ski, G. (1999). *Business, business, business: New labour's education policy*. London: the Tufnell Press.

Atkinson, E. (2002). The responsible anarchist: Postmodernism and social change. *British Journal of Sociology of Education, 23* (1), 73-87.

Atkinson, E. (2004). Education, postmodernism and the organisation of consent. In J. Satterthwaite, E. Atkinson & K. Gale (Eds.), *Discourse, power, resistance: Challenging the rhetoric of contemporary educa-tion*. Stoke on Trent: Trentham Books.

Bartolovich, C. (2002). Introduction. In C. Bartolovich & N. Lazarus (Eds.), *Marxism, modernity and postcolonial studies*. Cambridge: Cambridge University Press.

Bello, W. (2001). *The future in the balance: essays on globalization and resistance*. Oakland: Food First Books.

Cole, M. (1986). *The aboriginal struggle: An interview with Helen Boyle, race and class* XXVII, 4, Spring.

Cole, M. (1988). *As long as the sun rises interlink*, 5 February/March, p. 9.

Cole, M. (1998). Globalisation, modernisation and competitiveness: a cri-tique of the new labour project in education. *International Studies in Sociology of Education, 8* (3), 315-332.

Cole, M. (2003). Might it be in the practice that it fails to succeed? A marxist critique of claims for postmodernism and poststructuralism as forces for social change and social justice. *British Journal of Sociology of Education, 24* (4), 487-500.

Cole, M. (2004a). Rule Britannia and the new American empire: A marxist analysis of the teaching of imperialism, actual and potential. In the English school curriculum, *Policy Futures in Education, 2* (3).

Cole, M. (2004b). Fun, amusing, full of insights, but ultimately a reflection of anxious times: A critique of postmodernism as a force for resistance, social change and social justice. In E. Atkinson, W. Martin & J. Satterthwaite (Eds.), *Educational counter-cultures: Confrontations, images, vision*. Stoke-on-Trent: Trentham Books.

Cole, M. (2004c). The 'Ordeal of the Undecidable' vs. the 'Inevitability of Globalized Capital': a marxist critique. In M. Pruyn & L. Huerta-Charles (Eds.), *Peter McLaren: Paths of dissent*. New York: Peter Lang.

Cole, M. (2004d). Rethinking the future: The commodification of knowledge and the grammar of resistance, In M. Benn & C. Chitty (Eds.), *For Caroline Benn: Essays in education and democracy*. London: Continuum.

Cole, M. (2004e). US imperialism, transmodernism and education: A marxist critique. *Policy Futures in Education*, 2(3&4), 633-643

Cole, M. (2005). New labour, globalization and social justice: The role of education. In G. Fischman, P. McLaren, H. Sunker, & C. Lankshear (Eds.), *Critical theories, radical pedagogies and global conflicts* (pp. 3-22). Lanham, Maryland: Rowman & Littlefield.

Cole, M. & Waters, H. (1987). *Two hundred years: Who's celebrating?*

New Maritimes, October.

Cole, M., & Hill, D. (2002). Resistance postmodernism: Progressive politics or rhetorical left posturing. In D. Hill, P. McLaren, M. Cole, & G. Rikowski (Eds.), *Marxism against postmodernism in educational theory*. Lanham, Md: Lexington Books.

Cole, M., Hill, D., & Rikowski, G. (1997). Between postmodernism and nowhere: The predicament of the postmodernist. *British Journal of Educational Studies, 45* (2), 187-200.

Cole, M., Hill, D., Rikowski, G., & McLaren, P. (2001). *Red chalk: On schooling, capitalism and politics*, Mike Cole, Dave Hill and Glenn Rikowski in discussion with Peter McLaren. Brighton: Institute for Education Policy Studies.

Cooper R. (2002). The Post Modern State, from http://fpc.org.uk/articles/169

Dallmayr, F. (2004). The underside of modernity: Adorno, Heidegger, and Dussel. *Constellations, 11* (1), 102-120.

Dussel, E. (1995). *The invention of the Americas: Eclipse of 'Other' and the myth of modernity*. New York: Continuum.

Dussel, E. (2004). Beyond. *Tolerance Constellations, 11* (3).

Ferguson, N. (2004). *American empire: who benefits? Empire and the dilemmas of liberal imperialism* [CD] accompanying *Prospect*, March, 2004.

Green, A. (1994). Postmodernism and state education. *Journal of Education Policy, 9,* 67-83.

Hatcher, R. (1995). *Popular self-activity and state provision: the strategic debate in education*. Socialist Teacher.

Hill, D., McLaren, P., Cole, M., & Rikowski, G. (Eds.). (2002). *Marxism against postmodernism in educational theory*. Lanham, Maryland: Lexington Books.

Hyland, J. (2002). *British foreign policy adviser calls for a new imperialism*. Retrieved April 27, 2002, from World Socialist Web Site, http://www.wsws.org/articles/2002/apr2002/coop-a27.shtml

Johnson, R. (1979). Really useful knowledge: Radical education and working-class culture, 1790-1848. In J. Clarke, C. Critcher, & R. Johnson (Eds.), *Working class culture: Studies in history and theory*. London: Hutchinson.

Lather, P. (1991). *Getting smart: Feminist research & pedagogy with/in the postmodern*. New York: Routledge.

Lather, P. (2001). Ten years later, yet again: Critical pedagogy and its complicities. In K. Weiler (Ed.), *Feminist engagements: Reading, resisting and revisioning male theorists in education and cultural studies*. London: Routledge.

Lieven, D. (2004). *Imperial History* [CD] accompanying *Prospect*, March, 2004.

Lind, M. (2004). *Debate: After the War* [CD] accompanying *Prospect*, March, 2004.

McLaren, P. (2000). *Che Guevara, Paulo Freire and the pedagogy of revolution*. Oxford: Rowman and Littlefield.

McLaren, P. (2003). Critical pedagogy in the age of neoliberal globalization: Notes from history's underside. *Democracy and Nature, 9* (1), 65-90.

McLaren, P., & Farahmandpur, R. (1999a). Critical pedagogy, postmodernism, and the retreat from class: Towards a contraband pedagogy. In

D. Hill, P. McLaren, M. Cole, & G. Rikowski (Eds.), *Postmodern excess in educational theory: Education and the politics of human resistance*. London: Tufnell Press.

McLaren, P., & Farahmandpur, R. (1999b). Critical multiculturalism and the globalization of capital: Some implications for a politics of resistance. *Journal of Curriculum Theorizing, 15* (4), 27-46.

McLaren, P., & Farahmandpur, R. (2002a). Breaking signifying chains: A marxist position on postmodernism. In D. Hill, P. McLaren, M. Cole, & G. Rikowski (Eds.), *Marxism against postmodernism in educational theory*. Lanham, Maryland: Lexington Books.

McLaren, P., & Farahmandpur, R. (2002b). Recentering class: Wither postmoderism?: Towards a contraband pedagogy. In D. Hill, P. McLaren, M. Cole, & G. Rikowski (Eds.), *Marxism against postmodernism in educational theory*. Lanham, Maryland: Lexington Books.

McLaren, P., & Farahmandpur, R. (forthcoming, 2005). Who will educate the educators? Critical pedagogy in the age of globalization. In A. Dirlik (Ed.), *Pedagogies of the Global: Transnationalism, Ethnicity and the Public Sphere*. Boulder & London: Paradigm Publishers.

McMurtry, J. (1998). *Unequal freedoms: The global market as an ethical system*. Toronto: Garamond Press.

McMurtry, J. (2002). *Value wars: The global market versus the life economy*. London: Pluto Press.

Mills, J. (1997). The false dasein: From Heidegger to Sartre and psychoanalysis. *Journal of Phenomenological Psychology,28*(1), 42-65. http://www.processpsychology.com/Dasein.htm

Pilger, J. (2004). Of the token hangers-on who make up the Anglo-America 'coalition of the willing' , only Australia remains true to the Über-sheriff in Washington, *New Statesman*, 5th April, pp. 13-14.

Powell, C. (2003, July 1). *Interview with Jim Lehrer. The Newshour with Jim Lehrer*. Public Broadcasting Service (PBS). heep://www.newa-mericancentury.org/

Purdy, J. (2004). *Universal Nation* [CD] accompanying *Prospect*, March, 2004.

Rikowski, G. (2001). The business takeover of education. *Socialist Future, 9*(4), 14-17.

Rikowski, G. (2003). *The business takeover of schools*. Mediactive: Ideas, Knowledge.

Sartre, J. P. (1960). (H. Barnes, Trans.). *The search for method* (1st part): *Introduction to Critique of Dialectical Reason*. New York: Vintage Books. Retrieved July 9, 2004, from http://www.marxists.org/refer-ence/archive/sartre/works/critic/sartre1.htm: accessed 07/09/04.

Smith, D. G. (2003). On enfraudening the public sphere, the futility of em-pire and the future of knowledge after 'America'. *Policy Futures in Education, 1* (2), 488-503.

Symonds, P. (2004). *Long-time CIA "asset" installed as interim Iraqi prime minister*. http://www.wsws.org/articles/2004/may2004/iraq-m31.shtml

Wood, M. E. (1995). *Democracy against capitalism*. Cambridge: Cam-bridge University Press.

Wood, M. E. (2003). *Empire of Capital*. London: Versor.

Young, H. (2002). Leader. *The Guardian*, 29th March.

Zephaniah, B. (2004). Rage of empire. *Socialist Review, 281* (January), 18-20.

第八章

後結構馬克思主義、差異政治學與教育[1]

Michael A. Peters　著

劉育忠　編譯[2]

　　每一種國族主義從形而上層面而言都是一種人類學主義，如此也是一種主觀主義。國族主義不是僅通過國際主義就能克服；反而只是藉此擴充而提升為一種體系。國族主義能藉由國際主義提升與引領到人道主義之程度，就如個人主義藉由無歷史的集體主義來達成一般稀少。

——引自 Heidegger（1978/1999）

壹 | 導 論

　　首先，簡單針對本文的架構做些說明。本文分為二大部分：第一部分是針對研究者所建構出的「後結構馬克思主義（複數）」（post-structural Marxisms）——以複數形式來思考——所做的呈現，此發展與知識資本主義時代中的教育主題有關。由於研究者想說的都可在研究者著述的相關書籍與文章中找到，在這裡只扼要地摘述出研究者分析的要素，以跨越語言與文化隔閡，有助於展現出一個普遍框架，而能較佳地被吸收。第二部分，希望讀者會覺得有意思，裡頭包括了一個外國人——我不用異族人——稍嫌倉促的企圖，希望將那些普遍性與抽象性的主題連結到臺灣的本土脈絡。這一部分聚焦於所謂的「差異政治學」（the politics of difference），一個現在被認為是與後現代主義與後結構主義思想發展等同的同義詞。

　　底下先將第一部分的分析，其中所包含的要素，臚列如下：

- 通過一種對啟蒙價值的政治性批判得來的民主深化。
- 將「統治性」（governmentality）理解為政治理性（political reason），連結著統治形式與自我規約的個體。
- 後殖民性（postcoloniality）的興起形式，一種對差異哲學與和他者相遇的重視。
- 「公眾」（the multitude）——世界民主的到來（Derrida 與 Hardt、 Negri 的焦點）。

　　必須承認的是，雖然研究者所談的許多部分，或許並未直接地應用於「教育」，但卻是一套明顯可供教育參考的要點。這些我們將在後文中共同來討論。

貳　對啟蒙的一種政治性批判

　　我們首先可以試著來了解，這些要點是如何被擲入政治聚光燈下的：強調逐漸意義重大的自我與認同議題，此特別與啟蒙的觀點有關，一個普世的、穩定的、不變的本質主義者的自我，作為公民主體的歐洲概念核心。之前，研究者曾以一個後尼采主義者（post-Nietzschean）的文化研究觀點質疑過，根據對現代自由民主所用以建構政治認同的方式，加以批判，我們大可談論一種深化的民主，以及一種對啟蒙價值的政治性批判（Peters，2002a）。自由理論（與馬克思主義），以一系列的二元對立辭彙（如吾人／彼眾、公民／異族、擔責／免責、正統／庶出）來建構認同，造就了排除或「他者化」（othering）某些族群人民的結果。西方國家將權利頒予公民——權利乃依公民權而定——並將非公民，也就是移民、那些尋求庇護者與難民，視為「異族」（aliens）。[3] 我們必須檢驗這些疆界是如何被社會性地建構起來的，他們如何被維持與監督。我們必須明瞭這些疆界是如何為了服務政治性目的而被操弄與演出。尤其，對當前多元文化主義與女性主義的論辯而言，對構成二元對立與差異哲學的價值政治階層（political hierarchies of values）進行的解構是具有重大意義的。

　　這種在市民階級中對族群的排除，同樣也可能在國家—政府之中發生，其間一組歷史性的吾人／彼眾的對立，被合法地且政治性地用來排除、否定或降級那些因種族、性取向、年齡或殘障成為弱勢者的權利。後結構主義（假設可以這樣粗略來使用）所應允的是，對傳統排外事件發生機制的較佳了解，以及在私人和個體層級上、集體和國家層級上的認同問題重要性的深入認識。我認為，後結構主義促進一種對認同協商性格的較佳理解，特別與公民概念和國家—政府的變動

235

格局有關,二者畢竟都是相對晚近的歷史現象。在某個程度上,這並非敵對於那種居自由主義核心、提供自由政治經濟分析力量的、個別的中產階級自我的偏愛;也不是敵對於對——作為革命先鋒的黨派或無產階級——曾引發伴隨社會主義誕生而來的深遠改革、那階級化了的主體的厚愛。

假若有一個要素可區辨後結構主義,那就是差異的概念,被不同的思想家使用、發展,並以不同的方式,加以運用。差異的概念,來自 Nietzsche、Saussure 與 Heidegger。對 Derrida 來說,延異被視為對主體的語言學限制之標誌。這些差異的概念,指向一種反本質主義,已經實質地在性別與種族相關研究中被發展(如 Young, 1991;West, 1992)。關河嘉(Ho-chia, 2004)《焦慮的認同:教育、差異與政治學》(*Anxious Identity: Education, Difference and Politics*)的作品,就是通過此一路線從事探究。她探究了差異與認同的概念如何處於當代文化理論的中心,通過 Levi-Strauss、Young、Derrida 和 Mouffe,她以政治作為一種理解教育中的差異與認同的方法檢驗了 Derrida 的觀點。我認為,她會贊同 Derrida 與其他人的看法,通過這種對認同與其政治學建構的仔細閱讀,我們得以深化民主。

參 統治性作為政治理性

權力的概念,開放修正;就如同「文化」本身,也已臣服於進行中的後結構主義者的批判與修正。根植於 Foucault 的權力分析,對權力/知識所做的診斷與對宰制技術的揭露,也必然是尼采式的。眾所皆知的,對 Foucault 來說,權力是生產性的,滲透於整個社會制度,也與知識親密地相關。權力是生產的,因為它不只是壓迫、並且也創造出新的知識(這或許能夠解放)。權力是滲透的,而非座落於任何

中心，如同政府；而權力，也是權力／知識的部分佈局（constella-tion），意味著：知識，就廣袤的實踐意義來說，乃通過權力在身體控制的運作中產出。Foucault 通過他對現代機構發展如監獄與學校，以及對應出現的有助於設計社會控制新方法的社會科學之系譜學研究，來發展此一論點。Foucault 的研究，因而提供了後尼采式文化研究一個基礎，用以檢驗：作為個體的自由主體（liberal subjects）之再製，以及作為主體的倫理性自我構組。如此一來，由Foucault 所啟發的（研究）途徑，就可能有助於我們解決自由主義內在的個人主義，其即使是針對核心預設所做的改革倡議，也仍未能準備去接受集體實體（collective entities），而因此，理論上一遇到文化與差異問題時，便束手無策。以同樣的方式，這個途徑也可能引導我們去質疑對「社會」（the social）的偏好，無論是在「家庭」、「社群」或「階級」等概念上。

　　Foucault 的統治性概念，既提供了對「當前歷史」的一種勘測（mapping）方式，也提供對作為允許與要求其主體實踐自由的統治理性（rationality of government）之了解。換句話說，在這個意義上，統治（government）唯有當警備（policing）與管理（administration）終止之時，方有可能——在此，統治與自我治理（self-government）之間的關連，疊合且合併在一起。相對於管理型（administrative）（或警察）政府，Foucault 的途徑著重**自我設限政府**（self-limiting state）的概念，以一種生產性的方式，透過對道德主體的賦予責任（responsibilization），以及對統治和自我治理之間關係的主動性重建，將倫理學問題與技藝（technique）放在一起。它提供了一種分析，將新自由主義視為一種道德規約的經濟學之激烈化，首先由自由主義者所發展的，但不只是或主要是一種對龐大政府或所謂的戰後凱恩斯式調停官僚福利政府之反動。它將新自由主義，根據其對經濟—

理性個人的自由、*創業*（*entrepreneurial*）與*競爭*行為的人為安排或不自然形式之重視（Burchell, 1996:23），加以理論化。並且，它進一步通過在專業與政治之間的一種新關係之發展，特別是在社會救濟範圍方面，來理解新自由主義；其中，一種精算（actuarial）理性與謹慎主義（prudentialism）的新形式，以一種「消費者—提供者」、審查、表現與「危機管理」（risk management）（Peters, 2003a）的語言，來廣袤地將自身加以闡釋與建構。

Foucault 和 Marx 的關係，還有與馬克思主義之間的關連，並不是直接的：他跟 Marx 的關連，乃是一種鬆散的面貌；他與 Althusser 的結構主義認識論之關連，更企圖省略 Marx；他對權力的普遍性分析；更別提他自己的意識型態與國家理論的觀點了。研究者在所著的《後結構主義、馬克思主義與新自由主義：在理論與政治之間》（*Poststructuralism, Marxism and Neoliberalism: Between Theory and Politics*）（Peters, 2001a）一書中，處理過一部分這些議題，不過在本文中並沒有空間來妥善處理。

肆　後殖民性、差異以及與他者相遇

黑格爾式的辯證法，乃是奠定馬克思主義者對帝國主義的理解發展，以及許多後殖民思想家如 Frantz Fanon 早期作品的邏輯機制。雖然是一個巨大的理論進展與有效的政治性策略，它也遭遇眾多理論上的困難。藉由將文化切分為二個分離的、不連續的階級（被壓榨與壓榨者），它暗示了雙方內部一種虛假的同質性，將其具體化，而因此傾向低估之間的相互連結、鏈結、變動的疆界與交換。這種文化的同質性（就我看來，是危險的）也可能展現出一種「純正性」（pureness），好似文化是一個受保護的有機整體，在面對與其他文化和社

會組成的聯絡時，免於「污染」或「污穢」。將文化當作是一種只透過否定力量來定義自身的黑格爾式定義，是一種必然的反動性（reactive）。主張著：雙方文化乃錮鎖在一個生死鬥爭中，最終只有一方可以獲勝。此一對立性的邏輯，傾向隱藏文化之間的關連性歷程——如遷移、借取、混種和其他社會歷程。黑格爾式的理論對立，傾向低估次文化的重要性以及有能力去重新定義文化的當代社會運動，因而未能概念化文化與個體之間的關係，將文化內的異議與反對考慮進去。

　　黑格爾式的意識、自我和認同模式，開創一種新的思維方式，有助於那些現代性的左派思想家定義這些觀念：不只是 Marx，也包含了 Kojeve、Sartre、Lacan 和 Fanon。黑格爾式的自我與他者辯證模式，受制於滋養馬克思主義各式版本〔尤其是「異化」（alienation）與帝國主義的概念〕的否定邏輯（logic of negation）、現象學〔Kojeve 對「不悅意識」（unhappy consciousness）的詮釋〕、存在主義、心理分析學派，以及去殖民與文化解放的哲學思想。Hegel 的論述，提供了最廣泛的二元主義或對立邏輯，特徵化現代性——不只是勞力／資本、資本主義／社會主義，也是殖民者／被殖民、男性／女性——雖然這也是該時代的產物。

　　有些哲學資料，以及一種傾向將當前歷史階段特徵化的、對「差異」（difference）的理解——我們可以挑釁性的稱之為「後現代性」（postmodernity）或「後殖民」（postcoloniality）——比 Hegel 他性（alterity）的二元主義邏輯要好。這是所謂的後殖民學者如 Said、Spivak 和 Bhabha 從法國後結構主義學者身上學到的主要教諭之一。為何我們竟期待一個寫於幾近二百年前的文本，仍然有能力足以定義當前的年代呢？在後現代性中——在一個後殖民年代、一個許多人民已經贏得政治上獨立或認可的時代——「差異」提供了一個理解認同

宣稱與努力的較佳基礎。

　　我們稱之為「後結構主義」的這個運動，至少有部分可被詮釋為一個藉由 Nietzsche 對結構主義的科學主張，展開哲學攻擊，在法國的脈絡下其作品乃被用來提供對 Hegel 辯證法的重新評估（見 Peters, 1996）。根據 Nietzsche 對「真理」（truth）的批判，以及對權力和知識獨特關係的分析，後結構主義者挑戰了那些導致二元對立和對立思考的預設，也同時質問了人道主義（humanistic）的人類主體。後結構主義者將主體置放在文化與歷史的複雜性中，座落在言談、欲力（libidinal）與社會力量的複雜交會中。這種自我的歷史化，是同時認識到自身有限性和時間性的產物。自我被視為是散漫地（discursive-ly）再製與座落。這是一種殊異的語言遊戲與多重的自我定義敘說的溝通實踐，依據著文學與表達性形式。利用這些洞見，後殖民理論家也努力去批判歐洲中心主義的形式，其根植於一種普世主義的、穩定的、透視的人道主義的自我之謎，他們藉由置放根植於後殖民經驗的一種另類基進他性，因而對非西方的文化符碼與詮釋，敞露並開放了歐洲啟蒙經驗的一（oneness）與統一（unity）。

　　後殖民研究，因而公開地奠基在「以他者的聲音，對歐洲知識典範發聲的欲望」（Goldberg & Quayson, 2002）之上。此一基礎性前提認識到，與屈從他者的互動是如何組成那個西方現代性的經驗，並制約今日的全球化歷程。Bhabha 和 Comaroff（2002）承認，通過 Lukacs、Althusser 與其他一行人對 Hegel 因果性創新地加以改造，「替文化轉譯、雜交、克里奧語化（creolizatoion）[4] 和混種的評估與有效化」，提供了「僅剩的智性與意識型態空間」（p. 20）。結構馬克思主義（Structural Marxism），剝奪了「已被文化吞噬、殖民的民眾之能動性（agency）」（p. 22），而強調需要被更細微與差異化的殖民主體來作為抗拒主體。

　　的確，Comaroff 對 Bhabha 的質問，將我們的注意力聚焦在後殖民理論預期要從事的智性任務：「對於新自由主義式資本主義、全球化與後一九八九的世界」，「一個後殖民的觀點能帶來什麼言論？」（p. 23）就「本土的世界主義／口語的都會文化觀」（vernacular cosmopolitanism）作為一個後殖民經驗的標誌方面，Bhabha 的答案再次確認了去質問自由主義歷史、其文明化任務，與作為任何權利與公民權概念基礎的個人主義預設，有多麼必要。Bhabha 指出，後殖民性所根植的認同觀點，比構成自由主義基礎的同質性概念，不但更具散播性，也更具交談性（iterative）。在這些脈絡中，政治與文化公民權可能站在彼此對立的立場。當然，Comaroff 和 Bhabha 都希望處在後現代狀況下，去質問現代主義國家的敘述：舉例來說，如何去想像一個「新」南非，包含一種現代主義的主權國家地位的語言，信仰著憲法、法律前的平等、人權與社會正義，以及「理性」發展的未來。或許，在 Hobsbawm 之後，他們共同沉思，非洲國家大會（the African National Congress）曾經是最後一個偉大的歐洲國家運動（Euronationalist movement）[5]。

伍　世界民主的到來

　　與 Nietzsche 和 Heidegger 站在同一陣線，Derrida 同意，最重要的哲學任務是掙脫西方哲學的邏各思中心主義（logocentrism）——自我現前（self-presence），直接性（immediacy）與單義性（univocality）——這些遮蔽了我們的視野，並在西方文化中顯露出虛無主義衝動。然而，對 Derrida 來說，掙脫並非意味著克服形上學。解構以無法言喻（the ineffable）或不可言傳（the inexpressible），來取替聚焦於文本之上的批判實踐。這並非藉此來逃離語言的形上學特

性，而是藉此加以暴露與鬆動。

在一次與 Beardsworth 的訪談中，Derrida 以尼采式的辭彙，談論到欲臨的民主（*democracy to come*）。如同 Beardsworth 所觀察到的，民主的承諾並不等同於民主的「事實」（fact），或是（Kant 意義上的）民主的規範「理型」（idea）。根據 Derrida 的延異（*différance*）論點，我們或許可以期待解構，去挑戰沉重的中央集權主義（centralist）與「已結構化的」（structured）代議主義（representationalist）之民主模式，以及去贊同一種對差異與他者更大幅度的認識（recognition）；甚至可能連結這些重點，促進本土自主與更偉大的全球世界民主。

回應 Beardsworth，Derrida 評論了政治—經濟歷程的科技化如何改變了決策結構，並縮小了過去曾經有民主座落的區域。他寫道：

> 代表權的遺跡，以及組成議會或國會區位的穩定，權力的疆域化，權力對特定地域、假若不是對整個基礎的深入扎根——所有這一切，都已經結束了。依賴著這種權力與空間之間關係的政治學概念，也已經結束，雖然它的目的是需要被協商的。在這裡，我並非只思考到國家主義（nationalism）與基本教義派（fundamentalism）的當前型態。隨著對本土性（locality）的激進解消，科技科學的加速也對西方型態的民主，投下一種絕對的威脅。（Derrida, 1994a: 57）

關於民主區域的消失，以及議會與國會逐漸被媒體轉化的方式，Derrida 建議這些議題不該被聽作是民主的喪鐘，而應該是讓我們「從」（from）這些處境「之內」（within）開始去再思民主——這件事變得必要（Derrida, 1994a: 58）。

民主的未來，必須從全球層面來思考。不再可能是一個「在家」的民主黨員、等著看「國外」發生些什麼。強調著一種世界民主的召

喚，Derrida 建議，一種「將臨的民主」，其利害關係不再包含在邊界之內，或者不再依賴於一群市民、一個國家或一群國家的決定。此一召喚是針對全新之物的，同時更溫和，卻比任何普世性、世界主義或人類等這些過分駕馭的概念更雄心壯志。Derrida 就作為跨越疆界的政治學（politics that transcends borders）的民主之修辭意義（有人可能提及美國），以及一種將自身展現在以人權之名所做的決定之中，只要此一詞語「同時是獨特性之間持續的不平等之縮寫」的範圍內，他稱之為「將臨的民主」（democracy to come）之物，二者之間的差異做區分。Derrida 指出，我們必須發明新概念——不是「國家」、「超國家」、「公民」的概念，而是他稱之為「新國際」之物。他說：

> 將臨的民主，強使人們對一種設立在對公義無限不滿之名下的法律，加以挑戰，藉以揭露算計正義（calculating justice）的不公義，無論是在一種民主或人性概念的特定形式之名下。（Derrida, 1994a: 60-61）

在別的地方，藉由解構國際法基礎，Derrida 解釋了他的意思。國際法雖然是個好東西，但它也是根植於哲學的西方概念之物——如他所說，「在其任務中、在其原理中、與其語言中」——以作為一種限制來運作的，西方的國家與主權概念。為了重新思考國際秩序與一個「將臨的民主」，我們必須解構國際化的基礎，以及藉此建立的國際組織。第二個限制是，國際組織乃受一些強有力的、富裕的國家（包含美國）來治理。

最近在別處，Derrida 歷史性地探討了新人文學科的任務，他拆散了規範現代歷史與人類概念，以及特別是「人類權利」（當然還有女性）的系譜學，還有自二次世界大戰後「反人道罪行」（crimes against humanity）概念出現的，強大的法庭性表述（judicial performatives）。他認為，新人文學科將不只是處理人的歷史，以及對國際法的地緣政治學領域（geopolitical field）的影響，也包含處理民主的歷史與主權的歷史，藉由審慎檢驗國家—政府、所預設的主權，以及被用來規範男女之間與不同族群之間關係的此一概念家族（family of concept）的規範方式之限制。

Hardt 與 Negri（2004）在他們的《公眾：在帝國年代中的戰爭與民主》（*Multitude: War and Democracy in an Age of Empire*）一書，首度從一個全球範圍，分析民主興起的可能性。此一可能性，或者他們稱之為「公眾的方案」（project of the multitude），表達了一個對世界平等與自由的想望。他們的書，一本早先熱賣的學術著作《帝國》（*Empire*）的續篇，以同樣的重點開始質疑，全球秩序無法用根植於國家政府主權的擴充性領土之帝國主義模式來加以理解。一個新的網絡權力已經升起——一個經驗性主權（empiric sovereignty）的新方式——由美國與其他國家政府、聯盟與維護全球秩序的世界性政策機構來組成（見 Peters, 2003b）。公眾（Multitude），是 Michael Hardt 和 Antonio Negri 為了存在於帝國內部、且已經展現溝通和共同行動力量之反全球化運動，作為反對「人民」、「大眾」或「工作階級」的辭彙（見 Peters, 2003c）。公眾，通過對溝通公眾與其民主政治組織之發現，被直接關連到世界民主的可能性。

陸　差異的政治學

至此，研究者已經大膽地勾勒了大要，但未有空間去評論這四個元素如何互相跨界，或者如何可能被編織成一個更具一致性的觀點或理論。研究者使用「差異政治學」（the politics of difference）這樣的

辭彙來主題化這些要素，我相信我可以為此一動作加以辯護，尤其假若我們允許在個人的層級上、從與認同的關連中來談論差異的話，也接受國家政府與公民之間的關係，用 Foucault 的話來說。最後一個重點——世界民主的到來，關注到「網絡認同」（network identity），一個用來指出人們在國家政府的疆界之外，尋找政治性認同的概念。

Young 在後結構主義資訊網（poststructuralist resources）建構的是，針對那種對社會正義的自由主義標準化約，將社會正義化約為一種羅爾斯模式（Rawlsian model）的分派式正義（distributive justice）以及它對統一的道德主體性的要求，在十九世紀初期所做的最早批判之一。Young 批判了一種（以白種歐洲的理性形式為模式的）同質性大眾的預設，一種典型未能考慮到當代城市生活的文化差異性與多重網絡的預設。的確，她對於良善社會的願景，乃開始於對文化差異的和以群眾為基礎的政治學的認識，強有力的描繪了一種民主的解放性後現代理論。[6] Young 的作品明顯的以美國經驗作為模式，雖然現在有了一個新興的作品主幹，開始在如波斯尼亞（Bosnia）、後種族隔離的南非（post-Apartheid South Africa）、比利時（Belgium）和斯里蘭卡（Sri Lanka）等不同領土上探究差異政治學。

自由主義理論家預測，隨著現代化民主國家的興起，種族性與國家性認同作為政治行動基礎的來源將會減少，但似乎當前的場景，正經歷著一種種族國家主義（ethnonationalism）的活躍——通常是暴力且種族屠殺式的。通常這種形式之認同政治學，接受種族族群之自我識別（self-identification）乃是社會運動的最合宜手段，以將一開始發生在他們身上的那個不平等條件加以立法來結束（Wilmsen & McAllister, 1996）。過去在帝國主義時代，許多社會被分割為自治的種族要點與規定，而未注意到認同，只要有人負擔稅賦就好。隨著現

代性，自由主義國家政府要求國家，以包含壓制差異與以武力同化和整合的「一個國家，一種語言」模式基礎加以整合。晚近隨著現代性的逝去，去殖民化的歷程以及本土文化的復興，種族平等已經在成文法律中被強加上去；並以多元文化主義與雙文化主義（biculturalism）的形式，勉強地接受文化差異與從事社會性的試驗。最重要的問題在於，是否當前的國家擁有政治的與經濟的意願，去支持平等主義的多元文化主義之非本質性形式（Grillo, 1998）。

這一問題被丟入臺灣最近選舉的若干背景中，希望能從臺灣同儕身上學到即將主導的認同政治學形式。在最近的《新左派評論》（*New Left Review*）（28, 2004）一期中，族群平等聯盟的成員——侯孝賢（Hou Hsiao-Hsien）、朱天心（Chu Tien-Hsin）、唐諾（Tang Nuo）與夏鑄九（Hsia Chu-Joe），遞出了一個以「臺灣的緊張情勢」為題的共同評論，描繪了被性別化的差異政治學，在臺灣近來的選舉由中國國民黨與民主進步黨所上演。他們也描繪了關於臺灣認同政治學的新處境，環繞著在閩南（65%）、客家（12%）與大陸（15%）以及原住民（300,000 人），而導出種族平等主義聯盟之建立。侯孝賢指出，他們設立聯盟乃是為了警示「反對藍營與綠營在大選期間對種族議題的選舉操弄」（p. 19）。唐諾解釋道，在客家、閩南與大陸省籍間的種族衝突並未如此嚴重，直到最近，種族問題開始改變其特性，從本省人（islanders）與外省人（mainlanders）之間的對立，轉到臺灣與北京中國共產黨之間的對立。如同他質疑的，「國族主義，逐漸成為用以逃避社會現實和在經濟、教育與文化上問題的廉價方式」（p. 22）。今天，種族間緊張情勢之煽動，他建議，「純粹是政治權力鬥爭的產物」（p. 22）。無論過去存在過什麼差異性，都已隨著逐漸城市化與通婚的出現而消失，而「很困難由外表或者口音去辨認，在一九六〇後出生的人是來自哪一族群」（p. 23）。夏鑄九建

議，「一種嚴重的區域不平衡已經在全球的資本主義競爭與過渡中到一種後工業經濟」，而「在政治上……此一不均發展已經被認同政治學所取代」（p. 27）。所有的當事者抱怨著教育的閩南化、文化與城市服務，他們為本土化的政治效果而羞慚。對照來說，唐諾建議，「相較於貧乏的國家之類的概念，我們需要一個更大的視域與更普世化的想法，更實質且貼近我們作為實際個體的感覺與生命之物，比盧梭的城市宗教所能提供的更近代的版本」（p. 32-33, my emphasis）。夏鑄九強調一個解決之道，以對抗現代主義的國家概念與同道，而傾向仿效歐洲聯盟的後現代國家系統來運作（Peters, 2002b）。我把這段話整個引述下來。

> 在臺灣，我們需要對其現代國族主義的興起之歷史與政治因緣做一同理心分析。但是，我們也需要記取，在發展中國家的歷史中，建立一個國家政府多常以壞事收場。在臺灣內部已不再有種族衝突，我將期盼著一個我們可以跨越國家觀念、而朝向一個跨邊界世界的明天。我知道我們仍將需要一個得以規範、保護與建構的政府。但是否這必須根植於一個國家？我寧可想像一個在說中文的人民城市間一個更密切的關連，某種東亞連接網絡。我較喜歡探索新的制度可能性。（p. 32, my emphasis）

現在，選舉已經結束，聯盟的未來將被引導至倡導反種族歧視的立法與最後的權利法案。我們被告知的行動力也將貢獻到建立公共檔案的開放性，如此一來，人們能為自己建立起關於過去的歷史性真理。除了這些值得欽佩的目標，聯盟將與臺灣新移民者的困境站在一起，與「我們的島嶼的原住民」（p. 37）一起面對困難。除了這一積極性的方案，唐諾建議，「我們也必須能夠坦承地去談論國家主義」，他並表達了對「臺灣興起的反智性的、民粹式的國族主義」感

到焦慮。

　　這些本質上就是教育性的事務，不只是就建立歷史真理、發展公共檔案與對反智性主義的批判性評價等方面，尤其在國族主義的術語下；更根本地，就在各種層級提倡一種公民權的形式，徹底地破除「一個國家，一種文化」自由主義式的平等。這樣一來，差異的政治學變成是一個教育研究方案與課程的基礎，尋找一種對「文化」與「國家」（和「語言」）的理解，不再堅持於被左派與右派的黑格爾主義思考保留在一種形式中的現代性歐洲典範。

柒　脫離歐洲的現代性典範

　　後現代性的否定思維，強調在反啟蒙思想家不同的表達中，一種文化悲觀主義、破裂與瓦解，以及強調工業主義對環境的毀壞之各種反面烏托邦（dystopia）版本，對照一種對鄉村社區的思鄉病。它召喚傳統社會、本土文化與擴充家庭的破裂與轉位。它描繪工具理性的後果，其具有效率性卻無能自我批判。並且，以與帝國主義形式相關的巨大殖民力量的運動與價值的無止盡商品化，吸引了我們歷史性的注意。

　　後現代性，以一種未來導向的方案來思考，相對而言，描述著一個烏托邦思想重組的可能性，包含著：一個富影響力的論述、一個後匱乏秩序（a post-scarcity order）、多重的民主參與、世界的非軍事化以及一個科技的人性化（Giddens, 1990: 164）。此一較正向的、雖然不總是著稱的方案，也構想著一個根植於一種普世接受的人權文化與全球市場組織的一種新全球秩序之可能性。然而，此一方案也摧折了由福山（Fukuyama）之流所抱持著，洋洋得意的、圍繞新自由主義的自由貿易、自由金融的全球版本，他們認為，我們已經抵達「歷史

的終結」，在自我規約的個體上將全球化加以模式化，以及一個國際主義者的第三條路線版本。

　　反面烏托邦與烏托邦的二種版本都傾向強調站在現代性概念中心的歐洲中心主義，假若未經檢驗的留下，可能扭曲文化後現代主義的概念化。Dussel（1998）採取了這一條路線的思考，建議有二個對立典範可用以特徵化現代性：歐洲中心主義式的與太陽系式的。前者，他建議說，將現代性描述為專為歐洲人的，在中古世紀發展，而隨著時間傳播到世界其他地方；第二種，如他所質疑的，將現代性概念化為世界系統中心的文化，第一世界系統的文化，通過美洲印第安人（Amerindia）的合併，作為此一中心性管理的結果。如 Dussel 繼續解釋的，「換言之，歐洲現代性不是一個獨立的、自我創生、自我參照的系統，反而是一個世界系統的一部分，實際上，是它的中心」（Dussel, 1998: 4）。

　　為了闡明第一種構成──現代性的歐洲中心典範──Dussel 參照了 Weber 經典的現代性形成，從《新教倫理與資本主義的精神》（*The Protestant Ethic and the Spirit of Capitalism*）這本書之導論引述，那特別的段落指出西方文化的特定性：「到什麼樣情況的結合會是必須造成的事實，在西方文明，並只有在西方文明，文化現象已經──如我們喜歡去思考的那樣──在一條擁有普世化意義與價值的發展路線出現」（Dussel, 1998）。此一思想路線，意味著歐洲有其獨特的文化成分，結合著一個單一而廣表的統一精神，由 Weber 所指稱的理性化，允許其取替所有其他文化。此一思想被給予其最終的哲學性表述，如 Dussel 所注意到的，在 Hegel 的《歷史哲學》（*The Philosophy of History*）中，Hegel 建議，新世界的精神是德國精神，以實現絕對真理作為無限制的自我決定為其目的。

　　在此見解中，我質疑，後現代主義是一種對現代性文化的限制、

邊界與邊緣的探索。畢竟，這是一種對所有基礎主義形式，以及對絕對主義者與無歷史的範疇與價值的中心質疑，其通過大敘述其象徵的一統權力來維持並蔓延，並藉此「人」、「理性」、「歷史」與「文化」首度以普世化的歐洲辭彙被提出。然而，後現代主義不只是一個對現代主義與其經典理性詮釋的內在解構。它不只藉由揭露被寫入其根基之中的性別、種族、階級與性偏差，合法化的謎或大論述，而挑戰了過度理性主義者與菁英主義者自大的現代主義與現代性；並且也尋求一種全新的疑問，藉以了解作為社會與文化主體的個體之社會性建構與自我組成。

在 Wittgenstein 的文化概念中，我們得到挑戰現代立憲主義的概念，藉由批判一個單一的一統文化（或國家）作為內在的統一與地理上分離的奠基性概念。Wittgenstein 的概念，強調一個「作為彼此重疊、互動與內在區分……」（Tully, 1995: 9）的文化（複數）觀點。文化（複數）地理上相互重疊，通過歷史性互動的複雜歷史性模式來相互定義，並持續在與其他文化的互動之中被轉化。因此，Tully（1995:11）解釋，「任何認同與文化的意義，都因而是觀點性的（aspectival），而非本質性的，如同許多複雜的人類現象，諸如語言與遊戲，文化認同的變化，乃隨著從不同途徑與多樣觀點來觀看而得以完成」。他繼續談論到：

> 因為文化重疊、互動與協調的結果，文化性差異經驗是內在於文化的。這是最難以理解的文化新觀點的層面。在舊的、本質主義者的眼中，他者與他性的經驗是由藉由與另一文化的關連性來定義……在觀點性的眼中，文化視域，如同自然的區域一樣，是隨著移動而改變。他性的經驗是內在於個人認同之內，在一個觀點性的跨文化空間中之定位而組成……。（p. 13）

　　這種文化的觀點性概念，是維基斯坦式的，而 Tully 更認為
Wittgenstein 的哲學，對滋養現代立憲制度的世界觀，提供了另類選
擇。這值得整段引述：

　　　　首先，相反於現代立憲主義中理解的帝國式概念，它提供了一
　　個理解他者的方式，不必然是在自身語言的再度描繪中理解他人所
　　說，因為現在可以清楚這意味什麼：一種他人事例的歸納性描述；
　　一種人性對話中他人間的對談。其次，它給予了一種與方法有關的
　　哲學論述，藉由跨文化對話中觀點的交換，培育了「覺察多樣性」
　　的態度，讓交談者能夠不同地看待案例，而改變其觀看事物的方式。
　　最後，它是一個關於理解如何發生於真實世界的觀點，重疊、互動
　　與協商的文化多樣性，我們藉以言說、行動而彼此聯繫……Wittgen-
　　stein 的哲學，解釋了為什麼我們必須傾聽每一群體成員的描述，而
　　我們自身的確進入對話當中，以尋獲可被所有人接受的重新描述，
　　這調停了我們希望彼此承認的差異。這是一種從事哲學與達到相互
　　理解的方式，適合一個文化多樣性的後帝國時代。（Tully, 1995: 111）

　　Tully 解釋的是，Wittgenstein 提供了我們一個文化（與國家）的
實用性（pragmatically-based）概念，毋須充當統治和社會行動基礎的
種族團結形式，也得以不再受到追求文化和國族同質性的不理性政治
要求之控制。

卍 註　釋

1 譯註：原文的標題為"Poststructural Marxisms,（Education）and the Politics of
　Difference"，如何迻譯成中文，幾經思量。尤其是"Poststructural Marxisms"一辭
　原本打算譯為「後結構的馬克思主義學」，唯「馬克思主義學」一辭之使用並

不普遍，且可能造成指涉混淆的問題。最後決定回到後結構主義最強調的「複數」差異精神，譯為「後結構馬克思主義（複數）」。

2 譯註：本文乃是從二○○四年英國格拉斯哥大學（University of Glasgow）教育哲學教授 Michael Peters 教授，受邀至國立屏東教育大學「社會理論與教育研究」第二屆國際學術研討會所發表的專題演講之講辭中，由當時擔任現場中文翻譯的我，加以全文翻譯而來。由於考量到口語文字與書面文字的差異，以及演講與專題論文之間形式上與論述人稱上的不同，我盡可能地以不扭曲原意的原則，做些許必要的增刪與改寫，以符合閱讀上與論文要求上的連貫性、聚焦性與整體性，希望有助於讀者掌握本文要點。

3 作者註：根植於自由市場與自由貿易的新自由主義全球化之擁護者，已經接受了資本與貨物的流動性，卻尚未就勞力流動性或人民流動性層面達成協議。Gayatri Chakravorty Spivak（2002）在《異族居民》（*Resident Alien*）中，以這樣的主張開始，「人們大規模的運動——重新命名為『流散』（diaspora）——乃是定義我們時代之物」——款待倫理學（ethics of hospitality）與在大都市空間中的移民。

4 譯者註：克里奧語化的由來，是因為歷史上有不少商人、傳教士和旅客到世界各地探索，他們需要和當地的人溝通，而這些外來人和當地人的文化基本上完全不同，在這種情況下，基於一種語言的混雜語就會應運而生混雜語，這包括了在辭彙、語音和文法上經過簡化的英語、法語、葡語或其他語言。當一種混雜語發展為兒童學習的母語，這種混雜語就成為「克里奧語」，例如：西印度群島中一些以英語、法語或德語為基礎的混雜語。克里奧語化可說是不同文化在語言層面上混種所得的結果。

5 譯者註：南非非洲國民大會（African National Congress of South Africa），簡稱非國大，是南非主要執政黨，最大的黑人民族主義政黨。主張建立統一、民主和種族平等的南非，領導了南非反種族主義鬥爭。創立於一九一二年，一九二

五年改現名，有成員七十萬。曾長期主張非暴力鬥爭。一九六〇年被南非當局宣布為「非法」組織，主要領導人流亡國外。一九六一年決定開展武裝鬥爭，成立名為「民族之矛」的軍事組織，曼德拉任總司令。一九六二年，曼德拉等人被捕。非國大在極其困難的條件下堅持鬥爭，獲得國內外的廣泛同情和支持，逐漸成為南非影響最大的黑人解放組織。Eric Hobsbawm 曾說過，非洲人國民大會或許是最後一個偉大的歐洲國家運動。

6 作者註：見即將出刊的《教育哲學與理論》（*Educational Philosophy and Theory*）二〇〇五第一期之針對其作品與她本人對其評論者的回應之特別企畫。

參考文獻

Bhabha, H. and Comaroff, J. (2002). Speaking of postcoloniality, in the continuous present: A conversation. In D. T. Goldberg & A. Quayson (Eds.), *Relocating Postcolonialism* (pp. 15-46). Oxford: Blackwells.

Burchell, G. (1996). Liberal government and techniques of the self. In A. Barry, T. Osborne, & N. Rose (Eds.), *Foucault and Political Reason* (pp. 19-36). London: UCL Press.

Derrida, J. (2001a). The future of the profession or the unconditional university. In L. Simmons & H. Worth (Eds.), *Derrida Downunder* (pp. 233-248). Palmerston North (NZ): Dunmore Press.

Derrida, J. (1994a). Nietzsche and the machine: An interview with Jacques Derrida by Richard Beardsworth. *Journal of Nietzsche Studies, 7,* 7-66.

Derrida, J. (1994b). *Specters of Marx: The state of the debt, the work of mourning, & the new international* (Peggy Kamuf, Trans.). London: Routledge.

Dussel, E. (1998). Beyond eurocentrism: The world system and the limits of modernity. In F. Jameson & M. Miyoshi (Eds.), *The Cultures of Globalization* (pp. 3-31). Durham and London: Duke University Press.

Giddens, A. (1990). *The consequences of modernity*. Cambridge: Polity Press.

Goldberg, D. T., & Quayson, A. (Eds.). (2002). *Relocating postcolonialism.* Oxford: Blackwells.

Grillo, R. D. (1998). *Pluralism and the politics of difference: State, culture, and ethnicity in comparative perspective.* Oxford: University of Oxford Press.

Hardt, M., & Negri, A. (2001). *Empire.* Cambridge, Mass.: Harvard University Press.

Hardt, M., & Negri, A. (2004). *Multitude: War and democracy in an age of empire.* New York: Penguin Press.

Hegel, G. W. F. (1977). *Phenomenology of spirit* (A.V. Miller, Trans.). Oxford: Oxford University Press.

Heidegger, M. (1999). Letter on humanism. In F. K. David (Eds.), *Basic Writings.* London: Routledge.

Ho-Chia, C. (2004). *Anxious identity: Education, difference and politics.* New York: Praeger Publishers.

Hsiao-Hsien, H., Tien-Hsin, C., Nuo, T., & Chu-Joe, H. (2004). Tensions in Taiwan. *New Left Review,* 28 July/August: 18-42.

Peters, M. A. (1996). *Poststructuralism, politics and education.* Westport, CT., & London: Bergin and Garvey.

Peters, M. A. (2001a). *Poststructuralism, marixism and neoliberalism.* Lanham & Oxford: Rowman & Littlefield.

Peters, M. A. (2001b). Politics and deconstruction: Derrida, neoliberalism and democracy to come. In L. Simmons & H. Worth (Eds.), *Derrida Downunder* (pp. 145-163). Palmeston North: Dunmore Press.

Peters, M. A. (2002a). Cultural studies and the future of ' culture'. New

Zealand: Journal of Sociology.

Peters, M. A. (2002b). The postmodern state, security and world order. *Globalization: Globalism and Its Challenges, 2* (2). Available at http://globalization.icaap.org/currentissue.html

Peters, M. A. (2003a). *The New Prudentialism in education: Actuarial rationality and the entrepreneurial self.* Paper presented at the World Congress of Philosophy, Istanbul, Turkey, 11-12 August, 2003.

Peters, M. A. (2003b). Between empires: Rethinking identity and citizenship in the context of globalization. *New Zealand Sociology, 18* (2), 135-157.

Peters, M. A. (2003c). 'Anti-Globalization' and Guattari's The Three Ecologies. In: M. A. Peters, M. Olssen, & C. Lankshear, (Eds.), *Futures of critical theory: Dreams of difference* (pp. 275-288). Lanham & Oxford: Rowman & Littlefield.

Peters, M. A. (2004). Globalization as war: The 'Education' of the Iraqi people. In M. Peters (Ed.), *Education, globalization and the state in an age of terrorism.* Boulder, CA: Paradigm Press.

Peters, M. A., & Burbules, N. (2004). *Poststructuralism and educational research.* Lanham & Oxford: Rowman & Littlefield.

Peters, M. A., & Besley, T. (2005). *Building knowledge cultures: Education & development in an age of knowledge capitalism.* Lanham & Oxford: Rowman & Littlefield.

Spivak, G. A. (2002). Resident alien. In D. T. Goldberg & A. Quayson, (Eds.), *Relocating postcolonialism* (pp. 47-65). Oxford: Blackwells.

Trifonas, P., & Peters, M. A. (2004) (Eds.). *Deconstructing Derrida: Tasks for the new humanities.* New York: Palgrave.

Tully, J. (1995). *Strange multiplicity: Constitutionalism in an age of diversity*. Cambridge: Cambridge University Press.

West, C. (1992). The new cultural politics of difference. In C. West (Ed.), *Keeping Faith: Philosophy and Race in America*. New York & London: Routledge.

Wilmsen, E. N., & McAllister, P. (Eds.). (1996). *The politics of difference: Ethnic premises in a world of power*. Chicago: University of Chicago Press.

Young, I. M. (1991). *Justice and the politics of difference*. Princeton, New Jersey: Princeton University Press.

批判教育學——
臺灣的探索

第3篇

回向

第九章

批判教育學只是個名：關於翻譯政治的討論

張盈堃、郭瑞坤

　　文化生產者擁有一種特殊的權力，擁有表現事物並使人相信這些表現的相應之象徵性權力，這種象徵性權力……賦予那些體驗存在的理由。……他們也許還會願意提供這種權力任統治者驅使。他們也許還會依照權力場域內部的鬥爭的邏輯，提供這種權力任社會場域中作為整體的被統治階級驅使……（Bourdieu, 1988: 87）。

　　事實上，語言的使用、行為與論述的實體是基於發言者的社會位置，這管理著他能夠接觸語言的機制，也就是說，官方、正統與正當的言說（Bourdieu, 1991a: 109）。

開場白：從一封群組電子郵件談起

　　美國人的日常生活對話中，有一句有意思的話：Shit happen，大抵上的意思是人在家中坐，禍從天上來。本文的某位作者在苦悶的日子中，突然收到一封群組的電子郵件描述著 critical pedagogy 中文到底要翻成什麼，以及為什麼會有這樣的爭議，從那一刻起，陸陸續續地收到許許多多關於這件事情的郵件，這些郵件的背後有太多太多有意思的故事，也值得寫成一篇極具爭議的文章，容許在此先賣個關子，也基於學術倫理的緣故，細節也不便多說。但，為什麼用 shit happen 來描述這位作者當時的心境，因為從莫名其妙地收到那一長串的電子郵件起，本文的某位作者已隱隱約約地感受到自己已經被化約至某種陣營，也大概明瞭自己即將面對一場學術政治與立場的辯論。在他看到這些群組郵件之後，心中突然泛起 Michael Apple 曾指出 pedagogy 算是一個含糊字眼（weasel words）的說法。同樣地，在他心中認為本地對批判教育學與教學論的爭議也反映出 pedagogy 這個字眼的不明確。固然這兩個陣營閱讀相似的文本、思考相似的問題，固然在知識論的看法中未必涇渭分明，大相逕庭，但的確體現出了些許的差別。於是他就拉另外一位作者下水，弄出一次對臺灣 critical pedagogy 的知識社會學式探討的嘗試。要提醒讀者的是，坦白說，本文在資料分析與論述開展上存在相當多的問題，但撰寫本文的目的乃是拋出一個引子，好讓本地的學界更進一步討論 critical pedagogy 的相關應用與其問題。

壹　前　言

　　隨著本地教育改革的興起與發展，critical pedagogy（以下本文一律稱為批判教育學，當然也顯示本文作者的立場）的論述在臺灣學界逐漸受到重視，並已累積一定數量的研究與論述。如果在本文一開始先用簡短的幾句話來定義批判教育學的話，可以這麼說批判教育學主要存在於北美教育學界中，一種特定的思潮與論述立場，這個陣營的學者共同的基調乃是挑戰學校不平等的結構與施為，強調批判教育學扮演著文化政治的工具，用以質問種族、階級與性別、性取向議題等脈絡底下的相關議題。在分享批判、奮鬥與希望的語言上，批判教育學試圖鬆緩所謂受到壓迫者的處境，並且提出若干的理念逐漸邁向終止人類所遭受到壓迫的許多形式。某種程度上而言，這樣的基進論述對本地僵化的教育體制或多或少引起另類的討論，並且逐漸成為受到矚目的議題。然而，本文僅以一個小節討論批判教育學的基本內容之外，主要的目的針對臺灣批判教育學這個辭彙的翻譯所引起不同立場之間的爭論進行分析。臺灣學界比較常見的翻譯辭彙包括批判教育學與批判教學論這兩種，彼此之間所堅持的看法與立場截然不同，尤其在知識論上面看法分歧，就像在開場白所講的，也因此引發一連串透過電子郵件的辯論與對話，在我們看來，這彷彿是兩個陣營在學術場域[1]中，所進行的一場翻譯或學術言說正當性的較量，也就是學術的生產與發展也是一種知識論述的競爭。並且，從其置身（situate）的論述情況來看，我們發現批判教育學在本地學界正產生著特定的論述分布板塊，在本文的論述中，借用 Gramsci 的概念，我們主要將此現象區分成權力集團（power bloc）與論述集團（discursive bloc）之間的學術競逐，同時不同的集團也可視為 Astin 與 Lee（1972）所謂的

隱形學院（invisible colleges），在這種隱形學院中所構成的知識論述與權力影響的系譜關係，彷彿就像Bourdieu（1977: 165）提到：「知識理論是政治理論的面向之一，因為特別是象徵的權力掌控了對實體建構的原則——特別是社會的實體——這是政治權力的主要面向」。大抵上而言，集團的區分在於主張採用批判教育學與批判教學論之間的差別，主張譯作批判教學論乃是以臺灣師範大學教育系為首，以及其他與臺灣師範大學教育系有所系譜淵源的學者，而主張譯作批判教育學者，其成員的背景較為混雜，除了部分任職於師範學院的教授之外，也包含一些與教育場域較遠的學者，像是某些社會學或是心理學人士。不過，若以核心與邊陲的關係來看，臺灣師範大學可以說是核心中的核心，基於歷史等相關因素，臺灣師範大學教育系居於教育領域的龍頭地位[2]，在教育議題的發言上最具有正當性，並且掌握相關的學術資源，因此我們稱此為權力集團，另外一個陣營的形成主要透過生產大量的相關論述，因此我們稱之為論述集團。

　　本文主要以這個翻譯爭議作為分析的對象，輔以翻譯政治與學術場域等等角度加以切入。我們的基本假設是：任何學術知識的生產與引介，都有其特定學術結構，作為其生成的基礎與條件。而批判教育學作為本地教育改革氛圍底下的產物，亦是在某一種基礎和條件中生成、維持，與複製（reproduction）。因此，本文的問題意識所涉入的核心為：在臺灣，所謂批判教育學的知識生產與引介，是以什麼樣的方式在進行與持續著？其研究的目的／效果到底為何？同時以什麼樣的名稱出現，為什麼？以及這樣的名稱用來指涉以北美洲為主的批判教育學論述，其理解和分析究竟有多大的差異？這樣的名稱與北美洲的學術場域維持著一種什麼樣的關係？或者這麼說，其差異／關係的存在究竟是在什麼樣一種／多種的社會條件下完成的呢？質言之，本文想要探討臺灣的批判教育學相關知識的產生，是在什麼樣的條件下

完成的，這樣一個關於知識生產條件的問題，特別是不同的譯名背後代表著不同的知識論。本文的分析資料除了根據相關的文獻進行文本的論述分析之外，特別也針對這個有趣的現象，訪談五位對這個議題有關的學者。[3]

貳　溯源：批判教育學的理論背景

　　本地學界所引用的批判教育學論述，主要是透過北美的幾位重要教育學者，像是 Michael Apple、Henry Giroux、Peter McLaren 與 bell hooks 等等的著作來一窺批判教育學的全貌，雖然批判教育學的論述絕非只侷限於這幾位大腳級的學者，不過平心而論，目前北美教育圈中的常見批判教育學論述或相關研究，不外乎透過個案研究、參與觀察或是敘事、自傳體裁等等的形式，闡述這幾個人的主要論點。也由於這些大腳級的學者本身所關切的議題不盡然完全相同，因此，嚴格說起來批判教育學的本身是一個很難明確定義的集合式大傘，這把大傘底下包含著不同的關切議題與論述立場，就像 McLaren（1998: 227）曾說：「批判教育學不是一種教派，而是一種運動，它沒有宗教教主或首席詮釋者，而有著不同層次的解放需求、思想概念和實踐路線被放進批判教育學這個大傘底下」，這樣的看法顯現批判教育學乃是一個極度多元的論述場域。

　　基本上本文把批判教育學視為場域（field）而非僵固的學門，因此我們不難看到在這個場域裡面，有著馬克思主義立場的批判教育學，也有著後結構與女性主義觀點的批判教育學。從批判教育學的混雜理論背景來看，大抵上來說，有一種看法認為其理論背景包括美國進步主義的傳統（如 John Dewey、Myles Horton、Herbert Kohl、Maxine Greene、Ivan Illich 等等）、巴西的文化識能計畫（如 Paulo

Freire、Augusto Boal 等等）、霸權與權力論述（如 Antonio Gramsci
與 Michel Foucault）、法蘭克福學派的批判理論（如 Max Horkheimer、
Theodor Adorno、Walter Benjamin、Leo Lowenthal、Eric Fro-
mm、Herbert Marcuse、Jurgen Habermas 等人），以及當代思潮的影
響（如後現代主義、後殖民主義、文化研究與女性主義等等）（Darder,
Baltodano, & Torres, 2003）。另外一種看法則是有些學者認為批判教
育學是在教育場域所謂的批判立場學者，他／她們在過去二十幾年來
有其不同的理論參照，由原先 Karl Marx、Antonio Gramsci、Raymond
Williams、德國的法蘭克福學派、美國的 Harry Braveman、Manuel
Castells 等，以至晚近政治和社會學理論的後現代轉折，像是法國學
者 Jacques Derrida 和 Michel Foucault 的理論概念，這些論述為當代教
育學者提供許多新的研究視野和問題（Hargreaves, 1999）。如果綜合
這兩種說法的話，大致的理論光譜包括批判理論與後現代／後結構主
義這兩個主要的取向，不過有時候這兩種取向卻很難截然二分，許多
學者的作品中往往混雜（hybrid）地使用不同的理論取向，也創造出
嶄新的論述與應用。單文經（2002：126ff）引用 John McNeil 的說
法，認為 Paulo Freire 所主張的受壓迫者的教育學（pedagogy of the op-
pressed）與批判意識的教育（education for critical consciousness）以
降的批判教育論述（像是 Apple、Giroux 等等），與 Shane 的課程未
來學（curriculum futurologists）以及 Pinar 與 Bowers 的環境重建論
（environmental reconstruction）等新社會重建論者，其主旨皆試圖透
過課程改變主流社會文化受到宰制的情況，這逐漸與後現代的課程論
述接軌。基本上我們把批判教育學視為後的教育學，而不願直接稱之
為後現代觀點，[4] 因為批判教育學的本身包括許多不同的理論立場，
像是馬派與後現代／後結構的分野，後的教育學指涉對立於現代主義
觀點底下的教育學，並且也不只侷限在課程與教學的領域而已。

　　但同時結合批判理論與後現代／後結構取向的做法也引起不少的質疑，舉例來說，馬派的批判傳統仍指向有客觀答案的唯實觀點，但後現代本身不承認有客觀真理的情況下，在多元觀點之間的批判就與馬派的傳統有所對立。[5] 本文的焦點並非處理批判教育學流派之間的系譜關係，所以暫且先擱下批判理論與後現代／後結構這兩個主要取向的衝突。除了批判與解構的面向之外，行動或施為也是批判教育學的發展背景中極為重要的一環，其關鍵人物乃是巴西的基進文化識能推動者 Paulo Freire。在 Freire（2000）的經典著作《受壓迫者教育學》（*Pedagogy of the Oppressed*）一書中便點出了整個批判教育學論述的核心：如何使受壓迫者參與開展解放的教育學？Freire 描述傳統的教育方法為「囤積式教育」（banking education），這種教育抹煞學生的創造力，使其批判思考的能力變得呆滯，於是在這種教育底下，教育好像是客戶到銀行從事的存款行為，教師是存款者，只要將特定的知識存在學生的帳戶之中，其教育結果便告結束，而學生們要辛苦地加以接納、耐心地背誦，學習的過程便告結束。在這種囤積式教育下，知識成為一種禮物，由自認為「擁有知識的人」贈送給這些被判定為缺乏知識的人。學生愈努力將這些被給予的知識儲存起來，則愈不可能發展批判的意識。Freire 對囤積式教育的描述，頗符合此刻許多本地學者所一再批判的僵化教育現場。Freire 指出巴西社會的統治階級根據自身利益，以虛假意識強制一般人民過著依賴、被動、不深思反省的非人道生活。教育在這種環境底下，成了統治階級傳遞、灌輸特有意識型態的工具，囤積式教育在統治階級的操控下，失去引導人民反省教育本質，甚至是在反民主、反人道的權威宰制下，締造一個堅固的非人道的社會。為了對抗囤積式教育，Freire 提出對話教學方法，強調引導學習者質疑的精神，係以所有的科目與教材為可供質疑的歷史產物，並非照單全收的唯一知識，協助學習者增加批

判社會事實的態度。

固然批判教育學這個場域的形成主要基於 Paulo Freire 的論述與巴西脈絡為前提,但其思想影響到英、美,甚至世界各地的教育學者,像是 Michael Apple、Robert Connell、Roger Dale、Miriam David、Jane Gaskell、Madeleine Grument、Henry Giroux、John Harp、bell hooks、Patti Lather、Peter McLaren、Liv Mjelde、Ira Shor、Robin Small、Philip Wexler、Paul Willis、Geoff Whitty、Michael Young 等人。固然批判教育學的理論背景涉及廣泛,像是後現代、後結構、後殖民、新馬克思主義、批判的實用主義等等,不同的學者所占據的理論光譜也不盡然相同,但是這些立場均顯示著持續為緊握理論與現實議題的複雜性而奮鬥,其標幟的「重新理解教育裡的文化政治意涵」方向,以及其直指今日教育問題的核心,在在地展現論題鮮活、論述有力的特徵。然而,亦有不少學者指出批判教育學最常遭受責難的地方,乃是使用過度華麗或是新奇的語言與想法,以致基進的教育理念很難被基層教師所掌握。舉例來說,多數的批判教育學者在他/她們的作品中描繪批判教育學的時候,他/她們通常同時也使用其他或是抽象的辭彙來指稱批判教育學,像是 McLaren(1994)有時候偏好使用「批判與抗拒的多元文化主義」(critical and resistance multiculturalism)、Giroux(1994a)使用「反對的多元文化主義」(insurgent multiculturalism)、Donald Macedo(1994)說到「解放的教育學」(liberatory pedagogy)、bell hooks(1994)擁抱著「交融的教育學」(engaged pedagogy),以及 Lilia Bartolome(1994)則主張「人性化的教育學」(humanizing pedagogy)等等。我們認為批判教育學應該使用實用主義的方法來挑戰、改變壓迫的結構限制,因為在過度華麗的辭彙底下,往往會逐漸喪失挑戰壓迫結構的能量。即便如此,批判教育學提供強而有力的論述來幫助底層的教育工作者思考教育現

場的種種問題是不容否認的，但這不意味著現場教師或實務工作者也必須發展各式各樣的具有理論深度的語言，甚至走進理論上的死胡同（theoretical cul-de-sac），因為這樣的語言有時候對於第一線的從業人員來說不是難以理解，不然就是很難把這樣的論述置於教育現場中實作。因此，我們認為不管採用什麼樣的名稱，很重要的是我們需要理解到批判教育學並非簡化至鉅觀的、理論的、抽象的層次。相反地，在批判的社會理論與實行之間有一個糾結在一起的關係，也就是說，批判教育學試圖從理論與實務中產生一股辯證的張力，辯證是對各種問題來來回回地思考，並從反省思考中尋找矛盾，從矛盾中建立新思維及新行動。這種相互的關係能夠激發不同認知方式的再概念化，如此才能打破根深蒂固的認識論，並且提升知識分享與生產的參與空間，以及提升行事者的能動性去影響改變的可能。

　　Carlson 與 Apple（1998: 25）曾區分批判教育學的作為為兩個不同的論述軸線：一種是延續著 Henry Giroux、Peter McLaren 與 Paulo Freire 的論調，另外一種主要連接至女性主義學論述，像是 Elizabeth Ellsworth、Carmen Luke 與 Jennifer Gore，以及 Kathleen Weiler 等人的作品。不過，值得一提的是固然批判教育學也吸取女性主義的論述，並且批判教育學成為女性主義學者在建構另類教育學的重要參照對象，但是批判教育學與女性主義教育學之間仍存有若干程度的緊張關係。舉例來說，Weiler（1991）曾指出女性主義教育學對知識、權力與政治行動的基本假設，乃是希冀透過教育轉型的功能達到社會變遷的看法，這即奠基於 Paulo Freire 的基礎。此外，Giroux 等人的闡述尋求教室中的被壓迫者的抗拒與賦予權能，也受到女性主義教育學陣營的青睞與應用。但是，這些女性主義學者對這群男流的批判教育學論述有若干的批評和質疑，包括：⑴教師和學生所擁有的權力有差異，無法以平等概括之；⑵讓學生閱讀或接受批判教育學的世界觀，

是否也是一種意識型態或強迫的學習；(3)批判教育學所強調的啟蒙和理性似乎十分生硬，語言過於抽象和理想化，難以落實到教室生活的實踐；(4)教學效果不彰，學生對於所謂權力和資本主義的議題大多無動於衷或不感興趣，即無法體會批判教育學的歷史語境和抗爭意義（王慧蘭，2003）。舉例來說，Ellsworth（1992）指出批判教育學固然重視理性的層面，但忽略情緒的作用，因此她指出「批判教育學」雖強調幫助學生增權益能、注重學生聲音、對話和批判性，不過諷刺的是，當教師想要實踐這些理念時，往往會再生產批判教育學所要反對的歐洲中心主義、種族主義、性別主義、階級主義和填鴨式教育，而形成教室中的宰制關係。相似地，Gore（1992: 56）則對批判教育學中的 empower 提出異議。她解析 empower 指稱了給予權威、使有能力（enable）的意義；其中蘊含了行事者給予他人權力或引發他人能量的意義。在批判教育學中，通常賦予權能的行事者是老師，對象是學生，是故 Gore 指出當教師受到其所處父權機構、傳統教育學意涵與社會脈絡的侷限時，如何對學生發揮賦予權能之功？面對這樣的批判與指責，Carlson 與 Apple（1998: 27-28）認為今日在女性主義學者眼中，這些所謂的男流批判教育學已經有許多的轉變，例如教學的形式已經重新概念化，超越僅僅來自結構面向的討論、批判教育學也重新宣稱來自邊陲者的歷史、聲音與觀點，並且開始轉向大眾文化的層面，因此他們認為以批判教育學這個名稱比起各式各樣分支底下的教育學（像是後現代教育學、女性主義教育學）更為貼切地說明反霸權、反宰制的教育立場。基本上，本文也是基於這樣的立場來指稱批判教育學，即批判乃是廣義地指涉反霸權的思想立場，而非侷限於常識性的誤認，以為批判教育學的批判窄化地指稱針對法蘭克福學派批判理論的應用。

參　本地的脈絡：從禁口到大量進口的商品化趨勢

近幾年來，批判教育學在臺灣變成彷彿是炙手可熱的商品，一般論文、著作、譯作與碩博士論文，[6] 一批批蜂湧而出。原本彷彿禁口不語的教育論述，如今變得看似人人皆言。林昱貞（2002）曾指出臺灣近年來隨著政經、文化的急遽變遷與九年一貫課程的實施等教育結構轉型的因素，許多學者紛紛引用批判教育學的術語，批判教育學從早年不談、「諱」談的受忽視狀態，一躍而為批判教育現狀的有利、流行的工具。不難發現的是二○○○年似乎是一個分水嶺，在那之前幾乎全為思想引介性質的文章，重點擺在 Paulo Freire 論述的引介，尤其是王秋絨（1988，1992，1995a，1995b，2000），但泰半將 Freire 放在成人與社區教育的範疇去談，鮮少觸及 Freire 所主張的解放論調，因此，我們認為這樣的處理手法與其他少數文章以及二○○○年之後出現大量文章的現象之間，似乎就是一個很大的斷裂。在此，我們不禁要問：為什麼這幾年對於「批判教育學」不再禁口、反而大量進口？這裡頭的學術需求與界分體系是什麼？對於批判教育學作為文化全面改造大業的意志，這些文獻透露出來的，有些什麼不一樣的學術－實踐形貌（configuration）？

在回答這些問題之前，有必要對這些論述進行初步的分類，因此，我們依據這些論述的議題性質，將它們分成六類並呈現在表 1 裡。在表中，我們將中文有關批判教育學論述的知識取向分成「引介」與「應用」兩種取向，這樣的做法當然多少是有些武斷，但是作如此的區別只是為了方便討論而已，因為在知識論與方法論之間往往難以截然二分。更且，引介往往也是一個新興議題的起點，所以引介與應用兩者在本質上並沒有高下之別。我們做這樣的劃分是基於各個

表 1	critical pedagogy 在中文－台灣的論述分布[7]	

研究議題＼知識取向	學術引介取向	本土應用取向
一般教育論述	宋明順（1998） 鄭博真（1999） 卯靜儒（2002） 黃庭康（2002） 方永泉譯（2003） 蕭昭君等譯（2003） 馮朝霖（2003，2004） 李奉儒（2004） 張盈堃等譯（2004）	林昱貞（2002） 夏林清（2002） 張建成（2002）
課程、教學與教師角色	王秋絨（1988） 謝小芩譯（1995） 方永泉（1999） 吳瓊洳（1999） 周珮儀（1999，2001） 歐用生（2000） 高博銓（2000） 王麗雯譯（2002） 李奉儒、洪孟華（2002） 蔡文山（2002） 王嘉陵（2003a） 湯仁燕（2003） 洪孟華（2003） 莊明貞、潘志煌（2004） 卯靜儒（2004）	馮朝霖（1998） 謝小芩、范信賢（1999） 楊巧玲（2000） 張盈堃（2000，2001b） 楊巧玲（2001） 歐用生（2002） 許誌庭（2002） 王嘉陵（2003c） 莊明貞（2003） 蕭又齊（2004）
教育改革	溫明麗譯（1997） 高熏芳等譯（2001） 劉育忠（2002） 王嘉陵（2003b）	李奉儒（2003a，2003b） 張盈堃、陳慧璇（2004） 張盈堃（2004a，2004b） 郭瑞坤（2004）
文化政治	劉惠珍等譯（2002） 莊明貞專訪（2004） 張建成（2004）	宋文里（1995） 張盈堃（2001a，2001c）
媒　體	楊洲松（2004）	
知識經濟		洪如玉（2003）

中文論述當中有一些論述基質必須先提取出來，才能進一步去談，是什麼樣的學術慣性（habitus）[8]造就了批判教育學在中文世界的質地。而從表 1 我們也可以看到非常明顯的議題分布，主要是在一般教育論述、課程教學與教師角色、以及教育改革這幾個議題中，尤其是課程、教學與教師角色，很自然讓我們聯想到教育實踐最主要的就是在「課程與教學」裡頭進行。

一、理論引入的來源：北美或歐陸

同樣地，我們這裡對於理論引用來源的這種區分也有武斷之嫌。在一般教育學術圈對於批判教育學的理解，它跟法蘭克福學派批判理論有一定的關連是殆無疑義的（Darder et al., 2003；周珮儀，1999），而起源於德國、繼而在北美落地生根茁壯的批判理論，六〇年代之後亦分別在北美與歐陸發展著。[9]但是在本地教育學術圈對於批判教育學的挪用，從文獻數量可以看出來自北美（特別是美國）的理論進口是占絕大宗的，而批判教育學也不是批判理論的直接應用而已，它理論來源的多樣性，相關論述請詳見本文的第二節。

為什麼來自北美的理論進口數量遠勝於來自歐陸（主要是德國或是法國）？[10]英語作為臺灣學術生產加工的優勢外國語言，當然是首要的因素。那麼我們作這樣的區分還有意義嗎？我們認為還是有的。從歐陸德、法教育哲學發展來展開其論述的少數學者（如馮朝霖，2003），將教育作為實踐的關懷旨趣，比如批判教育學要匯合到另類教育學的實踐裡頭，這樣的論點與許多關注在北美特定批判教育理論家的思想引介論著（強調體制內的改革），就有所不同。但是在我們的看法裡，這還不是最重要的差異，更重要的是批判教育學在中文－臺灣的學術場域裡所形成的論述分布板塊，以及形成這樣情形的學術

結構是什麼。

二、議題與旨趣

很顯然，從表 1 可以看出裡頭的議題分布相當傾向某些部分，我們需要再仔細考察一番，才能更清楚這些不同的傾向為何。

㈠ 一般教育論述

就學術引介來看，宋明順（1998）從 Paulo Freire 的「政治教育學」（political pedagogy）觀點，探討其批判教育學的思想，闡述解放型教育與馴化型教育的關係、「提問式」教育與「囤積式」教育的差異，繼而論述教育即政治、對解放性教育的抗拒、菁英文化與民眾文化，以及意識化之為批判教育學的目標等論題。鄭博真（1999）探討 Henry Giroux 的後現代邊界教育學思想，認為 Giroux 的基本論述包括反文本論、反記憶論、差異的政治觀、與教師作為公共的及轉化的知識份子等特性，目的在於教育公民支持基進民主社會的重建。卯靜儒（2002）分別從 Apple 的生平介紹、新馬的思想淵源與脈絡、教育研究學界發聲的位置——教育社會學與課程理論、教育作為競爭與妥協場域的理論觀點、思想的定位與轉向，為 Apple 作學術定位。黃庭康（2002）則為 Apple 的《教育與權力》一書做導讀，認為該書的矛盾衝突概念超越再製理論的不足，並指出構成教育系統矛盾衝突的經濟、政治及文化因素。馮朝霖（2003）藉由考察二十世紀末德國普通教育學理論，提出主體、情性與創化作為德國教育理論的三個主流——批判教育學、後現代教育學與自我組織教育學——之核心概念，討論批判教育學所關切的主體性問題，並連結到後現代與自我組織教育學對於情性與創化的論述。並且馮朝霖（2004）進一步分別從

Nietzsche 的精神三變說——駱駝、獅子、孩童，象徵傳統／保守的教育學、批判／解放的教育學，以及另類／創化的教育學，認為批判教育學的批判與否定性是為了復原其自由的人性，並向另類與創化教育學開展。李奉儒（2004）的引介則是透過閱讀 Freire 的著作，鋪設 Freire 批判教學論的發展歷程與理論主張，將其著作分成前期與晚期，並分成人文馬克思主義和批判理論、文化和教育政治學，以及後現代思想等三個層面來說明。以下三書皆為中文翻譯書籍，Freire（1968/2000）的這本書寫作時間雖久遠，但幾乎已經是批判教育學的經典著作，我們所考察的這些論著幾乎都會牽連、引述到此書及其相關論述（該書由方永泉譯）。McLaren（1998）的《校園生活》所發展的批判教育學，他認為這是用來辨識並改造那些形塑人們生命的社會政治現實的一種方法，特別要翻轉資本與社會的辯證關係，讓社會經濟結構用於服務人類。McLaren 在中文譯本所提供的這種剖析，似乎並未反映在相關的中文引介作品裡（該書由蕭昭君等譯）。Kanpol（1999）透過三個不同年級與人口差異的各地區所完成的教師研究與一可能性平臺的建立，帶出批判教育學的批判元素，該書即是要為讀者提供工具與方法，去「做」批判理論、用不同方法去構想教育（該書由張盈堃等譯）。

在本地應用方面，林昱貞（2002）探討批判教育學在臺灣被引用和應用的狀況、相關的應用範疇與分析焦點，以及隱藏的困境與問題。林昱貞發現有以下問題：見樹不見林的理解、理論與實踐的失衡、去脈絡化的批判語言、缺乏教師作為轉化型知識份子的實踐性研究、缺乏以正面觀點看待學生抗拒的文化研究。夏林清（2002）認為基進教育為推進社會變革的實踐取徑，其對歐洲批判心理學及美國基進教育理論與行動科學理論所進行的解讀，乃依靠十多年在工人運動與草根婦女運動中的實踐為閱讀論述的探針。張建成（2002）從批判

教學論的觀點去說明主體的解放，總結到教師必須作為一個轉化型的知識份子，以積極對待弱勢群體的差異，並認為批判教學論的不足是：重主體與輕結構、重理論與輕實際、正式課程與學生經驗的整合只是原則性的提示。[11]

(二) 課程、教學與教師角色

在引介部分，有一個很有趣的現象是，討論到課程與教師角色時似乎著重 Giroux 的引用，討論教學時則往 Freire 借取思想與方法資源。王秋絨（1988）藉由 Freire 對話教育思想產生的歷史、社會因素，闡釋其對話教育思想的內涵，包括對話的意義、題材、存在的條件及實踐途徑，並評析對話教育思想，以彰顯教育革新的方向。方永泉（1999）重新檢視現代教師角色所具有的意義，透過說明國內的師資培育改革、教師的「無產階級化」現象，並借用 Giroux「教師即轉化的知識份子」觀點，論述教師應更積極地投入社會改造。最後透過西洋五位重要教育家，說明教師轉化的過程應包括自我、學生、教材、教法與社會等轉化。吳瓊洳（1999）藉由批評師資培育的行為主義取向，引入 Giroux 的公共知識份子觀，認為教師應將學校與社會運動相連結、定義自身為轉換性的知識份子、成為解放性權威，並從事文化研究以改革教育，賦予教師多重角色。周珮儀（1999，2001）探討 Giroux 的課程理論，分為前期的社會批判與後期的後現代此兩階段，前期建立以民主公共生活為核心的學校教育，後期則建立以對抗文本、對抗記憶、與差異政略為核心的邊界教育論，並進行兩者的理論比較以及對其理論與實務分別批判，從教師、課程與教學等層面提出對我國課程領域的啟示，最後將其課程理論視為一種在教育危機中尋求社會正義的課程嘗試。歐用生（2000）藉用 Giroux 教師即轉型的知識份子概念，探討教師「聲音」的意義，闡述 Giroux 所說聲

音的政策與教學（politics and pedagogy of voice）的意涵。高博銓
（2000）就 Giroux 對美國教育學理性觀的闡釋，分析對科學化課程
理論的批判以及初步探究 Giroux 的批判性課程理論。李奉儒、洪孟
華（2002）從「批判教學論」立場出發，探討解放性教室所涉及的課
程、教學與師生關係，教師將依據學生生活經驗、社會議題與學術性
等主題，運用提問式教學法建構相互創造的對話，以促進教育上的增
權賦能。蔡文山（2002）旨在從批判理論觀點探究潛在課程研究，介
紹批判理論與潛在課程研究的論點與意涵，以及前者對後者的影響，
並就批判理論觀點反思當前學校教育。王嘉陵（2003a）探討 Giroux
思想中的教育可能性，即形成真正的民主社會，為此，教師要能作為
轉化型知識份子，協助學生成為批判的行動者。作者並分別從課程、
教材與教學方法著手，來討論達到此可能性的途徑。湯仁燕（2003）
旨在剖析 Freire 的批判對話教學觀，探討其哲學基礎、理念根源，比
較囤積式與問題陳顯式的教學模式，解構教學過程的政治意涵與權力
關係，並建構師生相互肯定的關係與課程。洪孟華（2003）由批判教
學論觀點，主張教師應進行意識覺醒，並定位為轉化型知識份子、視
學校為民主的公共領域，以成為一名解放的教育人員。莊明貞、潘志
煌（2004）探討批判理論方法論的哲學基礎與應用意涵，以及其與後
現代主義融合所產生的方法論問題，檢視其方法論的限制與誤用問
題，並論述批判理論與課程研究的關係，最後指出其在本土課程研究
應用的現況與困境以及可能性。卯靜儒（2004）針對臺灣過去二十年
的課程社會學研究之歷史語境予以再概念化，藉助後結構主義的權力
／知識和主體的概念，挑戰既有的課程社會學研究，提出此一取向的
課程分析架構雛形，並以美國課程社會學研究的轉折為參照，指出課
程與主體建構的關係將是未來臺灣課程社會學研究的新課題。近十年
前謝小芩（1995）所翻譯的Giroux兩篇文章「重新思考教師角色」，

是臺灣社會尚未進入 Giroux 作品大量引用、與教師之為轉化型知識份子此概念在臺灣萌芽之際，相當重要的教師角色論述，其主要概念在本文其他地方都已有所討論。Apple《意識型態與課程》這本書在尚未翻譯成中文前（由王麗雲譯，2002），如卯靜儒（2004）所言，許多臺灣的課程研究者與教育改革團體成員的問題意識都受到這本書影響，這些問題意識同時在回應當時統治的危機，以及批判課程背後的意識型態與權力關係。

在本地應用部分，馮朝霖（1998）藉由電影《春風化雨》教師的改革角色，指出臺灣教師文化的保守性，尤其是 Freire 所言教師「沉默的文化」造就大眾對公共事務的冷漠，而要超越這種沉默文化，教師須追求教師專業的自主性，負起教師的權利與責任。謝小芩、范信賢（1999）就九年一貫課程綱要中的「以學生為主體」理念展開論述，認為這種單純的宣稱不能帶來實踐。學生主體性是建立在互為主體性的對話過程，借用 Freire 指出，經由對話關係，學生與教師角色產生改變、並達到視域融合而產生深度理解，他們進而提出幾種可能的行動來落實此一理念。楊巧玲（2000）探討問題導向與合作學習兩種教學策略及教育觀，並藉由批判教育學家 Freire 問題陳顯教育的主張，為問題導向的教學策略提供理論基礎，並提出具體的分組討論教學設計以運用此教學策略，實踐批判教育學的教育觀、指出其實際困難並尋求解決之道。張盈堃（2000）藉由田野工作，探討教師作為轉化型知識份子的教育實踐，發現基層教師面對的阻力很大，並從隱藏檔案的觀點舉出此種教師實踐的特點，如偶然性的集結、陽奉陰違的手段等。張盈堃（2001b）以批判教育學的觀點嘗試建構具有對話、批判與討論意涵的生死學教室，並從生死學教室的路基――師生為平等的對話關係，以及路標――跨越邊界這兩個面向談起。在生死學教室，師生關係是平等的，生死學議題本身並無價值立場，教學評量適

合採取真實性評量的取向。楊巧玲（2001）從 Freire 批判教育學問題陳顯教育出發，根據其教學中累積的學生問答資料，探討學生為何在教室經常保持沉默，分析學生在教學情境中覺得被壓迫的經驗，並為師培課程與教學提出建議。歐用生（2002）從批判教育學觀點，質疑九年一貫課程的教學創新、快樂學習所引領的體驗／經驗學習現象，認為現行的體驗學習有知識淺化與「安樂」死之危機。他並從五個議題，作典範轉向的思考：連結學生興趣（Habermas 的精神）、與學生共同生產知識、從事賦權增能的教學（Freire 的旨趣）、對話學習（Freire 的概念）、提倡詩性智慧。許誌庭（2002）透過對傳統教育論述的檢視，引入批判教育學關於教師作為轉化型知識份子的探討，再則就國小教師的具體處境，檢視教師作為轉化型知識份子的可能性與限制，並就教學現場脈絡下指出可行的實踐方向。王嘉陵（2003c）經由「轉化型知識份子」、「對抗文本」與「對抗記憶」概念的啟發，以國編版社會科「臺灣的開發」單元為主軸，設計教學活動。在行動及反思中，檢視教科書背後的意識型態、開啟對教科書的討論與批判，並尋找課本中失落的文本，重寫女性觀點闕如的教科書文本、彌補「二二八事件」的陳述等。莊明貞（2003）由九年一貫課程改革切入，站在社會重建理論與批判教育學的觀點，理解其對臺灣當前課程重建的影響，並從五個層面加以釐清：轉化與傳遞的知識二元論、意識型態在課程所扮演的角色、後結構主義反霸權的論述、全球化與本土化課程發展的願景、教師作為轉化型知識份子的定位。蕭又齊（2004）藉由將社會事件融入社會科教學的課程實踐與行動研究，探討教師如何進行轉化性的教學實踐、其面臨的困境，以及之後的意識覺醒問題。

㈢ 教育改革

在引介方面，劉育忠（2002）藉由分析抗拒與偏差概念的差異，釐清抗拒在批判教育學的意涵，並論述抗拒在批判教育學上的重要性，最後探討抗拒在本地課程改革的實踐途徑。他並認為此次改革提供了教師的主體性覺醒、培養抗拒意識，成為一位轉化型知識份子的最佳時機。王嘉陵（2003b）從 Giroux 的觀點中尋找和教師角色相關的論述，並嘗試與當今的九年一貫課程改革相互連結。首先從對抗文本、差異政治與對抗記憶，來反省教師的任務。接著藉由轉化型知識份子的看法，來陳顯教師應具有的特質，最後歸納出課程改革中教師應具備的幾個重要角色，以及未來師資培育的可行方向。

在應用方面，李奉儒（2003a）分析 Freire 批判教學論的主張，檢視目前的教育改革，提出五個作為教師面對教改可以實踐的啟示：實踐人性化的教學論、發展批判的解放教師、運用提問與對話的教學、揭露教育改革的神話、教師成為教育改革的推手。另外，李奉儒（2003b）藉由 Apple、Freire、Giroux 等批判教學論學者等關於教師技能退化（deskilling）、防教師的（teacher-proof）套裝課程、在教改中教師聲音闕如的沉默文化（culture of silence）等觀念，批判現行教育改革的問題，並主張教師作為實踐教育改革的能動者。張盈堃、陳慧璇（2004）針對教改風潮下教師生活世界仍處於去技術化的現象，由批判教育學觀點討論教育改革背後的文化政治意涵，認為教師日常生活的抗拒行動——陽奉陰違，必須由其所處的文化情境脈絡下考察，並由 James Scott 隱藏檔案的概念提出去補足批判教育學抗拒論缺乏物質性實體的不足，進一步指出教改的正面意義在建立一個討價還價（bargaining）的空間。張盈堃（2004a）進一步論述上文教師抗拒的陽奉陰違意義，澄清去技術化的論述脈絡與教師的實行邏輯，

並區分「教育改革行動」與「教育改革導向的行動」，以及透過次公共領域與後殖民論述來申論陽奉陰違的深意。張盈堃（2004b）亦從批判教育學觀點來分析在家自行教育此一新興現象，發現中產階級家長以選擇權作為強化下一代競爭優勢的手段，並指出他們的慣性使得他們玩得起這場市場化遊戲，認為教育改革似乎不免朝向新右派的市場與選擇主張、無法去霸權化，往往促成階級特權的再霸權化。另外，郭瑞坤（2004）藉由指出學校教育裡「沉默文化」的歷史處境，進一步分析主流教育改革所忽略的教育系統中溝通言談的關係結構，及其對於教育者與受教者的深刻影響，並提出鬆動這種結構的兩種可能出路：反思實踐的教師社群與身體的解放潛能，以解編、重構個體的慣習，使其對壓迫性的物質與社會關係安排變得更有自覺與行事能力。

㈣ 文化政治

在引介部分，張建成（2004）就李奉儒所認為 pedagogy 在 Freire 的使用常與 teaching 的出現相對應，指涉它與課程、教學的相關而視為大教學論，而批判教學論是一種跟社會公理和公義有關的大教學論，並進一步指出 Apple、Giroux 與 McLaren 的差異，以及批判的教育社會學對教學實務的啟發。Giroux 的《跨越邊界》（劉惠珍等譯，2002）一書中關於教育作為文化政治及邊界教育學的論述，與本文所論及的諸多文獻所討論議題很有關係，並經由當代許多文化理論與運動，對教育／學、文化差異的政治、基進民主與文化工作者的含義重新認識。Giroux 的訪談稿道出他從事批判教育的歷程及其批判教育學的理論基礎與來自女性主義的批評，並就 pedagogy 概念釐清它不只是一種教學策略與技能，而是理解脈絡性問題的方式，包括權力關係、意識型態、知識與身分認同的關係，讓教育學成為政治概念的核

心（莊明貞專訪，2004）。

在本地應用上，宋文里（1995）探討 Freire 之基進教育主張，在臺灣鮮少有引介、評論之文字出現，隱含著諱言系統的存在，因此在做正面引介之前，必須以問題陳顯的方式來談本地教育環境和批判教育學之間扞格不入的可能原因。Freire 的教育理想是要把教育和文化政治等同，這種主張和本地教育圈諱言政治的文化氣氛恰成對比。文中提到注音符號作為標注國音的符號系統，是文化政治在教育系統中現身的更細微例子。張盈堃（2001a）以同志教師議題探討教育場域中諱的語言的存在，在權力／知識／諱所建構的異性戀道德氛圍下，同志教師以習慣性文化沉默來面對其處境，該文提出基進民主作為同志教師的出路，並發現同志教師以「網際網絡」與「刊物網絡」進行基進民主的實踐。張盈堃（2001c）以批判教育學觀點討論教科書生產過程中的性別問題，這種文本的生產過程包括生產指導原則的確立、實際的生產與分工、包裝與配銷，以及教學與抗拒等過程，最後指出教師的抗拒實踐具有新社會運動的精神。

㈤ 媒體

在學術引介上，楊洲松（2004）討論青少年的文化認同如何經由媒體再現而構成，並藉由再現的批判教學論，主張教育者要提供學生機會去揭發他們被隱藏的歷史、去了解到認同是從屬於歷史、文化和權力之下並不斷轉變的，並且要給學生分析工具去挑戰生產種族主義、性別歧視與殖民主義的再現，並強調解放與賦權，給予青少年發聲的權力與空間以建構自身的認同與意義。

㈥ 知識經濟

有關的本地應用方面，洪如玉（2003）藉由批判教育學觀點探討

教育在知識經濟潮流下應保持的批判性，首先探討在後資本主義下的社會文化脈絡，接著討論知識經濟的相關概念與其迷思，並藉由批判教育學重要概念如被征服者的知識、轉化的知識份子等概念，指出知識經濟下的功績主義、科技理性掛帥等教育危機，並提出培養師生對知識經濟的正確認知、轉化的知識份子、教育目標須保持獨立自主性，以及追求全球正義與平等的教育規劃，作為當前規劃教育的參考。

前述雖試圖描繪出批判教育學出現在中文－臺灣學術場域的幾種議題與知識旨趣，但還尚未剖析它的中文譯名「批判教學論」或「批判教育學」在各個論述當中出現的語境。不過，我們初步發現即便同屬於學術引介性質之議題的相近論述，對於 critical pedagogy 的中文已採用不同的翻譯辭彙。除此之外，我們亦少見於有專文對於此英文的特定譯名進行討論，也就是說似乎中文世界的教育研究對於快速擷取西方批判教育學論述的做法，某種程度上反映出工具主義的傾向，當然本文的作者某種程度上也有類似的狀況，也須遭到批判，更不要說針對像是 Walter Benjamin 所強調的翻譯者任務（the task of translator）進行脈絡性考察，進一步探索本地教育文化與西方教育文化思考的翻譯與輸入問題。在此，我們不得不懷疑，批判教育學／教學論更似乎只是一個「名」，到底本地批判教育學思潮的引介是如何地形成，在接下來的部分，透過五位學者的訪談來一探翻譯政治的議題。

肆　翻譯政治：批判教育學與批判教學論

然而就我們看來，translate 絕非只是字面上的翻譯，這也指涉著如何從一個脈絡中轉到另一個脈絡，也因此引發批判教育學與批判教學論的爭議。某個程度上來說，批判教育學引介到臺灣的脈絡，就像

周蕾（Rey Chow）（1995）所謂的文化上的翻譯（cultural translation），批判教育學在臺灣的引介與應用乃是處於中文與英文世界中的複雜綜合體。從批判教育學與批判教學論爭論的過程中可以看到，不同的立場對於翻譯名詞的採用，就有不一樣的教育知識論。某種程度上也反映出核心與邊陲的論述位置，但是我們在此強調核心與邊陲必須放在不同的場域或處境來看。舉例來說，放在教育學的圈子中，或許學社會學人士往往會被貼上不懂教育的標籤，但放在教育社會學的脈絡中，教育背景學者的教育社會學論述，常被社會學者批判其膚淺地應用理論，因此往往端視不同的信仰體系，核心與邊陲的關係有不同以往的意義。不過從相關作者的背景或發聲場所來看，批判教育學的場域主要還是在所謂相關的教育圈圈裡面，僅少數的文章發表在非純教育學的刊物，像是應用心理研究或是社會學刊物之外，大部分文章的發聲管道還是在教育期刊中，當然選擇發聲的管道也與作者的學科背景有極大的關連。不過大抵上來說，生產批判教育學相關知識的學術人，其教育相關背景占著極高的比例，僅有少數社會學或是心理學人士參與這個行列，這在某種程度上也反映著本地社會學界往往自嘲教育社會學對社會學者而言，這是門剩菜的學問，他們對教育議題的發言讓人有著並不屬於主流社會學者的印象。

一、知識論上的爭議

基於探討不同立場的集團，於是我們也進行小型的訪談。在我們的訪談中，大致上都開宗明義地問到受訪者如何與批判教育學構成關連，以及對翻譯名稱的看法，像是受訪者 A 提到他的經驗：「我們曾經取過的一個課程名字就叫做教育的理念與實踐，最早在一九九二年談到 Henry Giroux 的東西，然後當然就順便看到 Peter McLaren，

他們出版的那套叢書就是關於 Critical Pedagogy。我們在看到那個字眼的時候，其實大家都沒有考慮，直接就把它翻成中文叫做批判教育學」。對於翻譯名詞的主張，不同的中譯名詞也反映出不同的知識論看法。舉例來說，支持譯作*批判教育學*的受訪者 A 表示：「批判教育學這種東西放在北美的學院體制裡頭大概是擺在 educational foundation（教育基礎）的課程中，那到底它是不是叫另外一學門，我們可以這樣講，教育這個學門有沒有一個叫做共同基礎。通常在教育學系、學院裡，他們沒有這種課，有的就是教育概論，接下來就是教育哲學或教育心理學，就是各種各種的學問，並沒有一種叫做教育學，教育學是泛稱，都還不是很明確地在講教育這個學門。可是我如果說是在考慮一個 foundation 的課，它等於是在替教育這東西立下一個基礎，這基礎不是過去的人在說的基礎，就是說把那些教育心理學、教育社會學這些東西總合起來，而是教育本身作為一個很基本的東西來理解有關世界、學校，它就是有關教育的東西，所以你說這種東西該叫什麼。我認為它是一個叫做『教育的基礎學』的東西。那我們就是認為叫做教育學，它也不是單獨叫做教育學，而是指批判教育學，批判不是形容詞，它們是結合在一起，對教育本身構成批判的基礎學問」。受訪者 A 的看法，與 Patti Lather（1991）的主張相似，在其著作 *Getting Smart* 一書中，她認為批判乃是一種對立的歷程，所以她很清楚地強調說這裡的 critical 不只是指涉著批判理論而已，而是一種批判、對立的姿態去看待教育現象。看待教育的姿態與視野，就像受訪者 E 也提到：「那個論辯其實引發了一個很重要的意義是說：你到底要從哪裡去看教育？是從學校裡面教育系統裡面，還是其實批判教育學一個最重要的是，從外面去看學校裡面？」

　　批判教育學這個名稱的確立在北美的脈絡也不過是近二十年的事情，但批判教育學的理念早在一九七〇年代與一九八〇年代的初期已

經慢慢形成，受訪者 B 表示：「一九八〇年代那時候不叫批判教育學，可是像 Paulo Freire 講 conscientization（意識化）東西慢慢形成所謂的批判教育學。事實上，Freire 在講 pedagogy of the oppressed 都是在講 pedagogy 問題，所以教育學就是一種教育的實踐，它跟 education（教育）、schooling（學校教育）是有所區分的，pedagogy 比較是教育的實踐，而不只是放在課程與教學的領域」。此外，受訪者 B 進一步反駁譯作批判教學論的立場，「一般認為教學實踐就是很技術性，它不必然如此。大概真正的意識化過程，必須在具體的教學過程中展現出來，我想這是一個滿重要的連結。我覺得重要的是真正的解放必須在具體的實踐步驟當中去展現出來」。這樣的論點，也是我們在前述強調批判教育學必然需要連結到某種實用主義的立場，如果只把批判教育學當作掛在嘴邊的口號，其實就和以前的種種教育口號一樣，常常只是簡易而空洞的說嘴之詞。

然而，支持譯成*批判教學論*的受訪者提出不同的看法，他指出：「英文的所有辭典中，pedagogy 這個字很少會跟教育科學放在一起，都把它跟 teaching（教學）放在一起，要不就是 the art of teaching（教學的藝術）、the status of teachers（教師的身分）（受訪者 C）」，並且認為稱作*教育學*有言過其詞的誇大：「我們反對教育學，有沒有教育學這個學門，姑且講存疑好了，至少我們覺得翻成教學論它的意義不會那麼誇大，而且教學論的意義上它可以滿足這個是它本來的意思，也就是我們講教學論的時候，不是講教學的技術，所以 pedagogy 是個大教學論，在大教學論的意義上課程就變成教學的材料。我後來看到一些英國學者寫的文章，pedagogy 不外乎師生互動，講來講去脫不離教學範疇，當然教學不是技術性教學，主要講師生互動，師生互動之間傳達訊息、接收訊息。所以我到今天還是堅持我把它翻成教學論，離教學這邊比較近，離教育那邊比較遠」。不過，我們對這樣的

說法卻有若干的存疑，在我們閱讀批判教育學相關著作的旅程中，我們深深感受到當初參與「批判教育學與文化研究讀書會」（Critical Pedagogy and Cultural Studies Group）的學者會使用 critical pedagogy 一詞，其實某個程度是要來反對美國教育圈中那種技術（technology）導向的主流色彩，或是反對傳統（即現代主義）的教育工學的教導（instruction）觀念，這樣的教育理念帶有解放的想像與色彩，所以這個讀書會用 pedagogy 這個字眼，區隔了 critical education 或 critical instruction 等等的用法。透過相關文本的閱讀，其實不難找出若干有力的證據駁斥教學論的謬誤。[13] 相同地，受訪者 E 駁斥批判教學論的說法，認為批判教育學某種程度上正是突破學校教育生態中的陳腐：「我為什麼會贊成批判教育學，我會覺得，如果你仔細去看他們這些人的所謂思想背景，是基於馬克思，基於一些比較政治經濟學的東西，我覺得如果你一直把它 narrow（窄化）在所謂的教學論方面，感覺不出來他們那種想要去突破學校教育生態中一些比較陳腐的東西，所以翻成教學論，我覺得它基本上太馴化了」、「我覺得其實對於 pedagogy 的翻譯不用抓得那麼緊，倒是可以去想一想怎麼從批判的觀點去看教育這個『現象』，去看教育這個『學術』。因為同時分成了兩個層次，就是臺灣的教育現象和臺灣的教育學術，那如果這樣講的話，你不能說它只是教學論，因為它實際上同時對於教育學本身作了很多像整個範圍重新界定和概念重新界定、引用了很多那種新的學說進來」。如果我們的理解沒有太多的偏誤的話，那麼我們真的不懂為什麼支持批判教學論的人那麼在意字面翻譯這種芝麻綠豆的小事，[14] 反而犯了嚴重扭曲與去脈絡化的問題？當然，值得反思的是：如果按照批判教學論陣營的說法，同樣地我們也必須問到女性主義教育學等等，為什麼就行得通呢？如果譯成女性主義教學論呢？

　　還有一派算是折衷的譯法，他們將 critical pedagogy 譯作*批判教*

育論，對論與學的取捨，受訪者 D 認為這是受到實證主義的遺毒：
「為何講論，而不講學？我不是很清楚，但我隱約之間覺得，他們認
為 critical pedagogy 沒有一個那麼完整的系統，所以講論，論就是一
種立場。可是，任何一種教育學都是一種立場，它也不代表普遍，也
不是客觀，如果這樣講的話，那所有心理學都不叫學了，而是一種
論。所以我反倒是要反過來批判，堅持要講批判教育論的人，可能他
們是受到實證主義的遺毒，要稱作一個學的東西是要符合它的critiria
（準則），在他們腦袋裡就是隱約受到一個正統、一個標準的影響，
不可以隨便弄一個什麼東西叫做學」。不過，受訪者E提到師範教育
的訓練背景，往往對用字遣詞相當地斟酌，因此指出論與學的差異：
「在師範院校對於學這個字，一方面它有一個正統性，他會認為說那
是一個比較完備的思想體系，那如果是論的話，基本上是一個比較鬆
散的，誰進來說都可以，然後它其實在整個從教育目標，到課程教
學、學生，所有的這種評量的論述，以學來講，基本上要非常地嚴
格」。

　　批判教育學在本地的開展似乎是近幾年的事情，幾位具有師範背
景的受訪者表示了為什麼批判教育學在過去的教育圈子中成為失語的
可能原因。其中，有一個很重要的說法乃是當時的學術氛圍對於左翼
思想的恐懼：「在很早以前曾經有過，大概是林清江老師還在教教育
社會學的時候，有學生曾經跟他提起過為什麼不討論 Paulo Freire，我
記得當時得到的一點點答案是，因為 Freire 的立場是左派，左派甚至
就是共產黨，所以他們避免這東西。從那時候開始沒有人開課討論這
東西，我知道他們對批判就是把它看成是很左的東西（受訪者
A）」。此外，受訪者C也提到在師範大學的環境底下，批判與解放
等同於造反的謬論：「有些人認為批判就是造反、解放就是造反……
這些過去都是禁忌，像批判、意識型態，宰制這不能講的，例如意識

型態的宰制不能說，但改說成思想造成箝制，這樣就可以。就是這樣地奇怪，看到意識型態就抓狂，看到解放就很不舒服」。受訪者Ｃ亦舉出另外一個明確的例子：「我的博士論文想討論學生異化（aliena-tion）的問題，後來我用的是學生疏離。我本來追異化的概念，馬克思是非常重要的人。我看了大量的馬克思的東西，當然也看了黑格爾的精神現象學，把那些線索追出來。後來林清江先生看我寫的都是馬克思的東西，他叫我歷史淵源交代一下就好，叫我簡單的寫，黑格爾寫兩三段、馬克思寫了兩三段就結束了」。

　　基於這樣的集體氛圍，受訪者Ｂ認為這也是為什麼此刻對於批判教育學的詮釋與應用時，有些人會主張成批判教學論的原因：「以前在師範的氛圍底下會去刻意避開左派的東西，所以他把 Paulo Freire 跟 Michael Apple 窄化到課程的層次，他們其實不談文化政治、反霸權的政治大業，所以我想為什麼有一派會強調它應該是教學論」。受訪者 B 的臆測正巧符應受訪者 C 所提到的心聲：「可能是我從十八歲一進到師大教育系來，師大教育系給我的訓練是，教育學是一個很偉大的東西，我在我的觀念裡不是什麼東西都可以貼上什麼教育學，可能跟我的訓練有關係，所以我認為它是比較貼近教學論這邊，但不是技術性的教學面，它是比較理論性地討論訊息的傳達、接收這些過程」。這樣的看法，一再在不同的受訪者中提出，像是受訪者 D 表示：「以我們教育學院或教育系來講，可能大部分的人對於批判或另類教育的立場，不是反對它就是去漠視它，真正有系統地認識、批判的人，可能還是少數」，以及受訪者Ｅ提到師範背景的包袱：「我覺得它一個非常大的包袱是，它其實一開始尤其在教育學裡面最重要的、最被常用的其實都是教學，都一定是去解決問題的東西，那這種重複性習慣了之後，它其實會變成是說，你說你要去批判現場，其實你已經跟現場結合那麼深了，其實你很難從一個客觀的角度去批

判」。換句話說，其實所處的學術環境，養成了整體思考的慣性，慣性一方面是個體成為他們自己的方式：發展其態度與秉性，另外一方面，慣性也可以視為個體參與在實行中的一種方式。就像Bourdieu所言，學術的機構就像是一種社會場域，透過慣性與其位置掌控了權力與知識，這也造就了學術的品味。

二、知識的進口與商品化

文化商品輸入時的在地化過程，是一個非常複雜多樣的工程。許多對批判教育學的質疑往往來自北美與臺灣的脈絡不盡相同，為什麼批判教育學可以應用到臺灣，對此，受訪者B不以為然地回應：「其實我們現在借助的理論全都是外來的產物，不只是批判教育學，對我們的意義來講，包括像女性主義的理論，人家會問我們北美的這些女性主義理論對我們有什麼用、意義是什麼、適不適合。我覺得批判教育學提供我們一個面向去看教育現象，至於這個面向對於不同的人，它具有什麼樣效力可能是不同的。對於具有效力的人來講，他可能有一些責任把它在地化，他覺得有意義的時候，把他的意義在這個在地的脈絡之下展現出來」。此外，受訪者 A 也駁斥這樣的質問：「因為教師會感覺到主體性的喪失，這個字眼不一定要用北美的脈絡加入才能談，就是有很多教師事實上會出現一種像是生涯轉變這種問題，大家其實都清楚，有一些新進的教師在學校裡，大概是在前兩三年就是熱血澎湃，會有很多對於教育的理想做法，可是之後他的理想好像就被撲滅了。被一些老鳥告訴他，或是被學生或是家長、校長，把他挫敗到後來他覺得不能再做下去，他必須要轉變，轉變到像是各自苟且偷安的做法。這種生涯的問題，其實是太多人經歷了，那你經歷過之後，你要去想說，到底是這些年輕教師們所謂的理想是錯的，譬如

說他們太浪漫，他們的想法很不務實。或者反過來想，不是他們錯，事實上是教育體系確實有一種傾向，就是把教師們的理想撲滅掉，那你去想這個問題的時候，你可以去想，到底誰可以為這問題的狀況解套，給它說出一個道理出來。是不是一定要說，北美有批判教育學，我們才知道這個。不是的，我們知道這個問題，但是我們幾乎沒辦法開口、去談論這個，因為到後來你會發現很怪的是，這個問題本身的提問的合法性都被質疑。這種講法可以說，並不需要看到批判教育學才知道，但批判教育學那種談論的方法基本上是替我們出口氣，而且他們只是比較早，事實上很多狀況是一樣的，所以我們可以說是積怨已深，火山早就在那，還沒有爆而已」。延續受訪者 A 的說法，我們認為批判教育學的啟發需要有著文化挪用（appropriation）的解讀之法，亦即挪為己用之際，在相應具體脈絡下發展出符合社會之用的辦法與閱讀法，也就是常常需要透過文化理解的對照（北美與臺灣），在這情形下，批判教育學的理念與本地的教育現場之間也就構成了互為文本性（intertextuality）的關連。[15]

延續上述的脈絡，最典型的例子是黃光國（2004）在〈意識型態的批判與抗拒〉一文中，批判引述西方批判教育學論述來參照本土教育現象的適當性，也就是他質疑本土社會中的問題和現象能否放置在西方理論中來詮釋。我們對於黃文的看法極度地不同意，一方面，關於本土，其實我們真的很懷疑此刻的臺灣是否有純正或純粹的本土可能。本地的教育制度、教育思潮往往承襲西方體制，上至大學教育體制，下至最基層的國民義務教育，在在顯示與西方有一定的相似性與延續性，或許這樣說也不過分，臺灣的本身某個程度上是非常的西方。另一方面，我們認為不管西方或是本土，教育現場有一定程度的相似性，基層教師必須受限在科層體制的教育環境裡對呆板的行政體系進行抵抗，儘管批判教育學主要環繞在北美洲，但是其關切教育現

場受到壓迫的現象與如何賦予教師權能等等，同樣地也適用在本地的教育環境。不過，批判教育學論述的本地化過程，也往往融入更多在地的元素，就像表1中的許多本土應用取向研究，這些批判教育學論述也慢慢挖掘出臺灣脈絡底下的特殊元素，當然也逐漸地更難以明確地定義批判教育學的全貌，好比受訪者 D 提到：「很顯然批判教育學它也融入了太多東西，最後批判教育學有許多不同的 differentiation（差異），我認為這是自然的，因為多元化、複雜化是學術的發展，它不斷地會有交錯、雜種（hybrid 意思），這是自然的，重點是你對批判教育學的理解，以及透過這理解能夠對臺灣的教育作一些討論，這是比較重要的」。

　　但是，從本地的脈絡閱讀批判教育學亦存有若干的障礙，舉例來說，有時候北美的批判教育學者往往引用許多西方脈絡的典故或是自行創造新奇的辭彙，這些東西對不同文化脈絡上的理解，往往也成為翻譯與引介上的難題，像是受訪者 B 提到：「我覺得很多批判教育學的辭彙、表達方式，有許多概念我自己看了也覺得炫，譬如希望的語言、可能性的語言，在這個層次上，什麼叫做可能性的語言，它在日常生活是怎麼一回事，很抽象嘛。他們會講很多什麼的語言（the language of……），那會形成我們理解批判教育學時的困難，這到底在講什麼」。在我們看來，突破這樣的語言障礙，最需要的正是本地實際的例子予以具體化與細緻化，就像受訪者 B 進一步表示：「對我來講，要怎麼樣說什麼是正統的批判教育學，我現在感覺是說你要作出一個東西來，展現說正統的批判教育學是這樣，而不是說用簡化的口號說你的不是，我的才是，你要作一個好的研究、一本書來符合這樣的精神，用這樣的東西去展現它（批判教育學），對我來說，那樣是比較重要的」。換句話說，過度新奇的語言或缺乏教育實務意涵的概念，往往都不容易引起基層教師的共鳴。

　　此外，我們在第三節的開頭已經提到批判教育學商品化的問題，這些受訪者均表認同，像是受訪者 A 提到本地的學術圈目前「聽到像批判教育學，就哇，春風徐徐，就對那東西有點過度地仰望」。此外，受訪者C提到教育社會學圈中的特殊現象：「目前在臺灣的、特別是教育社會學界裡，似乎不批判就沒什麼位置一樣，這會使得很多年輕人一窩蜂地往這邊走。就像有段時間多元文化也變成很大的一個市場招牌，什麼東西只要跨到多元文化就 OK，政策方面如此、教育如此、研究方面也是如此，通通都是如此。critical 也是一樣，大概這三五年來，幾乎所有寫 critical 的文章，你去看後面的引註，沒有 Henry Giroux、沒有 Peter McLaren、沒有 Michael Apple，好像就有問題」。受訪者C點出的現象也正是批判教育學被扭曲成商品的例子，畢竟運用批判教育學的新奇與絢爛語言，一方面具有相當程度的攻擊性，另方面亦可與教育的保守思維區隔，因此人人言必稱批判，所以不意外的是我們也很少見到有人自稱為保守的陣營。受訪者E細緻地認為批判教育學中「後」的取向比較容易成為學術流行的商品，反而馬克思主義的部分因為不容易與生活世界引起共鳴[16]：「我覺得其實比批判理論來講，批判教育學不管是對教育人來講或者是學生來講，其實是比較容易入手的。但我的重點是，不是*馬*的那個部分，是*後*的那個部分，馬的那個部分對學生來講，社會運動他們其實不太有興趣。我會覺得其實批判教育學，它好像看起來在臺灣很紅，像教師甄試也有題目，然後我的學生常常就是這個跟這個都搞不太清楚，但他就是把它背下來，其實有一點變成商品」。此外，受訪者 A 提到許多人把批判教育學與批判思考教學混為一談的問題，就是很典型的是在消費批判教育學：「批判思考（critical thinking）是關於你怎麼教，評量時你可以評出那一部分發生改變，就是說跟過去舊的那個教育的各種技術完全是一脈相承的，可是你也同時可以發現有些人在談批判

思考時比較強調比較接近像辯證，也就是說強調人跟他的處境中間的關係的改變，就比較像是批判教育學。講批判思考教學的人很多，其實就是老套，稍微刷新一點點而已，說要強調什麼創新的東西，它不會抽到你的命根子，譬如我們來思考說像政治的西方霸權啦像這樣的議題，甚至於美國作為世界霸權這樣子的問題，你在批判思考教學當中會不會去想它？可是如果換到批判教育學的話你非想不可，這個問題很可能是萬惡之源」。

三、批判教育學蓬勃化與其基本立場

最後，關於批判教育學的瞬間開展，某種程度是九〇年代歸國學人的大增，尤其是美國。受訪者 A 表示：「在臺灣 80%以上歸國的人都是美國，美國你不能說都是叫批判，可是它有一種東西就是那個國家的特色，是關於自由主義的東西，不管是保守的或是進步的自由主義都有。可是自由主義相對地跟我們的傳統就有很多差距，就是相對而言朝向進步的可能性」。不過，面對批判教育學如雨後春筍般地茁壯，受訪者C存有若干的憂心：「從國外留學回來的年輕學者似乎開始大增，而這些學者在國外所接觸到的教育社會學就有一部分是比較左派，而整個政治氣氛也打開了，他們就敢講這些東西，所以大概促成整個民國八十年代左派的教育社會學力量是比較強，乃至於到今天為止，我們所看到在臺灣的教育社會學似乎是左派的、批判取向似乎力量比較強」。從他的言談中，我們一再感受到對於批判勢力抬頭的恐懼，儘管受訪者 C 在其學術場域中，也代表某種程度的批判力量，只是這樣的批判立場與批判教育學所倡議重視文化霸權與文化政治等等的主張仍有若干的距離。

到底批判教育學的意涵是什麼？到底是教學的意涵還是文化批判

的味道？這也是這場翻譯論戰中最為核心的關鍵。我們的立場主張文化批判的意涵比較貼近北美批判教育學的論述，就像受訪者 A 站在文化批判的立場也指出：「我談的批判教育學的批判是指接近文化批判的意思。所以一直到現在，我也都認為在批判教育學裡面的學問內容，一方面牽涉到教育、跟學校有關的脈絡，可是另一方面、它的對面，一般我們叫做是社會，我覺得我們叫做是文化更好，因為會牽涉很多不只是體制，有時候牽涉到一些象徵或是概念的東西，文化包含的面更大。所以那時候我們講了文化、講了批判，最後就跟教育有關，這整個脈絡應該是這樣」。換句話說，批判教育學所強調的不只是來自教育從業人員的日常實踐和自省這種教學的層面外，同時來自體制外統觀和全局的觀察和批評，二種的相互構鏈其實都是很重要的。

　　此外，受訪者 A 進一步指出具體的可能方向：「要基層教師寫自傳，就是告白，告白這東西可以變成一個方法，大家都來 confess（告解），自己做了多少惡事，然後我們一起去尋找出路。不是說互相去尋找合法化、就地合法化，不管你幹了什麼惡事，惡事本身就是合法的。不是這樣子意思。你有勇氣說出來，招致別人的批判，當作是你自己在學習，也就是 confession 把它放到教室裡來的意味，最後就構成了自我批判」。我們也一直懷疑的是為什麼本地的教育場域當觸及教育的議題時，就不能帶有些許想像的空間，而必然直接要連結到教學、課程等等具體的議題，在我們看來，這些議題彷彿是教育圈子中的理所當然的共識（doxa）[17]，用 Bourdieu 的話來說，這樣的共識乃是一組串鏈至教育場域中的核心價值與主流論述，作為教育研究與言說的基本原則，並且傾向把教育化約成課程與教學為本質上的真實與必然性。

伍 　學術位置與學者觀點：學術正統與學術發言

　　透過五位受訪者的敘說，我們進一步更需要釐清在學術結構（像是學術機構、場域等等）以及知識生產的實行（像是由誰來生產，以及為什麼是由這些人來生產）之間的關係，也就是學術人的知識生產依賴於他們在這個社會中所占的位置或結構。這也是本文的重點之一，將批判教育學的學術生產關係、學術權力關係先描述與整理出來，並將這個學術場域的互動與競爭視為可以加以質疑與分析的問題主體。在我們看來，關於批判教育學與批判教育學的爭論，某種程度就像 Bourdieu（1988）在《學術人》（*Homo Academicus*）一書中討論到在知識份子場域中知識形塑的特徵，在不同的場域底下，對外來知識的引介與翻譯，往往融合著自身的期待與觀點。Bourdieu 在這本書中，其主要的目的乃是客觀地理解自身的學術世界，在其中，這到底是一副什麼的德行，以及各種特定的權力又如何在學術場域中對抗，它們又如何與學術場域之外的別的權力位置連接，以及學術人如何將自己放入各種社會和學術晉升的管道，在 Bourdieu 的眼中，這乃是社會的文化生產和再生產的一部分。這種知識的輪廓乃是關連至學術政治的發展，並且這是遵守著「窄化限定」（narrowly specialized）的化約趨勢（Bourdieu, 1988: 14）。換句話說，學術圈的文化是一個複雜的總體，由規範、慣性、行動總匯、表徵所形成，它是作為一個其成員應該具有的東西，說白一點，這就是我們常常掛在嘴邊的學術（界）倫理。

　　據此，我們認為這場爭論中，某種程度上乃是爭奪教育發言的正當性或正統性。由於本文的兩位作者與臺灣師範大學均無淵源，因此在我們心中常疑惑的是，為什麼臺灣師範大學對於教育議題的闡述擁

有著較多的象徵權力呢？除了該校出過不少的教育部長之外，還有什麼樣的文化或社會條件加以配合才足以遂行？根據Bourdieu的說法，象徵權力必須立基於某種象徵資本的擁有之上，而象徵資本像是一種文化優勢下的權力，這種權力授予某一些位置上的人，就像在這場論戰中的某些人所占據的論述優勢位置。放在教育這個圈子來說，我們可以進一步探討為什麼整個臺灣對於教育議題的論述與爭辯塑造出某些場域的人，可以作為正統與專家的代表，也就是代理人（spoke-man）的問題，好比 Bourdieu（1989）提到代理人如何能夠被賦予以群體之名來行動與發言的完整權力，而這個群體藉由他／她的口號、標語和命令的神奇力量作為集體的體現。換句話說，學術的發言位置組織與建構了所謂的何謂正確的翻譯名詞。從本地歷史的脈絡來看，其實不難解釋師範背景往往與教育專家劃上等號，因為過去除了師範院校從事師資培育工作之外，一般的大學並沒有相關的單位進行類似的工作，固然也有為數不少的教授對教育議題感到興趣，但是其發聲的議題不全然擺在教育議題上。

　　然後，這場翻譯的論戰可以視為在場域中權威的位置，以及不同陣營的學術相互競逐。我們關切誰有權威來創造知識，以及在什麼樣的地點批判教育學的引介被創造出來，以及又在什麼樣的地點與什麼樣的方式，這樣的知識被賦予正當性的地位與流通。也就是說，知識與權力的關係顯現在權力的運行能夠創造出特定的立場與看法，並且這樣的論點被社會性地正當化為所謂的知識。就像 Bourdieu 曾說：「特定的知識主張某種程度上占據著合法的狀態，並且某部分是基於作者的社會位置」（Bourdieu, 1991a: 109），這乃因為位居正當性與地位遵從的社會／學術機構，決定著一個人發言的重量。因此知識的生產、正當化與流傳是一種政治的過程與實行，這同時含有著排除與邊緣化其他知識類型的效應。從翻譯名詞的爭論上，彷彿呼應著

Bourdieu等人（1994: 4）連結學術至語言的層次：學術乃是專業地被訓練在正確與精準的特定字彙的掌握上，以及適當地連結這些理念。也就是說，我們從專業訓練中所一脈相承的不只是學術的語言而已，如果更精準地說，對這套語言價值的關連性。因此，特定語言的表達構成了社會的階層關係，在其中表述著感受、意見與想法，於是教育學與教學論也就構成兩種不同的立場、感受與權力關係。從這樣的現象中，我們認為必須轉向關注學術的結構（academic structure）與其內化實踐的價值（ethos）的探討，而這二者往往是緊密地連結在一起，所以對於特定議題與傳統的品味與態度被歷史性地形塑出來，這樣的品味與態度正是其內化實踐價值的一部分。除了注意到內化實踐價值作為「先於反思的信念」（prereflexive belief）（Bourdieu, 2000: 100）之外，我們也需要注意到思想的典範（eidos）作為「思想的模式」（mode of thought），這兩個論點呼應著Bourdieu所講的學者觀點（scholastic point of view）或學者謬誤（scholastic fallacy）的問題，這是基於在學術之內的位置所提供的具體化與普遍化的觀點。所謂的學術的視野（the academic vision）（1991b: 380），用Geertz的概念來說，往往是一種遠經驗[18]，但是基於學術的位置與社會的相關條件，學者觀點對於教育現場的分析往往被視為自然與理所當然，這樣的看法特別是在高等教育的機構中被諄諄教誨。因此，Bourdieu（2001: 19）強調：「每位學者必須屈服於學者偏見的批判，最為反常的形式乃是偏好於紙上革命，並避免真實的目標與效應」。當然，Bourdieu的論點讓我們更需要注意到學術團體的自我再生產（像是授予學位、在權力結構中升等等），學術研究根本上在維護場域中某一主導的價值觀，而為了繼續保持其主導地位，知識份子也只好繼續遵守這種價值觀。[19]

　　總的來說，學術世界就像Bourdieu（1988）所描述的，為了達到

學術生產關係中，權力再分配與再生產的目的，每一種學科、流派和理論背後的權力裝置總是像獨裁者挑選接班人那樣，要尋找能不折不扣地繼承的傳薪者，並最先拿內部的創新和異議人士開刀，鎮服陣營內的不同觀點，最起碼會在論述共同體內的各對手之間達到一定的力量平衡，在大利益的前提之下達成同謀，為了理論的推出和占據地盤而使陣營內各種權力關係在對立中暫時取得一定的妥協和互補。從一個意念、一個觀點、一個理論始作俑者到一個學派之間完成權力資本的積累和學術資本的追加投資，理論生產中的生產關係與任何商品生產沒有兩樣。也因此，慢慢地形成批判教育學與批判教學論陣營。

最後，從本地引介批判教育學過程中的工具取向，我們覺得批判教育學在臺灣發展出一種異於北美學者的倡議，也就是說，本地的批判教育學並非照單全收，而是在此知識的翻／轉譯過程，按合於既有的學術結構與學術價值而生成一組論述規則，因而可說是存在著某種不可言喻的排除（exclusion）與選擇（selection）機制，而不同學術背景、學術場域的學者，也有著不同的排除與選擇機制。因此，當發生不同立場或是見解爭議的時候，我們可以看到不同的學者所闡述的批判教育學往往有著極大的差距。舉例來說，本地在論述批判教育學的時候，幾位大腳級的學者往往是共同引述的來源，但是同樣的文本，在不同的人眼中，卻有著不同的意義，這種現象反映出 Raymond Williams 所謂的選擇性的傳統（selective tradition）。選擇性的傳統預先決定了知識的論述，不同的陣營所發展出來的批判教育學論述，均影響本地對批判教育學論述的視覺，只是我們可以進一步探討在本地的脈絡中，臺灣師範大學為首與其系譜連帶關係所組成的陣營，比較像是一種權力集團，他們有著實質的力量去影響批判教育學本地化的發展，像是擁有 TSSCI（Taiwan Social Science Citation Index）的期刊，或是擁有足夠的經費舉辦各式各樣的研討會，而其餘的人比較像

是論述集團或影響集團，透過文章的書寫來表達不同於這些人的看法。但是，就像 Raymond Williams 堅持宰制文化傳統的組成，只有從當今與過往的文化實行領域中選擇出特定的意義。他主張當選擇性的傳統被組成的時候，許多另於主流的意義是被排除或遺忘（Williams, 1980: 39）。相同地，批判教育學的翻譯爭論某種程度上也正是反應出不同的選擇性傳統。誇張一點地說，解放的文化政治大業在某些權力集團的眼中，彷彿就像是 Bourdieu 所講的異端（heterodoxy），在 Bourdieu 的論述中，異端是一組的信念與價值，在於挑戰目前的主流狀態與在特定場域之內的共識，於是對於堅持批判教育學的翻譯與立場總是有那麼一點的不舒服。

選擇性的傳統也造就了不同的學術凝視（academic gaze），因此不同的陣營所看到的批判教育學有著不同的面向，這也解釋了為什麼有的人把批判教育學視為文化政治的意涵，有的人把批判教育學視為大教學論的一環。學術凝視這個概念主要是來自 Foucault 醫療凝視（medical gaze）與 Urry 的旅人凝視（tourist gaze）等概念的綜合應用。其中，英國社會學家 John Urry 在《旅人的凝視》（*The Tourist Gaze*）一書中，援引 Foucault 對醫療凝視的概念，指出旅人們的視界，是如何產生自不同的社會經濟脈絡與特定的文化經驗，又如何被歷史性地建構。Urry（1990）指出：「觀光景點的選定，其實是基於一種預期，來自白日夢與幻想，充滿熱情的愉悅感……而這樣的預期是在旅遊前就先被各自非旅遊的實踐所建構與鼓舞，像是看電影、電視、小說、雜誌、唱片與錄影帶等等，都不斷地建構與增強旅人的凝視」。如果把旅人的凝視這個概念類比成學術圈中看待批判教育學的意涵，那麼其實很容易理解不同陣營的人在不同學術的凝視之下，對 critical pedagogy 的解讀也就有不同的意義了。

陸 | 結論：教育的批判與批判的教育

　　如果以國家圖書館的期刊資料庫為主，打入批判教育學當作關鍵字，那麼宋文里的〈批判教育學的問題陳顯〉似乎是本地最早的一篇論文，在這篇文章中，宋文里（1995：3）提到臺灣的教育改革往往停留在技術的層次，卻往往不見對於教育目的、教育主體性或是文化政治實踐等等的基進反省，換句話說，彷彿整個臺灣學術界有一種不可言喻的共同默契，他用宗教的辭彙——「諱」來討論這個現象。也就是說，對於教育與文化基礎的批判反省，在教育場域裡像是一種避諱而顯得罕見。儘管二○○○年之後，以批判教育學或是批判教學論為題或是關鍵字的文章如雨後春筍般地浮出，但是本地化的批判教育學仍然停留在希望的層次，恰恰反映著既有學術場域中成員們被歷史地形塑出的學術品味與問題界域，其主要取向為教育實務的而非生活實在的。在我們看來，某種不可言喻的排除與選擇機制導致臺灣教育社會學界怪異的面貌。

　　洋洋灑灑地寫了那麼多篇幅，最後我們要強調的不只是對教育進行批判而已（教育的批判），更是要發展批判立場的教育（批判的教育）。但目前在我們看來，批判教育學只是一個名字而已。一方面，工具取向化的批判教育學，已經遠離北美那群學者所追求的目標，另一方面，我們真的懷疑翻譯名稱的適當與否的必然性，我們其實更應該看到批判教育學帶來之影響與震撼的實體，放在解放的文化政治大旗之下，爭論這個翻譯名稱顯然微不足道。最後，回到一個極為根本的問題，讀者必然發現本文採用教育學，而非教學論的立場，理由很簡單，Giroux（1994b: x）的這段話有些玄機：「教育學是關於公共領域的創造，這是一個把不同的人集合在一起交談、交換意見、聆聽

與感受欲望的場所,並且能夠拓展愉悅、愛、團結與奮鬥的能力」,也就是在我們眼中,批判教育學不只是教學而已,還包括比教學更多的東西。其實,我們一直很同意 Apple 在批判教育學陣營中對新馬立場的堅持,就像 Marx 認為意識型態批判的目的並不只是指出現存社會關係的真實基礎,而且同時指出歷史發展的可能性以及作為行動者的人的任務或者可以說馬派所強調的「實踐─批判的活動」(practical-critical activity)。同理的,批判教育學的重要性也必須從一個理論上的批判導向一個實踐上的可能與必要性。如果批判教育學的重要性在於對本地教育文化的陋習進行除魅的話,那麼這樣的除魅工程也不會只侷限於課程與教學的場域而已,因此,最後我們認為完整地討論批判教育學的範疇應該包括以下四個面向:認識論的面向(epistemological,像是學術的引介)、實行的面向(practical,像是課程與教學的領域)、政治的面向(political,像是解放受到壓迫處境的政治),以及社會文化的面向(sociocultural,像是應用到不同的脈絡所進行的個案分析),也因為這些不同面向,我們認為採用批判教育學的譯法顯然更貼近著這個場域所要彰顯的奮鬥目標。

 (本文曾發表於交通大學社會與文化研究所主辦的二○○五年文化研究年會,感謝宋文里教授評論,當然這樣的文章某種程度會讓某些人看起來很不舒服,本文寫作的出發點主要是進行學術立場的論戰,就像一開頭就提到,這樣的做法目的在於提出一個引子,好讓本地的學界對此議題有更進一步的討論,不同立論的爭辯對批判教育學在臺灣的應用絕對是件好事。)

✥ 註　釋

1　根據 Bourdieu 的理念，學術場域的譬喻用以作為學術實行地點的表徵。在我們看來，學術的場域包括正式的學術機構、約定俗成的內規與儀式、相關的學會組織、隱藏的系譜連帶關係（師生、同學、校友）、出版的管道與資源等等，因此在其中運作的施為者也就逐漸地構成了一種客觀上的等級，並且生產與權威化特定的論述與觀點。

2　這種龍頭地位的形成，也反映著本地教育場域中的慣性（academic habitus），彷彿教育論述的主導權，某些人具有得天獨厚與生俱來優勢，說白一點，這些人具有教育論述的純正血統，因此這樣的學術慣性也造就門戶的區別，像是師院相對於師大，在教育議題的論述地位上似乎就沒有師大的血統來得純正，更不要說半路出家的人，像是本文的兩位作者與師大或師範學院都沒有半點淵源。關於慣性的分析，詳見本文後續的討論。

3　本文所訪談的五位學者（三男二女）均任職於大專院校，並且已經發表關於此議題的學術著作。其中，受訪者 ABDE 採用批判教育學的譯法，受訪者 C 採用批判教學論的譯法。不過，即便受訪者 ABDE 採用批判教育學，在部分的看法上亦有歧異。

4　宋文里（2004）指出「後教育學」為一種知識處境，和所有的「後××」有關，但那個「××」常是不被自己了解的現代物。在各種「後××」的知識裡，有個極其重要的質素，不在於時間上的先後，而在於知識對象和知識主體之間的關係，像是我們常用來設定此一關係的用語叫做「後設」。

5　實際上馬派的傳統與後結構的取向並非全然地矛盾，縱使他們的理論關切不盡相同。舉例來說，Butler 宣稱後現代主義質疑當代主義合理性計畫的限制，以及其對進步、喜悅與自由的普同宣稱。相反地，後現代主義看待這種普同的宣稱，更為實用地表達價值是如何歷史性地與關係性地被建構出來，以及它們如

何表達作為政治性地參與的批判基礎或先決條件（Butler, 1991: 6-7）。因此，她稱這個理論的發展與變化有著「隨制的基礎」（contingent foundation）。在教育研究中，Apple 與 Oliver（1998: 142）認為新 Gramsci 主義、後現代與後結構的理論看起來是對立的。舉例來說，新 Gramsci 主義關注於國家、霸權集團的形成、新的社會結盟，以及同意的產生；相反地，後結構的分析關注在地、主體性與認同的形成，以及主體位置的創造，能夠創造性地運作在一起來闡明教育政治的重要部分。因此，Apple 認為與這個取向相配的是關注於認同政治，以及流通主體位置的國家角色，這是在地方層次的複雜政治中，由真實人們所重新分配的地方。換句話說，整合這些差異的觀點以便更完全理解教育的政治，乃是個雄心壯志與重要的議程。

6 據聞，本文寫作時即將出版的相關翻譯書籍不下三本，且多為導論性質著作。再者，我們所分析的文獻以正式出版的期刊論文、著作與譯著為主，未正式出版的學位論文不在分析之列。

7 在我們的知識歸類中，目前的翻譯著作與譯介文章雖有時出現譯名之爭，但就內容上來看，大半仍屬於引介取向的成分較大，關於譯名與本地教育論述之爭，正是本文關切的焦點，容後詳述。

8 habitus 的概念來自法國社會學家 Bourdieu 的論點，這是一個人受其所處生存條件、教育系統影響所形塑的秉性（disposition），這種秉性決定了人們如何面對生活，habitus 在內化至個人意識之後，便以一種無意識的方式指揮個人與社會互動。habitus 產生自學校的教育制度或禮儀中分類活動的反覆灌輸，一旦形成，便具有持久與可轉換的特性，穩定地連結個人與外在的世界（Bourdieu, 1977）。

9 如果細讀 Paulo Freire 的相關著作，其實也不難發現 Freire 亦深受到法蘭克福學派的影響，在其著作中大量地引述 Hebert Marcuse、Erich Fromm 等人的論點。

10 舉例來說，受訪者 D 也反映出本地對批判教育學的應用與引介的同時，往往偏

重北美的脈絡，對歐陸思想體系的考察往往是不足夠的：「以德國來講，首先有了傳統的教育學、後來因為有實證主義教育學，開展出其實是以心理學為主的、Wundt 實驗心理學，實驗心理學就是被教育拿來應用，就是像教學法這些概念，有了實證主義教育學。批判教育學是在傳統教育學、實證主義教育學、詮釋學（就是精神科學這個 Dilthey 的系統），在這三個既有的取向之下，再出現的第四個大的主流。法蘭克福學派 Horkhiemer、Adorno 這些人所建立的批判理論，因為批判教育學等於說是批判理論在教育上的發展或運用，英語系的批判教育學也是脫離不了這樣的關連，沒有批判理論，也沒有西方的批判教育學」。當然，這也反映出語言使用上的限制與學術養成背景等等的因素。

11 相似地，單文經（2002：134-135）也認為批評批判教學論缺乏提供實際的例證，這與後者不斷攻擊學校與社會結構為了保存現在科層體制的霸權心態之立場相違背，並且他認為課程研究的主旨應該著重於將理論與實務加以緊密的連接，以便確認課程發展的任務乃是為了要指引班級教學實務的進行。不過，針對這樣的論點，基本上我們是不同意的，不論在北美或是臺灣已有許多根據批判教育學所揭櫫之精神所進行的個案研究。

12 固然在常識性的用法中，的確 pedagogy 這個字泛指教學的科學（the science of teaching）。通常與 teaching 以及 instruction 交替地使用，作為教學過程或行動的簡略表達方式。不過，如果只探討表層的意思，恐怕亦有扭曲其文脈的謬誤，因此從 Jennifer Gore 的這段話可以一窺端倪：「不像明顯奠定於實證或現象學思考的教育學取向，批判取向的教育學所關注的焦點在於教育學作為一種權力關係的本質，在他們的分析中，把權力視為核心的範疇」（Gore, 1992: 3）。換句話說，批判教育學觀點底下的教導與學習並非中立的行動，以及學校與其他場所發生的學習也非客觀中立。相反地，這是將之意識型態地置於鉅觀的社會環境中，因此可以說，Gore 等人論述底下的教育學所關切的是存在於政治化架構底下的知識生產過程，所以如果只把 pedagogy 譯作教學論彷彿也遠離這些人寫作的原初意思。此外，Giroux 與 Simon（1989: 239）清楚地提到

pedagogy 的定義：「pedagogy 所指一種商議的嘗試，目的在於影響在特定社會關係之內（within）與之間（among），知識與認同怎麼樣與如何地生產出來。pedagogy 可以理解為一種實行，這乃是透過人們被煽動取得特定的道德秩序。作為兼具政治與實行上的活動，pedagogy 企圖影響經驗的發生與品質。當我們實行教育學的時候，特定意圖底下的行動將會組織與解組在自然與社會世界之特定的方式上，我們對差異的理解。我們所強調的 pedagogy 是一種概念，關注於知識被生產的過程。」最後，Stanley Aronowitz 提到 pedagogy 的一般用法通常脫離了批判教育學陣營所要強調的脈絡，Paulo Freire 使用 pedagogy 這個字眼用來強調其對於教育的取向，但是 pedagogy 在一般的指稱中往往被詮釋為教學的方式，而非 Freire 所亟欲強調的社會理論或哲學……Freire 所指的教育學乃是提供一種學習過程的地點，可以將主導權從教師轉移到學生身上。並且這種轉移明顯地標示著改變的權力關係，這樣的權力關係不只是在教室而已，也包含在更廣泛的社會處境（Aronowitz, 1993: 8-9）。

13 或許這也是件大事，不然怎麼會有像是政治上正名運動的出現。

14 互為文本性可以理解為沒有任何的文本是外在於持續詮釋與再詮釋的過程（即文化挪用的參照），並且對於文本的解讀，沒有任何決定性的詮釋，因為每一種閱讀產生新的文本，而這個新文本的本身成為原始文本所詮釋框架之內的一部分（Kristeva, 1986）。

15 其實這個現象似乎也不限於教育研究領域，在臺灣，許多人文與社會學科都有這樣的問題，恰好在前述受訪者 C 所說的一段話中無意透露出一個文化無意識或是避諱的問題，也就是「馬」派的知識傳統在知識圈裡被歷史先驗地排除，但這已是另一個議題的開端。

16 理所當然的共識來自於 Bourdieu 的意見場域（opinion field）架構，他對「理所當然的共識」賦予特別的注意力，因為在討論或是爭論意見時，用以支持社會邏輯的推理往往是引用這些理所當然的共識，而非對理所當然的共識提出正

當性的質疑（Bourdieu, 1977）。

17 這個譬喻借用 Geertz（1983）所提出一組對照的概念：遠經驗（experience-distant）與近經驗（experience-near）。他認為詮釋人類學關照到三個層面，一是，他者如何理解自身文化；其次，是研究者是如何理解他者的文化；第三，則是反省研究者是站在什麼立場上來理解他者的文化。而第一個層面與第二個層面，更涉及到近經驗與遠經驗的併置，第一層面乃是對他者如何自在地生活於自身文化中的觀察，到了第二層面除了是研究者如何理解異文化之外，還需處理如何將近經驗帶回遠經驗的脈絡之中。回到本文論述的主脈絡，學術的視野也是一種遠經驗，這樣的視野往往忽略了近經驗的連結，而視為理所當然，當然這也反映出學術知識與權力的議題。

18 當然，這亦是 Bourdieu（1991a）所指涉的「競賽的感受」（feel of the game），這是指在文化場域中不同的施為者之間的相互競爭，這包含認知到特定的規則、論述、價值，這會引導與決定施為者的實行，並且持續地被這些施為者與其實行所轉化。也就是說，這樣的知識允許施為者意識到什麼樣的狀況會發生，並且擬定好策略性的決定，作為在場域中協商與生存的方式。

參考文獻

中文部分

方永泉（1999）。教師作為一種轉化的知識份子：教育史角度的考察。**暨大學報，3**（1），99-126。

方永泉（譯）（2003）。P. Freire 著（1968/2000）。**受壓迫者教育學**。臺北：巨流。

王秋絨（1988）。包魯・弗雷勒的對話教育思想評析。**社會教育學刊，17**，147-172。

王秋絨（1992）。批判的成人對話教育家——弗雷勒。載於劉焜輝主編（1992），**人類航路的燈塔：當代教育思想家**（頁192-238）。臺北市：正中。

王秋絨（1995a）。包魯・弗雷勒教育模式在語文教育的運用狀況。**教育研究，46**，46-52。

王秋絨（1995b）。包魯・弗雷勒教育模式在社區教育的運用實例評析。**成人教育，25**，20-24。

王秋絨（2000）。弗雷勒的成人教育方案設計。**成人教育通訊，2**，20-25。

王嘉陵（2003a）。Giroux 思想中的教育可能性。**教育研究，11**，11-19。

王嘉陵（2003b）。從 Giroux 的批判教育學觀點反省課程改革中的教師角色。**教育研究資訊，11**（3），3-21。

王嘉陵（2003c）。批判教育學的教學實踐：以社會科臺灣開發史為例。**國教輔導**，**42**（4），28-33。

王慧蘭（2003 年 11 月）。**批判教育學：權力抗爭、文本政治和教育實踐**。論文發表於國立屏東師範學院社會教育系主辦之第一屆社會理論與教育研究學術研討會，屏東市。

王麗雲（譯）（2002）。M. W. Apple 著（1990）。**意識型態與課程**。臺北：桂冠。

卯靜儒（2002）。個人的／政治的：艾波的權力、知識與教育。載於蘇峰山編（2002），**意識、權力與教育：教育社會學理論導讀**（頁 77-115）。嘉義縣：私立南華大學教育社會學研究所。

卯靜儒（2004）。從新馬克思主義到後結構主義──課程社會學研究的再概念化。**教育研究集刊**，**50**（1），119-142。

吳瓊洳（1999）。從吉諾斯公共知識份子觀論現代教師應有的角色。**中等教育**，**50**（3），78-86。

宋文里（1995）。批判教育學的問題陳顯。**通識教育**，**2**（4），1-15。

宋文里（2004）。我們的小孩──一種後學的前言。**教育研究**，**118**，55-66。

宋明順（1998）。傅雷勒的批判教育學思想。**社教雙月刊**，**83**，24-31。

李奉儒（2003a）。P. Freire 的批判教學論對於教師實踐教育改革的啟示。**教育研究集刊**，**49**（3），1-30。

李奉儒（2003b）。從教育改革的批判談教師作為實踐教育正義的能動者。**臺灣教育社會學研究**，**3**（2），113-150。

李奉儒（2004）。閱讀 Paulo Freire：批判教學論的發軔與理論主張。**教育研究月刊**，**121**，22-35。

李奉儒、洪孟華（2002）。解放性的教室。**研習資訊**，**19**（4），

42-49。

李奉儒、詹家惠（2002）。檢視高中多元入學方案：批判教學論觀點。**教育研究月刊，101**，60-101。

周珮儀（1999）。**從社會批判到後現代：季胡課程理論之研究**。臺北市：師大書苑。

周珮儀（2001）。追求社會正義的課程理論：H. A. Giroux 課程理論之探究。**教育研究集刊，46**，1-29。

林昱貞（2002）。批判教育學在臺灣：發展與困境。**教育研究集刊，48**（4），1-25。

洪如玉（2003）。後資本主義社會知識經濟領航下的教育反思──批判教育學取向。**臺灣教育社會學研究，3**（1），115-148。

洪孟華（2003）。讓教師做一名解放的教育人員吧！**教育資料與研究，50**，96-101。

夏林清（2002）。尋找一個對話的位置：基進教育與社會學習歷程。**應用心理研究，16**，119-155。

高博銓（2000）。Grioux課程理論初探。**中等教育，51**（1），16-25。

高熏芳、張嘉育（譯）（2001）。M. W. Apple 著（2000）。課程、教學與教育改革的政治策略。**課程與教學季刊，4**（1）：115-128。

張建成（2002）。主體的解放：批判教學論的觀點。載於張建成（2002），**批判的教育社會學研究**（頁41-56）。臺北市：學富。

張建成（2004）。從批判教育學到青少年流行文化研究（魏宇凡、廖政凱專訪）。**教育研究月刊，121**，14-21。

張盈堃（2000）。教師作為轉化型知識份子的教育實踐。**教育與社會研究，1**，25-58。

張盈堃（2001a）。在教育場域中實踐基進民主：以同志教師身份認同與抗拒實踐為例。**臺灣教育社會學研究，1**（2），131-169。

張盈堃（2001b）。建構生死學教室。**花蓮師院學報，13**，129-147。

張盈堃（2001c）。**性別與教育：批判教育學觀點**。臺北市：師大書苑。

張盈堃（2004a）。偽裝的形貌與越界的政治：再談基層教師的生活世界與實行的邏輯。**應用心理研究季刊，21**，66-89。

張盈堃（2004b）。**階級品味與在家自行教育──批判教育學的觀點**。載於國立高雄師範大學主辦之第十屆臺灣教育社會學論壇「變遷中的社會文化與入學制度改革」學術研討會論文集（頁157-171），高雄市。

張盈堃、陳慧璇（2004）。矛盾──基層教師生活世界的宰制與抗拒。**應用心理研究季刊，21**，35-61。

張盈堃、彭秉權、蔡宜剛、劉益誠（譯），宋文里（審訂）（2004）。B. Kanpol 著（1999）。**批判教育學導論**。臺北市：心理。

莊明貞（2003）。當前臺灣課程重建的可能性：一個批判教育學的觀點。載於莊明貞主編（2003），**課程改革：反省與前瞻**（頁23-48）。臺北市：高等教育。

莊明貞、潘志煌（2004）。批判理論及其在課程研究應用之評析。**教育研究月刊，121**，36-57。

莊明貞（專訪）（2004）。H. A. Giroux 著（2004）。基進民主與社會正義的導航者。**教育研究月刊，121**，120-126。

許誌庭（2002）。教師作為轉化型知識份子的可能性、限制與實踐方向。**教育研究集刊，48**（4），27-52。

郭瑞坤（2004）。**教育中「沉默文化」的分析與出路**。政大教育學術論壇──另類與創新：臺灣本土教育經驗再出發。臺北市：國立政治大學。

單文經（2002）。現代與後現代課程論爭之平議。**師大學報：教育**

類，**47**（2），123-142。

湯仁燕（2003）。Paulo Freire 批判對話教學觀點之探究。載於陳伯
璋、歐用生主編（2003），**課程與教學的饗宴**（頁 257-289）。
高雄市：復文。

馮朝霖（1998）。教師文化的轉化。**社教雙月刊，87**，5-7。

馮朝霖（2003）。主體、情性與創化——世紀末德國普通教育學理
論之考察。載於馮朝霖（2003），**教育哲學導論——主體、情
性與創化**。臺北市：高等教育。

馮朝霖（2004）。駱駝・獅子與孩童——尼采精神三變說與批判教
育學及另類教育學的起源。**教育研究月刊，121**，5-13。

彭秉權（譯）（1999）。P. McLaren 著（1994）。批判教育學。**通
識教育季刊，6**（2），109-155。

溫明麗（譯）（1997）。M. W. Apple 著（1996）。官方知識的政治
運作策略：國定課程的意義何在？。載於楊思偉、溫明麗譯。
課程、政治：現代教育改革與國定課程（頁 1-50）。臺北市：
師大書苑。

黃光國（2004）。意識型態的批判與抗拒。**應用心理研究，22**，
5-12。

黃庭康（2002）。艾波教育與權力導讀。載於蘇峰山編（2002），
意識、權力與教育：教育社會學理論導讀（頁 245-255）。嘉義
縣：私立南華大學教育社會學研究所。

楊巧玲（2000）。問題導向教學與合作學習教學策略之理論與實際。
課程與教學，3（3），121-135。

楊巧玲（2001）。從批判教育學重新探索師生關係。**教育研究月刊，
86**，44-56。

楊洲松（2004）。媒體再現中的青少年認同問題與批判教學論。載

於楊洲松（2004），**當代文化與教育——文化研究學派與批判教學論的取向**（頁 77-102）。臺北市：洪葉。

劉育忠（2002）。自覺、批判與轉化：從批判教育學中「抗拒」概念之意涵試論其在課程改革中之實踐途徑。載於中華民國課程與教學學會主編（2002），**新世紀教育工程：九年一貫課程再造**（頁 211-229）。臺北市：揚智。

劉惠珍、張弛、黃宇紅（譯）（2002）。H. A. Giroux 著（1992）。**跨越邊界：文化工作者與教育政治學**。上海：華東師範大學出版社。

歐用生（2000）。教師是轉型的知識分子——聲音的「政策」與「教學」。**國民教育，41**（2），2-10。

歐用生（2002）。快樂學習或安樂死：體驗學習的批判教育學意涵。**課程與教學，5**（4），107-124。

蔡文山（2002）。社會批判理論與潛在課程研究。**國民教育研究集刊，10**，177-191。

鄭博真（1999）。Giroux 後現代邊界教育學思想之探討。**教育研究，7**，157-167。

謝小芩、范信賢（1999）。九年一貫課程中的學生主體性。載於中華民國課程與教學學會主編（1999），**九年一貫課程之展望**（頁 125-143）。臺北市：揚智。

謝小芩（譯）（1995）。H. A. Giroux 著（1988）。教師作為知識份子、教師作為轉化型知識份子。**通識教育季刊，2**（4），89-104。

蕭又齊（2004）。我的意識覺醒：社會事件融入社會科課程的敘說探究。**教育研究月刊，121**，58-71。

蕭昭君、陳巨擘（譯）（2003）。P. McLaren 著（1998）。**校園生活：批判教育學導論**。臺北市：巨流。

英文部分

Apple, M. W., & Oliver, A. (1998). Becoming Right: Education and the Formation of Conservative Movements. In D. Carlson & M. W. Apple (Eds.), *Power/Knowledge/Pedagogy: The Meaning of Democratic Education in Unsettling Times* (pp. 123-148). Boulder, CO: Westview.

Aronowitz, S. (1993). Paulo Freire's Radical Democratic Humanism. In P. McLaren & P. Leonard (Eds.), *Paulo Freire: A Critical Encounter.* New York: Routledge.

Astin, A. W., & Lee, C. B. T. (1972). *The Invisible Colleges: A Profile of Small, Private Colleges of Limited Resources.* New York: McGraw-Hill.

Bartolome, L. (1994). Beyond of methods fetish: Toward ahumanizing pedagogy. *Harvard Educational Review, 64* (2), 173-191.

Bourdieu, P. (1977). *Outline of a Theory of Practice.* Cambridge: Cambridge University Press.

Bourdieu, P. (1988). *Homo Academicus.* Stanford: Stanford University Press.

Bourdieu, P. (1989). Social space and symbolic power. *Sociological theory*, 7, 14-25.

Bourdieu, P. (1991a). *Language and Symbolic Power.* Cambridge, MA: Harvard University Press.

Bourdieu, P. (1991b). The Scholastic Point of View. *Cultural Anthropology, 5* (4), 380-391.

Bourdieu, P. (2000). *Pascalian Mediations.* Stanford: University of Stanford Press.

Bourdieu, P. (2001). *Firing Back: Against the Tyranny of the Market 2.* New York: The New Press.

Bourdieu, P., Passeron, J-C., & de Saint Martin, M. (1994). *Academic Discourse: Linguistic Misunderstanding and Professorial Power.* Cambridge: Polity.

Butler, J. (1991). Contingent Foundations: Feminism and the Question of Postmodernism. In J. Butler & J. W. Scott (Eds.), *Feminists Theorize the Political* (pp. 3-21). New York: Routledge.

Carlson, D., & Apple, M. W. (1998). Introduction: Critical Educational Theory in Unsetting Times. In D. Carlson & M. W. Apple (Eds.), *Power/Knowledge/Pedagogy: The Meaning of Democratic Education in Unsettling Times* (pp.1-38). Boulder, CO: Westview.

Chow, R. (1995). *Primitive Passions: Visuality, Sexuality, Ethnography, and Contemporary Chinese Cinema.* New York: Columbia University Press.

Darder, A., Baltodano, M., & Torres, R. D. (2003). Critical Pedagogy: An Introduction. In A. Darder, M. Baltodano, & R. D. Torres (Eds.), *The Critical Pedagogy Reader*(pp.1-26). New York: Routledge Falmer.

Ellsworth, E. (1992). Why doesn't this feel enpowering? Working through the repressive myths of critical pedagogy. In C. Luke & J. Gore (Eds.), *Feminisms and critical pedagogy* (pp. 90-119). New York: Routledge.

Freire, P. (2000). *Pedagogy of the Oppressed*, 30th Anniversary edition. New York: Continuum.

Geertz, C. (1983). *Local Knowledge: Further Essay in Interpretative An-*

thropology. New York: Basic.

Giroux, H. A. (1988). *Teachers as Intellectuals-Toward a Critical Pedagogy of Learning*. N.Y.: Bergin & Garvey.

Giroux, H. A. (1994a). Insurgent Multiculturalism and the Promise of Pedagogy. In D. Goldberg (Ed.), *Multiculturalism: A Critical Reader*(pp. 325-343). Cambridge: Blackwell.

Giroux, H. A. (1994b). *Disturbing Pleasures: Learning Popular Culture*. New York: Routledge.

Giroux, H., & Simon, R. (1989). Popular Culture and Critical Pedagogy: Everyday Life as a Basis for Curriculum Knowledge. In H. Giroux & P. McLaren (Eds.), *Critical Pedagogy, the State, and Cultural Struggle*. Albany, NY: SUNY Press.

Gore, J. (1992). What We Can Do for You! What can 'We' Do for 'You': Struggling over Empowerment in Critical and Feminist Pedagogy. In C. Luke & J. Gore (Eds.), *Feminism and Critical Pedagogy* (pp. 54-73). New York: Routledge.

Hargreaves, A. (1999). Book reviews for 'Struggling for the soul: The politics of schooling and the construction of the teacher' by Thomas S. Popkewitz. *International Journal of Qualitative Studies of Education*, *12* (6), 725-728.

hooks, bell. (1994). *Teaching to Transgress: Education as the Practice of Freedom*. New York: Routledge.

Kanpol, B. (1999). *Critical Pedagogy: An Introduction (2nd ed.)*. Westport, CT: Bergin & Garvey.

Kristeva, J. (1986). Word, Dialogue and Novel. In T. Moi (Ed.), *The Kristeva Reader*(pp. 34-61). New York: Columbia University Press.

Lather, P. (1991). *Getting Smart: Feminist Research and Pedagogy with/in the Postmodern*. New York: Routledge.

Macedo, D. (1994). *Literacies of Power: What American Are Not Allowed to Know*. Boulder, CO: Westview.

McLaren, P. (1994). White Terror and Oppositional Agency. In D. Goldberg (Ed.), *Multiculturalism: A Critical Reader* (pp.45-74). Cambridge: Blackwell.

McLaren, P. (1998). *Life in Schools: An Introduction to Critical Pedagogy in the Foundation of Education (3rd ed.)*. Addison Wesley：Longman.

Urry, J. (1990). *The Tourist Gaze: Leisure and Travel in Contemporary Societies*. London: Sage.

Weiler, K. (1991). Freire and a Feminist Pedagogy of Difference. *Harvard Educational Review, 61* (4), 449-474.

Williams, R. (1980). Base and Superstructure in Marxist Culture Theory. In Raymond Williams, *Problems in Materialism and Culture* (pp. 31-49). London: Verso.

第十章

批判教育學與三種創意教學（的可能）

宋文里

壹 | 前言：名字有什麼相干？

兩年前屏師這裡曾經舉辦一場以「批判教育學」為主題的研討會。會前大約一個多月，網路上先發生了一場「批判教育學爭議」。最重要的爭議焦點是：「critical pedagogy」的正確譯名到底應是「批判教育學」或是「批判教學論」？

我對於名字沒有特別的偏好，但在這裡我只是必須作個選擇，以避免兩名共用的累贅，而選擇的原則就像一位數學家在開始討論或解決任何一個難題之前，必須把問題所牽連的各個概念都先設定、賦名、定義一樣。關於所謂的「批判教育學」這東西，我和它的關係一直是「無心插柳柳成蔭」的。我可能和這東西之引入臺灣教育學的討論圈子有一點點關係，[1] 但我對於任何東西的譯名從來沒有什麼正確或什麼不正確的堅持——如果你們都知道我們所使用的現代漢語在從古代漢語、近代漢語中脫胎換骨的過程中發生過多少如癡如狂、似幻似妄的新語症（neologism），你們就不會怪我沒原則了。

記得莎士比亞關於「玫瑰的名字」有一首膾炙人口的名句：「玫瑰呀玫瑰／名字有什麼相干／就算換了一個名字／你還不是一樣芬芳」從羅蜜歐的口裡道出，那朵玫瑰是朱麗葉。你們如果要想，在教育的世界裡，什麼東西對於我會像朱麗葉之對於羅蜜歐那樣吸引人，那樣令人一往直前、無怨無悔？我得說：沒有，在所謂的「批判教育學」出現於我的世界之前，沒有。不是從來沒有，而是，僅僅一兩年的教學經驗，就已經把我對於教育的熱情澆熄。而在熄火之後，真是灰飛煙滅，什麼都不留下，甚至到了讓我閉口不談、拒絕承認那些經驗的地步。

我對於「師大人」的認同一直有個複雜的情結。到了現在，這個

認同對於我唯一會具有激發教育動力的時候，不是在於我懷念她，而是在於我企圖要背棄她。這意思很像說研究東亞四小龍經濟奇蹟的人所發現的：這四個經濟體共有的發展動力就在於背棄龍的傳人（儒家文化）中的某些傳統之時。這真是一言難盡，但對於今天的講題來說，卻是再好不過的切入點了。

是的，名字沒什麼相干，但在名字的背後確有個真正具有爆炸性的潛在力量，我們必須設法摸出它是什麼名堂。

貳 | 從 McLaren 的回信再談「批判教育學」是什麼名堂

在上次的研討會中，關於「批判教育學」，有兩位人物被提起很多次，那就是 Henry Giroux 和他的戰友 Peter McLaren。我記得王慧蘭老師曾經在會場上打出他們的照片。我要談一點點後者，他的作品已經有一本中文翻譯，當一位作者的著作進入我們的日常談論中，我就會說他是屬於「咱們」的。

我不是個英雄崇拜者，特別對於一種新興的學術思潮，不太相信幾個英雄人物就可以作為代表，也特別不相信這種遠渡重洋的學術傳播可以靠國外的「重量級」、「大師級」來越洋遙控我們（「咱們」）的發展。但有趣的是，在上回那段網路爭議的過程中，McLaren 確實在我們之間現身了一下。因為在開始發生爭議時，有一方特別寫信給 McLaren，把他當成會唸經的洋和尚。求教的問題是集中於「pedagogy 可不可以說成『教育學』」，而他的回信卻文不對題地回答了「什麼才是 critical」。[2] 不過，這就是跨文化遠距溝通所難免的現象，而我們卻可趁著這種陰錯陽差的機會來打開另一個議題：說真的，對我們而言，「批判」怎麼和「教育學」接合？

在 McLaren 的說法中，顯然他對於當今有一種叫做 critical think-
ing 的東西竟爾會和 critical pedagogy 一起通膨，感到不以為然。Criti-
cal thinking（常譯為「批判思考」）對於我們來說，早已是耳熟能詳
的一個教育議題，而其中談到如「多元思考」、「水平思考」、「創
意開發」等等，正是今天和我們的講題最有關連的部分。我在看到
McLaren 來信之前很早就想過：「批判教育學」若要談創意的問題，
一定不只是和過去所謂的「批判思考」一樣。

McLaren 說他自己現在寧可使用 critical revolutionary pedagogy
——漢語要怎麼說呢？叫「批判的革命教育（學）」可以嗎？我不知
道。我想我們不用急著蓋棺論定。他所要強調的那種馬克思主義路
線，想來在臺灣的教育論述中還是很難啟齒的吧？不過，他自己解釋
道：這是一種「相當黑格爾式的馬克思主義，」「是針對著要讓理解
發生 praxiological transformation（這語詞也沒有現成的漢譯，姑譯之
為「實踐學的轉換」），也就是「要發展出一套有關 praxis（思想實
踐）的一貫哲學，而其來源包括著各種批判的理論、認識論、分析
法，有可能是西方馬克思主義、拉丁美洲解放神學、批判詮釋學，或
是蘇維埃馬克思主義傳統，或是 Gramsci、Freire 等等。」

因為這是通信，而不是在教科書或在論文上的陳述，它一方面是
言簡意賅，另方面也不像是在談什麼抱負，而是在談他已經這麼做
著，或已經做過的東西。我想：他所說的那些學問，在我們既有的教
育學系和教育研究所課程裡，應該都還不是標準的必修、選修課目，
也還不會有足夠的研究者撰文討論，所以，我們還不到評論他的地
步。比較謙遜一點的學習態度是吸收，但就文化立場而言，只靠「吸
收」的學問是個不可能的任務。我們置身在生活中，無時無刻不在面
臨著各種即時而來的「狀況」——出狀況總不是在你已預備好要對付
它的時候——你是當頭撞上，之後回想起來，你所完成的對付和解決

之總和都不太像是馬克思主義或是批判詮釋學。但我們也不能誇口說
「我們自有一套」。在很多地方看起來，「自己的一套」教育學並沒
有誕生。在這空虛脆弱的基礎上，我們就很難抱怨說：外來的教育學
（譬如「左派教育學」）正在開始入侵了。

　　批判詮釋學——假若我們的教育學中也有這套知識——告訴我們
的理解是：教育的所有東西，重要的是掏出「前理解」，而不是在別
人的「理解之後」去依樣畫葫蘆。然而，前理解到底在哪裡？我想這
麼說：就是老師和孩子相互接合的那個可能之處。

參 ｜ 教學創意的倡議：關於「可能性」這個議題

　　我想從我所了解的「批判教育學」之中的某些意思來出發，談談
我對於教育最在意的問題之一，那就是關於教學創意的問題——而我
在上文說過的「背棄母校認同」的問題，大抵也與此息息相關。

　　我並不想背棄我所有的母校或學習經驗。在談起母校而我總覺得
不能以師大（「臺灣師大」的舊稱）為榮之時，我常常換用的說法是
「我是新竹中學畢業的」。回想起來，在新竹中學那三年，和在師大
的六年相比，最大的不同是前者曾激起我對任何事物的強烈學習動
機，並且也使我肯定所有的學習都會由**可能性的語言**所傳遞；相較之
下，我的六年師大經驗卻像一灘死水，少有什麼值得回憶的流動，也
很少有什麼激勵學習之處——只有我在大二那年，有一次蹺課整整兩
個禮拜，在圖書館裡寫一篇小說，[3] 並且發現這個圖書館的參考室有
很多很好的工具書，而那是少數讓我懷念的一段師大經驗了。

　　從剛才我談的「一往直前、無怨無悔」，到現在談的「背棄」，
我想各位大概可以聽出，這像是在談欲望的兩個相互背反的方向。是
的，我是想談談欲望和創意之間的關係。但我要先表明：創意可不是

什麼固定的 ABC，用幾本指導手冊就可以教得出來，我們只知它是和人的欲望息息相關，但卻不能肯定這裡的關係函數是什麼。創意不是毫無所謂的多元思考，也不是因為眾聲喧譁而後必然要博採眾議，而是基於切身關係、置身在地、和問題脈絡糾纏在一起，而後非要尋找不可的出路──創意就是那出路的路口──雖然沒人能保證那會不會是一條死路。

在創意之中的人並不知道那結果能不能叫做創意，而只知道那是**一種可能，有時甚至是一種必然的可能**，就是別無他途，只能在此處的缺口上縱身一躍，有如《星艦奇航》[4] 中的那位絕對理性的外星人 Mr. Spock 一樣，他在奮力進入高輻射污染的機房，關掉污染源，救了全艦人員的性命之後，艦長 Capt. Kirk 扶著被輻射感染到奄奄一息的他問道：「你為什麼要這樣做？」他回答說："Why? It's quite logical." ──完全合乎救人的邏輯，但卻不合乎逃命的邏輯；合乎社會正義的判斷，而不是合乎個體生存的判斷──「必然的可能」這個看似自相矛盾的語詞，因為倫理關切的緣故，而指向人類行動之不可或缺的一種可能與抉擇。

我要回到本題，並且要對於喜歡討論批判教育學的朋友們作一點點提醒：在現有的批判教育學文獻中，我所讀過的部分，除了極少數的例外，都沒有人在討論創意（creativity）的議題。你只要翻一翻這類書籍的索引，應該很快就可以印證這個發現。我並非不知這個學術限制條件的存在，但為了某種溝通的理由，為了達成一種可懂性（intelligibility）的緣故，我經過選擇，決定把「創意」和「批判」結合起來，只是要加上附帶聲明：這就是在批判教育學中所要開發的一種「可能性的語言」。

肆 | 創造的意識（我的意識之自白）

在師大讀書的六年期間（1970-74, 1975-77），我從未聽聞 Paulo Freire 這個字，雖然那時候 Freire 的 *Pedagogy of the oppressed* 一書早已出版。[5] 在離開師大的大約十五年之後，有一次我無意間在書單上看見此書名，並且也找到其後繼者（就是 Henry Giroux 和 Peter McLaren 等人）在北美所開創的批判教育學之種種著作。我很驚訝臺灣的教育學界居然無人問津，所以開始寫下我的第一篇有關批判教育學的論文。[6] 在該文中我所闡論的一個要點即是：所謂「意識」乃是指「意識到（社群切身的）問題」，而教育就是要能把問題轉換成為一種可以傳授的語言（我把這叫做「問題陳顯」）。我當時認為：臺灣的教育學界本身之所以沒意識到批判教育學的出現，這是最初在臺灣「介紹」批判教育學的先進們所須解釋的第一個大問題。我不只認為那是個教育思想的新潮流，而是在慨嘆為什麼這潮水打到臺灣海岸的時辰會延後到那麼晚！什麼樣的教育學術障礙在阻擋它接近我們？我當時有一點點正面迎戰式的回答，那就是：師大的教育研究所，當時堪稱是臺灣教育學的天下第一所，順服著白色恐怖年代的思維而建立了一道強大的攔水壩，以致在三十幾年之後的今天，大潮決堤而來之時，都還把它當作洪水猛獸那般地看待。

我們的教育處境到今天都還不是真正的自由開放。「改革」、「鬆綁」之類的話語都不夠徹底，以致很快都變成陳腔濫調和聊備一格的空洞口號。我們需要一些能夠關連到行動的語言。譬如近年來提倡「行動研究」的教育界朋友們，我就應先對他們致上最真誠的敬禮。[7] 但願批判教育學對我們也可以像行動研究一樣達成教育改革的繼往開來之功。我要談的一些創意教學之議，實際上就是要讓頭腦裡

出現過的一些「批判意識」更能和「教育行動」連在一起罷了。但我們要談的是什麼行動？

對於各位來說，教育行動的範疇，其最顯要者大概就非「課程」和「教學」莫屬了。我也知道是這樣。但我所談到的「失望」以及「背棄」，也正是因為經歷和各位同樣的課程和教學經驗而來。為了尋找出路，我們可不可以把我們的焦點暫時從課程和教學移開，讓「教育學」的爭論在另一個出口找到本體論基礎？假如我在上文提到的爭論中倡議把 pedagogy 這個老掉牙（卻長不出新牙）的字眼翻譯成「師藝學」，你們覺得可以接受嗎？也就是說，讓我們暫時撇開所謂「以兒童為中心」的人本主義老幻影，而把教育主體的關鍵重新設定在教師身上，如何？

當 Donald Macedo 問 Paulo Freire 說：主體性在學校中如何方能建立？Freire 的回答是：學校其實並不在意要**建立**主體性，但主體性確實是**在學校的功能中發生**的。「創造性是要被激發的，不只是在學生個體層次激發，而是要在個體性的社會脈絡層次上激發。」──我一看到這樣的說法，只覺得靈光乍現，很想快跟這裡的教師、準教師們分享，但我們再接著往下看，可能還會積累出更多行動的力氣：

> 與其把這種令人驚奇的衝力給窒息，教育者們實不如去激發冒險，而若沒有這個，就不會有創造性。與其不斷增強純粹機械性重複的句法練習和表格填充，教育者們實不如激發學生去懷疑。（Freire & Macedo, 1987: 57）

冒險和懷疑，要在個體性的社會脈絡層次上激發──這就是關於創造性的關鍵所在，這種說法真是令人拍案叫絕，因為這種型態的激發，雖然會讓人聯想到儒家的「勇」和「智」，但在我們所熟知的教育實踐中，還是相當反傳統的說法，至少我們的傳統教育中很少有這

樣智勇併舉的論述方式。我覺得必須把這種外來的「異文化」給想通，並且覺得：希望能藉這一次演講的機會，把這一點點意思透徹地整理出個頭緒來。

　　為什麼我對於「冒險」、「懷疑」會有這麼樣心有戚戚的反應？簡單地說，除了作為學校裡長大的學生之外，再加上六年的師資培育教育，真的除了高中三年，我完全受夠了臺灣教育經驗中那些數不清的膽小保守、苟且因循、便宜行事的教育風格，把學生貶低成庸庸碌碌、只能操作不能任事的機器，「無心智狀態」的感慨年復一年地加深，事實上，好在有中間那段高中經驗，發現一位能夠承擔的校長，和許多能夠啟發心智的好老師，使我啟航的勇氣沒被殺滅，並能就此開始培養心智之旅的凌雲壯志。只是一進入師大，才當新鮮人沒幾個禮拜，我又發現以前國小、初中那種被壓入模子塑造的意思。在一門接著一門沉悶無趣的課程之後，我開始常常作惡夢（包括白日夢），夢見自己陷入沙河和黑暗的小巷之中，一種沉淪而不能呼救的心境。也許是因為我當時家境貧困，不敢作轉學的打算，不敢多花一年父母供給的血汗錢，所以我一直逗留在那樣的課程和教學結構中，只想快快完成學業，而無法自拔。

　　對於我們的教育，我以受教育者的經驗積累出一種否定辯證般的判斷，就是其中最需要的創意應是來自於面對最大的恐懼──教育所不能面對的禁忌──之時。我們的文化傳統在教育經驗中聚焦成幾種最恐懼的犯禁方式：犯鬼神，犯上意，犯眾怒。教育的體制不斷把一些必然會導致禁忌的東西擋在學校的門牆之外，譬如宗教、政治和性，而在門牆之內無法避免的，則用消音與裝傻之法來加以避忌。這幾種屬於禁忌領域的教材是如此地缺乏，我幾乎不必再提出什麼證據，大家一定都明白這是在指什麼東西。

　　當然，細細尋思，我們會發現很多很多教育經驗都和禁忌的設

立，以及三令五申地避踩地雷有關，甚至最後我們會發現，教育的事幾乎沒有不與此相關的。批判教育學也許是不斷在強調教育本質中的政治性，提出教育只是在複製宰制者文化之論，但我在想這問題時，對於其中的「政治」是以「文化政治」的方式去理解的，因此，被宰制的領域就會擴延到生活世界的全面之中，不是「只有政治」（政權爭奪）就可以理解，也不是「不談政治」（政治中立）就可以高枕無憂。

在文化政治所能思及的方向，許多年來，我又發展出一些個人研究的偏好，而把文化問題集中在宗教和性的議題上，作出了一點研究心得。而當這兩股看似分別的思考匯流為文化政治的自覺時，我對於教育與政治的想法就在批判教育學的興趣上發作出來。我對於教育與政治問題的想法似乎不是在通常的政治課程、宗教課程、性教育課程中即可談得出來，而是必須針對師資培育中的準教師身分認同以及主體性之建立的觀點來設計與禁忌周旋的課程，才能回答「如何冒險、如何懷疑」的問題。

伍 三種創意教學（的可能）之一：鬼神恐懼與文化文本的發現

我在開始進入研究生涯之時，最早想理出頭緒的是和宗教有關的問題。作了幾年研究，到我提出升等論文的時候，有一位審查者竟然看出說我的興趣是在研究「邪教」。[8] 事實上，我不管什麼是正信、迷信，也不管哪些宗教是正派、邪門，而真正在乎的是人與種種神靈鬼怪相互交涉的行動實踐。「神聖」這個字眼所包含的種種意涵才是我的「問題陳顯」所要指涉的對象。我的研究題目包括對於宗教性的測量，對於所謂「不信」者到底是不是不信的問題，以及關於碟仙占

卜、借竅儀式的研究。在作研究的過程中，除了一心想著理論和論證之外，也會作些研究筆記，記一些隨身發生的事情。我現在就是要和各位分享我的這些研究軼事。

軼事的內容，為了省卻閱讀的時間，因此都擺在註腳中。[9] 我把故事的要點都用底線標明，所以讀者們可以把這幾行字當作討論的焦點（別忘了，我現在正在傳授某種東西，所以要先把它們變成可傳授的文本）。

這兩段故事裡的經驗到底哪裡和「如何冒險、如何懷疑」有關呢？

我和諸位一樣，是吸著傳統的奶水而長大的。我沒有特別不怕鬼。但是，總有一天，我們需要有人來教育的學府裡談談大家避忌的鬼問題才行。我的研究設計不是帶大家去作參與觀察──因為，假若真的看見鬼，我們大概都回不來了。可是，我們到底有沒有機會去觀察呢？在哪裡觀察呢？那是第一個要面對的問題。結果我採取了一種 heuristic design（在研究報告中，我稱之為「啟迪法的設計」），像是打撞球時用球檯四面的圍框來反彈擊球一樣。這怎麼說呢？讓我來解釋一下。

當學生們開始分成小組去作碟仙實驗時，有些小組的碟仙一直紋風不動，於是他們想起要到「陰氣重」的地方去求仙才會有效，這時他們就先多邀幾位女性成員，在半夜時，爬到人文社會學院大樓的頂樓陽臺上去。他們很真實反映了他們腦袋裡有關傳統文化對於「鬼」和「陰氣」的種種文脈設定：女性、黑夜、荒涼無人之處。雖然碟仙的道具裡沒有鬼，但他們自己共同召喚出了鬼文脈，然後就自顧自地跳進去。這樣不就是「反彈擊球」了嗎？

還有，更有意思的是：在實驗開始之時，有位同學決定來退選我的課，說是家長因為信仰而不准許她參加這樣的實驗。我一方面只能

同意她退選，但另一方面為了留住學生，就向大家說：「你們會害怕嗎？如果真有鬼來找上你，你們記得要說：（你）去找宋老師好了，是他負責的。」──我在課堂上跟學生拍胸脯保證：有我在，一切都由我來承攬就好。後來學生們也還是害怕，但我呢？我怕不怕？

　　你們已經看到我在那兩則軼事上所描寫的恐懼情狀了。但為什麼幾場研究經歷下來，就好像很篤定成為一個不怕鬼（或至少知道如何與鬼周旋）的人呢？因為我發現我是在經歷鬼文本的再生產過程，讀著、做著、想著，就慢慢領悟到：所有的鬼，其實都是由鬼故事烘托出來的；而鬼故事則是由一串一串自導自演的方式，綿綿密密編織而成。我們的傳統把這套編織法用 learing by doing 的「進步教學法」結結實實地教給了每一個（合格的）文化成員（譬如堪稱「炎黃子孫」的成員）。一旦我們能發現「鬼存在」永不如「鬼文本」那麼實在，於是一個讀書人就會忽然明白自己在文化文本的創制過程中是站在什麼地位。

　　我這樣說，恐怕讀者們誤會，說我是第一個創造出這種發現的人，而教育者都需要把自己調教成如此的「第一人」。不是這樣的。對於鬼文本，我不是第一個發現者。各位記不記得在第二則軼事中，我說道：「我在恐懼之餘，突然豁開來想說：到底我在怕什麼？於是我停下車來，搖開車窗，往車後仔細瞧瞧……」這裡的「豁開來」把車窗搖下的動作，到底是誰教我的？文化裡頭哪兒會有這樣的傳承呢？有的，是我的母親。根據她的敘述，她到我們家當媳婦沒多久，婆婆過世了。在守喪期間，有一次家人聽到神明桌上的一只小瓷杯不斷在摳摟摳摟地顫動，就紛紛傳說婆婆的靈魂回來了。我媽不相信，自己爬上神桌察看，果不其然發現杯子後面的木板牆面有一道裂縫，風從那裡灌進來，就把本來站得不太穩的杯子弄得顫抖不已。我有這樣的母親，誰說是沒有文化傳承？[10]

　　如果我確是吸著傳統的奶水而長大的，那麼，咱們無一例外。只是，我們要把「傳統文化」這一團東西搞清楚，它不是只有一套想法、一套制度、永遠維持互相一貫和諧的關係。文化是雜多的，其中常包含著種種的內在衝突和矛盾，教育者要站的位置，恐怕都和這衝突點有關。過去我們也許都太相信教師們的文化任務是在維持文化的內在均衡，因此我們所努力耕耘的教材就都是根據這樣的機制而選擇出來的。教師們漸漸變成不善於觀察衝突的現象，不善於理解矛盾的問題，而總是以防範為先，讓所有的衝突矛盾都先有預設的答案。於是我提的第一種創意，就是在說：要把握矛盾的機會，讓衝突成為我們的導師，教我們發現新的理解。

　　恐懼是我們的老師，傳統中的恐懼因為有大量涉及鬼神信仰的文本存在，所以，好的教材在我們的文化土壤中其實滿地皆是。教師們的工作本來就是要憑著這麼豐富的文化文本來教書的——文本（text）和教科書（textbook）在這裡碰頭，你們難道認為只是巧合而已嗎？但是能夠使用這些文本來教書的人，必須先能克服自己的恐懼，才能把那些豐富的文化遺產看成教材，而不是先擔心自己能不能回來。師資培育的教育學是不是應該從這裡重新開始？

陸　三種創意教學（的可能）之二：從限制級的語言到身體的再發聲

　　能發出聲音，把話說出來，是我們現在所企求的教育狀態。但是，像「限制級」這種體制的存在，卻常把我們說話的力氣都給省了。對於各種圖書、視聽媒體的分級制度是對於成長所做的規範。它固然構成一套清晰而嚴密的秩序系統，但作為和孩子們的成長亦步亦趨的老師們來說，我們有必要用懷疑與質問的態度來重新思考：清晰

的邏輯和成長的經驗是相互對稱的嗎？社會規範和欲望的邏輯之間為何總是矛盾？

我們用發聲的面向來思考它和說話之間的關係，也許可以為我們找出新的邏輯。發聲和說話有一個細微的差異，通常我們在語言教學裡談的是「發音」，而不是這次研討會主題中所謂的「發聲」，很多教師們大概沒意識到：那看來細微的差異可能對於我們的文化立場竟會產生「失之毫釐，差以千里」的後果。但發聲和前理解有關，我們必須對此作出細密的檢視。

我們所謂的「限制級」，表面上是就性的問題在成人與非成人之間劃開的一道界線，而教育體制是不是只要安安靜靜地依循這種界線規定就好了呢？好在哪裡？作為老師的你，如果碰到學生問你為什麼，你是不是只要說「限制級！」就算回答了問題？教師們和任何社會秩序的維護者一樣，動用公共規範來理解人的行為時，總會發現有「雙重標準」的難題，在性別、長幼、公私乃至白日黑夜、清醒作夢之間無時無刻不存在。我剛剛問你們「好在哪裡？」的問題，事實上是想藉由另一個文化思考來重新打開討論的契機。

「好」是什麼意思？為什麼漢語的「好」字是女部首，而右邊的「子」卻不是它的發音？這明明是個指事字而不是形聲字，所以，我們就該明白「相好」、「好事」在造字時代的理解就是和男女之事有關。假若我們換用精神分析之後的現代漢語來說，就得說此事跟「欲望」有關。

在恐懼之後，我們要談欲望，因為欲望和恐懼一樣，是很多事情的起頭，是做與不做的根本定義。對孩子和對成人都一樣，也就是說，只要是人都一樣受到這種根本起點的管轄。可是，當我們說「來學做人」、「做人要有人樣」的時候，其中到底又能有多少語意讓你聯想到「欲望」？這些問題牽涉到極為基本的文化發聲邏輯，所以你

們別冀望在現有的學校教育裡找到答案，因為歷來學校規範都在遵從公共的、長者的、男性的、白日的、清醒的邏輯，而不是私生活的、幼者的、女性的、黑夜的、作夢的法則（「非」法則？）可是，我得說：我們的生活經驗本身都包含著以上所說的種種二分量尺之兩端。生活對於行為提供了很多答案，只是一走進學校，說要「來學做人」，卻只能做一端的人，另一端就都不能談了：孩子不能問，老師也不用回答。老師的本分最多只要說「你給我閉嘴」就好了，可不是？

　　我們的老師，以及許許多多的準教師，一輩子就在這樣的教育氛圍中度過。我最擔心的是：從此，學校裡的文化就會跟生活世界的文化隔離開來，以致今天在場的許多人真的已經不知道「好事」和欲望會有什麼關係。「限制級」在孩子和成人的世界之間劃了一刀，使得許多志在教育的人從此只要向孩子認同，只會說普遍級的孩子語言就好。師資培育的教育也在此立刻降格為思想幼稚的教育。你們難道不擔心嗎？

　　孩子們的世界離不開欲望和滿足。學習大多是在欲望和滿足之間才能成功。我們的語言中常說：「事情要做到好」（代誌愛做乎好），其中的「做好」又是個基本文法。你們知道怎樣叫「做好」嗎？這真的跟剛才說的「好」有關嗎？對大人來說，「好事」／「辦事」／「完事」加上一點點賣關子的語氣，或使一點點眼色，其含意就不言可喻了，哈哈！可是對孩子說：「看你做了什麼好事！」那又會含有多少嚴重的「壞事」語意呢？成人對好事會眼睛為之一亮，但孩子聽到好事就得先皺眉頭。大人的好事，是孩子的壞事。為什麼都是這麼基本的矛盾？因為這都是從欲望的語言所延伸而來的，在體驗之中，它確實是不用再多說就已經很清楚的，只是「限制級」卻把其間顯而易見的成分都劃到暗地裡去，排除在該學習的語言之外了。不

能說的語言如果都被當成不存在的，那麼人的語言就和發聲無關，而只剩下鸚鵡學舌一樣的句法訓練了。

在有關性的、欲望的領域中，其實大家都與生俱來拚命學習的能力，白天你不清楚的話，你就去問問自己的夜夢，那就是欲望的全貌——即使老師們不講，孩子們還是得自己學習，講它或不講它，否則他「進入社會」之後定會被嘲笑為一個「不上道的」的人，一根木頭。從這裡我想就可以更明白文化的領域和教育的領域之間更深一層的關連與矛盾關係。

我的小男孩今年十歲。他現在學到一種有關性・欲望的語言，我舉一個例子：有一天他經過一家賣女性內衣的專賣店，他盯著櫥窗裡展示的塑膠模特兒，冒出一聲狠狠的評論：「變態！」我到那時才明白他常說「有些很變態的事情我不能說」到底是指什麼。是的，你們自己，或你們的孩子，總不外乎這樣講話。但是，長大之後，什麼時候才能轉變？你怎樣跨過那道限制級的界線呢？十八歲生日嗎？領到機車駕照那天嗎？還是等到從這裡畢業之後？時間一定保證你能跨越這道門檻嗎？

我曾在美國的校園裡生活過六、七年。有一件常讓我感覺意味深長的事情，和文化差異有關，但不用多說也很容易明白其中所包含的語言光譜。事情是這樣的：美國的大學校園裡有兄弟會（fraternity）的學生組織，他們為了籌措經費常會辦電影欣賞的活動，而 A 片是他們常會選上的片碼，因為一定收得到門票錢。有一次我也在排隊買票。當天雖然有點冷，但沒下雪。買票隊伍大概有三、四十個人，其中有幾位把帽套套在頭上，不敢見人的樣子。我發現他們都是單獨的個人，和我一樣，都是東亞面孔。後來在電影放映場中，有些老美三五成群坐在一起，他們邊看邊吃爆米花，還不斷指著片中的鏡頭大聲嘻笑。我第一次感覺看 A 片可以連觀眾一起看，這麼好玩。我在三

十幾歲時才學到這種好玩的看戲觀點。

　　離經叛道？回國之後，務必記得要清除掉那些離經叛道的學習？但我卻覺得我回不來了。當我學到這一點轉圜空間之後，我不會覺得回到狹隘的空間能讓我「比較像人」。我並不暗示「美國的」自由就必然是我們的學習對象。我想的毋寧是如何在「船堅砲利」之外還能「師夷長技」吧──自己的文化經驗所構成的脈絡才是衡量新經驗時的參照標準，但是，人模人樣地說：談論性、鼓勵欲望，都是些骯髒事，「君子不為也！」結果是讓這位君子以滯留在兒童期為榮；向被壓抑的孩子認同，來保持兒童式的道德乾淨，其結果真是把人的肉身變成永遠不再發芽的木頭。

　　但如果有人說：啟動的說法何其容易？「教改」叫了很多年，還不是發不了芽！那你又要如何回答呢？我的回答是：回到教育者的身上，把恐懼和欲望的發聲方式好好重新思量，你將會理解一個基本原則：如果恐懼是倒抽一口氣，把聲音收回；則欲望滿足恰是吟哦吐氣，作出聲音。我們就把這意思像發明「好」字的字形與聲音之時那樣，很基本地唸它一聲「好」──那它到底比較像哪一種？是恐懼收氣，或是滿足發聲？這個基本原則，我認為它將會為我們接通公開與私下，長者與幼者，男人和女人，白晝與黑夜，以及清醒與作夢。

　　我的意思是：先讓他們發聲，之後再來教如何咬字發音，再變成一篇表達的言語。如果你還一直擔心那未受語法管轄的聲音只會變成野性的呼喚，那麼，我就要請你再進入下一節，來跟我一起談談第三種創意的可能。

柒　三種創意教學（的可能）之三：政治禁忌與反對的教育

　　政治，不用說也知道，大家都會說：混亂、混亂、混亂，咱們別談了。然而，什麼時候政治對於我們，從孩子到成人，都變成限制級的？從前的政治都是清明乾淨、很禁得起談論的嗎？顯然不是。從文本來說，我們也都清楚得不得了：從前的政治，除了一言堂的版本之外，沒有別的版本存在。所以政治的問題在我們的傳統中也從來不涉及什麼可能性的語言。

　　今天我們回頭反省過去，只怕是太容易再度陷入另一種預設的答案了。譬如多少人認為教育改革和解嚴鬆綁有一貫的關係？但我不敢相信事情會這般簡單。有很多東西之所以會改革不了，是因為文化塵封的歷史太久，致使我們變得根本看不見問題何在，即使來個皆大歡喜的政治解嚴，也還都只是解出一些口號，而解不到那些屬於欲望和恐懼的本體層面。

　　我知道今天大家還在等著看所謂「柔性政變」的事件會不會繼續發展。但我卻已經看穿，知道它不會發展，或說，沒什麼好發展的。我們的政變之所以會是柔性的，就和我們的革命也一直只能邊搓邊揉地、柔性地發生有關。國會裡的爭吵雖然常會因為擦槍走火，假戲真作，後來變成打群架的場面，但是，就政治鬥爭來說，那還都是屬於「柔性」的。一位立委額頭上一小片瘀青就可以換來許多花籃和慰問信，你看看這個文化是多麼溫柔！諾貝爾文學獎得主高行健曾說：臺灣是個太溫柔的地方，不適合他的革命生涯；韓國人來臺灣考察學生運動，說我們的運動者顯得那麼安靜，哪能叫做運動──我只是提供一點點跨文化的考察，說明所謂「柔性」也者，正是臺灣文化的本

色，因此說臺灣有柔性的什麼和什麼，那只是一種套套邏輯。我還有
其他的文化理解，使我篤定地認為，到了這個年代，什麼政變都不會
在這個寶島上發生。但我不是要各位來學習我這種鐵口直斷的語言風
格。[11] 我們該來談談什麼是教育中可傳授的。

　　臺灣已經在她奇特的歷史中演化成為一個柔性的多元社會，我們
假定是這樣，所以屏師才會明知我要談教育的批判，仍邀我來演講。
多元社會的主要精神並不只在多元並存、各說各話，而在於如何達到
「萬物並育而不相害」，進而形成統合與新的秩序。好了，不重複說
大話，只講其中一套有關「正反相容」的原則也罷。

　　一套主張形成一套做法之後，別的主張就被排除了。被排除者如
果還想自我肯定的話，就得加緊形成自己的一套主張和做法，然後以
「反對」的方式提出來。問題是：怎麼提？既有體制之所不容者，連
提出的門路都被封死的話，它還能提什麼？這樣的問題對某些人來
說，其實早已過時了。他會說：「我們現在面臨的大問題反而變成
『我要他提，他都提不出來』，或是『一提就是罵人打人』，你說怎
麼辦？」然而，以反對者來說，不論何時，他總覺得自己一旦採取反
對的姿態便等於破釜沉舟、義無反顧了。

　　不是沒有門路，是「你開你的門，我走我的路」，大家不但不能
湊在一起，還都認為自己走在風蕭蕭兮易水寒的死路上。所以那些充
滿無力感的人便說：連正反合的辯證法也失效了。但這樣的理解太扁
平，缺乏辯證的層次：事實上大人不合的事情，小孩可以合。怎麼合
呢？不要再用填鴨、灌腸、輸血、洗腦的笨辦法。讓我告訴你，正反
合的第一個秘訣，就叫做「正其反」。所有的「合」都建立於棄舊迎
新的重新肯定上，而如果大人們的死腦筋一直轉不過來，那麼，你何
不回過身來，和孩子們談談，他們一定樂意知道：反對如何是可以合
法的；正當的反對如何是有理可循的。因為他們每次使性子，其程度

總是比大人們的「柔性」要來得剛烈得多。於是，我們在孩子身上就有了經驗的合法基礎。我們大可以在小學、中學乃至大學裡增加「反對的教育」。光講自由、開放已經不夠了，到頭來不是掛著多元的羊頭，賣的卻只是六神無主、失序脫線的狗肉嗎？我們要的是：在長久的封建文化之後，教師們要頭一個理解我們的文化本色，並將它轉化為柔性反對的方法。

在球賽中，針對裁判的不當判決，我們可以有柔性的抗議程序，把這個程序教給孩子們；在商店買賣中，買到有缺陷的產品時，也可以有柔性的退貨程序，把這個程序教給孩子們；在課堂上，對老師的說法感到疑問時，可以有柔性的質問程序，把這個程序教給孩子們。教孩子們草擬抗議書，教孩子們退貨，教孩子們說：「老師，我可以問個問題嗎？」所有這些教育都可以一章一章地寫在課本裡，由老師教給孩子們，一段一段去演練。

正反合的第二個秘訣就是「你反我合」。我，就是能夠「正其反」的人，也就是孩子們的老師，因為老師不是孩子們衝突的當事人，但卻是個在場者，在教育現場中的人。即使你反的人是我，我也能和你討論「你的反」，而不一定要為「你的我」來臉紅脖子粗。這第二個秘訣的形成，真是艱難無比，因為，任何人都知道：當別人在反對你的時候，這兩方就成了死對頭，如果你不好好回應對方，他一定會當你是在顧左右而言他，或在敷衍他的反對之議，結果呢？他被逼到非採取激烈的手段不可，「免得你們掉進柔性的陷阱」。

是的，當別人打了你一拳，來喚醒你的注意時，你還能平心靜氣地說：「咱們坐下來，好說好說」，那才是見鬼。不過，請別忘了，剛才我說過：我們的哥哥爸爸真偉大，他們大多在對立衝突的歷史中討過生活，但是，到了孩子們這一代呢？世界大戰和內戰都結束了，你把他們放到學校裡，希望他們學什麼？假如在臺灣寶島生活過幾十

年，你沒有太多冷戰的神經質，不會覺得所有的裁判、店員、老師都是執政黨派來的特務，那麼，你也許可以開始想想：如果我來教孩子，或如果我找到可以信賴的老師，我要讓孩子們學到什麼？

你要他們學會合法的反對！而反對一定會指向某些人——在學校裡，學生要指向的人似乎總是老師——就像在家裡，他們也總是指向爸媽一樣。於是，到這裡，我們終於弄清楚了：夠好的爸媽、夠好的老師永遠要先學會做孩子們反對的靶子。這靶子，從批判教育學的角度來說，就叫做「接合之處」。如果你疼愛孩子們，即使他打你一拳，你一定要還他一拳嗎？不是的，你頂多只搗搗自己的傷口，一邊說：「你怎麼了？哪裡讓你不痛快？」然後，你當然得為他想想，怎樣才能讓他的怨氣發洩完，怎樣才能使他順利地表達他的不滿。

所以，來吧，孩子們，我們這節課來學習寫封抗議書，下節課來學習把不會轉的電扇退還給電器行老闆，再下節課，你們要學會讓孩子說：「老師，我的看法不是這樣！」我實實在在地告訴你們，正反合的兩個道理合起來就像這樣。

喔，不是嗎？那你怎麼說？演講會後，請捎一封反對我的信過來吧！

捌 ｜ 結語：智勇雙全之後，仁在其中矣

我用可能性的語言和各位談了三段創意教學的例子。你們如果覺得這些說法聽來頗為勁辣，想封我為「麻辣教授」，我想是不必。我所說的，其實只是老歌新唱。懷疑和冒險不是構成了非常古老的「智勇雙全」圖像嗎？第一種創意來自面對鬼神的勇氣，第二種創意來自質疑限制的秩序，好了，接下來的第三種創意，我在談什麼？我想，再翻回古代漢語，我想我說的是：「仁在其中矣」——從前那句古話

其實是說「子為父隱，父為子隱，直在其中矣」。有很多人讀書幾十年，卻始終參不透孔老夫子說這話的意思——他是不是在散布反社會秩序的言論？我告訴你們：不是的。他只是說，當你面對公共秩序，卻發現它是不直的，那麼你要用「為之隱」的方式去對抗。隱就是包容。這是仁人愛物的道德和現實社會面對的時候，所展現的一種柔性辯證法。我們的批判就像這樣和我們的教育傳統接合。

　　講完了。謝謝屏師讓我有發聲的機會，謝謝各位的傾聽。

　　（本文轉載自：國立屏東師範學院「邊陲與發聲——課程與教學的文化政治與社會正義學術研討會」專題演講稿。）

🔲 註　釋

1 這些有關來源與發展的問題，已經有幾位博士和博士生（彭秉權、張盈堃、郭瑞坤）在探討中，我就不予贅述了。

2 摘錄 Peter McLaren 的回信如下（方括弧內的字是我所加；黑體字是我所作的強調）：　"[A] problem here in the US is that the term [critical pedagogy] in the US has become so broad now, it is a term that is often conflated (erroneously) with **critical thinking**, or else it is cast in such a wide conceptual net that anybody can choose to put whatever they want inside of it, as long as they think it is critical..."

"I now use the term "critical revolutionary pedagogy" to emphasize a Marxist approach...which nobody else in the US seems to be doing, and which I am trying to develop with three British colleagues, Dave Hill, Glenn Rikowski, and Paula Allman. My definition is closer to yours, in that **it aims at a praxiological transformation of understanding through the development of a coherent philosophy of praxis, drawing upon various critical theories, epistemologies, analyses which may be Western Marxism (i.e. critical theory of the Frankfurt School), liberation theol-**

ogy of Latin America, critical hermeneutics, or the Soviet Marxist tradition, or Gramsci, Freire, etc..."

"**In my case, I focus on a very Hegelian Marxism...** You might want to have a look at my new co-edited book, *Marxism Against Postmodernism in Educational Theory...*"

3 這短篇小說〈罪人日記〉後來出版於師大的學生刊物《人文》，1973。

4 《星艦奇航》（*Star Trek*），這裡是指影片第三集中的對白。

5 Paulo Freire 的 *Pedagogy of the Oppressed* 原著出版於 1968 年，英譯本在 1970 年出現。中譯本《受壓迫者教育學》，方永泉譯，臺北：巨流，出版於 2003 年。

6 宋文里，1995〈「批判教育學」的問題陳顯〉，《通識教育季刊》，二卷，四期，1-15。在文中我提到曾經有一位本地學者引介過 Paulo Freire，但只說是在做成人識字教育，而對於批判教育學的意思卻幾乎是隻字不提。

7 宋文里〈行動與實踐：從行動研究來談研究行動的幾個問題〉，臺東師院演講稿，未出版；及宋文里，2002〈敘事與意識：另一個對話的位置〉，《應用心理研究》，16 期，157-185。

8 「邪教」的比較中立一點的稱呼是「秘教」（occultism），但漢文的語脈還不一定能使「秘教」和 occultism 相等。這裡因為不及細說，所以要以此來讓讀者知道我大致的研究方向。

9 第一則軼事：【一九八八年十月中旬，在我的《心理學概論》課堂上，有個選修的學生持續問我幾個關於靈異現象的問題。他一方面說這些現象是迷信，但另方面他也承認自己對此相當著迷。他說：和他一樣的同學很多，但他自己覺得很是迷惑因而要求解釋。我給他的回答，綜合起來說，有兩種方式：其一是利用心理學懷疑論的研究證據（譬如：Kurtz, 1985）來撐開問題的兩面性，另一則是引用 Freud 對於迷信與機遇、偏執以及信仰與思想全能的精神分析詮釋

法（Freud, 1901, 1907, 1913），打開傳統說辭之外的另一套說法。學生的反應是：這些「科學的」和「學院派的」說法不能充分解釋他所聽說的或他所經驗的靈異現象。他提到當時最現成的例子，同學們在宿舍裡正玩得起勁，那就是「碟仙」，並問我是否聽過。我在六〇年代，讀小學的時候，就看過家裡的兄姊們玩「碟仙」，不過自己並未親身參與。這個學生於是問我：是否願意和他們一起試試？我答應了，事實上，我根本無從拒絕。約好的時間是十月三十一日晚間十點半，地點則選在我所任教的清華大學人文社會學院圖書館（當時還在紅樓舊館）的閱覽室。選擇那麼晚的時間是為什麼？學生的理由是：「晚一點，碟仙比較會出來」。當天晚上十點二十分左右，我從研究室走下來，站在院圖書館的門口等他們。就在那時，我打了一陣哆嗦，感覺悚然不安。我不知道會不會發生超過我所能理解的事情。我相信我對學生所作的解釋已經是我的知識中最好的解釋，甚至在沒碰到當頭的挑戰之前，我對碟仙這種玩意一直是嗤之以鼻的，但在即將面臨我「真的有所不知」的局面時，我覺得好像沒有安全而確定的支柱；天氣並不涼，我的背脊裡卻冒出一股非常難受的寒意。】取自宋文里，1996〈以啟迪探究法重寫碟仙〉，《本土心理學研究》，六期，61-143。

第二則軼事：【有一天晚上我開車趕赴某地，為了想抄捷徑，結果迷了路，開到一個四下無人的荒郊野地。我知道繼續往前開一定會愈走愈遠，於是決定掉頭。就在倒車時，我發現車後有一座小廟，在黑暗的林子和一陣陣寒風的襯托之下，我不禁猛打了個寒顫，渾身疙瘩四起。我寫過論文說：即使有人自稱「不信」也很少是真的——大多數人都會陷落在「信」的文化之中難以自拔。（宋文里，1997）我說的是特別關於「鬼」的信仰。怕鬼是屬於我們的文化傳統之中很基本的一條文法。而我們所謂的「宗教人」其更寫實的說法應是「信鬼者」。這則故事並不是到此就算結論。我在恐懼之餘，突然豁開來想說：到底我在怕什麼？於是我停下車來，搖開車窗，往車後仔細瞧瞧。結果除了小廟和黑暗的背景之外，當然沒看見別的東西。可是我剛剛經歷的恐懼是切膚的真實。所以我怕的是什麼？我沒有看見鬼，而是看見鬼場景；我怕的不是鬼，而

是鬼故事。在那當下我確實曾經飄離現場，而陷在某種歷史敘述之中。我的那陣驚悚之情所見證者，就是我自己身不由己的陷落。可是，我也會因為反省而發現這種敘述法和這種故事與我的處境之間的距離——我的意思是：我發現沒有鬼，並不表示鬼故事不存在。】取自宋文里，1999〈負顯化：觀看借竅儀式的一種方法〉，《臺灣社會研究季刊》，三十五期，163-201。

10 當然，再追問下去：母親又是被誰教出來的？也許不是她的父母親。我知道我的兩位外婆都是非常古典的女人，不可能把女兒教得那麼離經叛道。外公則是不太和孩子玩的那種男人。唯一的可能是她在讀中小學時，從日本老師那裡學來的。她那時候的學校老師多半是日本人。但，這難道不也就是臺灣現代化文化傳承的一部分？

11 打從我的一些宗教研究發表之後，就有人說我是個「鐵齒」。

參考文獻

中文部分

方永泉（譯）（2003）。**受壓迫者教育學**。臺北市：巨流。

宋文里（1973）。罪人日記。**人文（師大學生刊物）**，革新 **5** 卷（1），48-54。

宋文里（1995）。「批判教育學」的問題陳顯。**通識教育季刊，2**（4），1-15。即本書第一章。

宋文里（1996）。以啟迪探究法重寫碟仙。**本土心理學研究，6**，61-143。

宋文里（1997）。不信之信：大學生對超自然物之情感意義叢結。**國科會研究彙刊：人文與社會科學，8**（1），84-100。

宋文里（1999）。負顯化：觀看借竅儀式的一種方法。**臺灣社會研究季刊，35**，163-201。

宋文里（1998）。**行動與實踐：從行動研究來談研究行動的幾個問題**。論文發表於臺東師範學院「行動研究與偏遠地區教育問題診斷學術研討會」之主題演講論文，未出版。

宋文里（2002）。敘事與意識：另一個對話的位置。**應用心理研究，16**，157-185。

英文部分

Freire, P. (1970/1993). *Pedagogy of the oppressed*. New York: Continuum.

Freire, P., & Donaldo M. (1987). *Literacy: Reading the word and the world.* South Hadley, MA: Bergin & Garvey.

Freud, S. (1901). *The psychopathology of everyday life.* In S. D. VI. London: Hogarth.

Freud, S. (1907). *Obsessive actions and religious practice.* In S. D. IX: 115-27. London: Hogarth.

Freud, S. (1913). *Totem and taboo.* In S. D. XIII: 1-161. London: Hogarth.

Kurtz, P. (Ed.). (1985). *A skeptic' s handbook of parapsychology.* New York: Prometheus Books.

批判教育學——
臺灣的探索

第十一章

「臺灣族群意識的想像」：論述形成的迷思[1]

闕河嘉

壹 │ 前言：現代與後現代，建格與破格

關於族群意識的討論因認同觀點的不同界定而有差異。Stuart Hall 曾提出界定認同（identity）的三種不同看法：啟蒙時代的看法認為文化認同的主體是集中、統一的且具備有理性、意識與行動的能力；社會學式的文化認同觀則認為主體是經由個人與集體互動所產生的，透過個人與他者在所處的社會中的價值、意義與符號等文化互動的結果；後現代的觀念則認為文化認同主體是個生命之旅[2]，藉由我們與我們身處的文化體系的互動而不斷地成形與轉型（Hall, 1992: 275-277）[3]。隨著不同的文化認同觀，關於族群認同的形成、族群主體性的產生與族群意識的論述也因此不同。

現代理論深受啟蒙主義的影響，訴求以「科學」與「理性」的方法，強調在理論面或是實踐面應以追求「進步」與達到人類「解放」為發展目標。[4]也就是說，社會學科研究應強調發掘理性，進而促進社會解放，並利用科學方法尋找一個客觀存在的事實，用這個客觀存在的事實解釋世界。受到這樣的思潮影響，現代理論在處理族群意識的議題時也是循著理性解放的方向前進，討論的主題包括對客觀真實的探求、對科學方法的信念，以及追求進步與解放的目的。例如，馬克思主義研究者試圖揭發（reveal）存在於人類歷史之中的意識型態，試圖撥亂反正、扭轉虛假意識，其目的不外乎對客觀真實的探求，以此思考方式追求社會的進步與社會解放。馬克思主義研究正是現代理論研究的表現。

不同於現代理論以普同均質的客觀真實來解釋世界，後現代強調以語言遊戲（language game）來解構世界。對後現代而言，世界是一個複雜的綜合體，不可能有哪一種「語言」可以完全徹底的反映世

界，語言能做的只有「召喚」（invoke）世界的某個面向的作用。對於現代理論認為世界存在一個「客觀的真實」（objective truth），且這個客觀的真實所反映出來的就是世界真正的面貌（the world really is），這若以 Lyotard 的語言來稱呼，就是所謂的「大敘述」（grand narrative）（Lyotard, 1979）。這也是最受到後現代學者挑戰的觀點。

知名的電影媒體文化研究學者 Vivian Sobchack 在〈後現代的族群認同模式〉（Postmodern Modes of Ethnicity）一文時指出，後現代主義對於族群認同採取的是質疑全面總體化（totalizing）與同質化（homogenizing）的觀點：「後現代主義反對大敘述的總體化的力量，那種力量會把多樣的文化經驗，同質化為像是美國性質（American-ness）這樣單一、概括的迷思。」[5]而且，Sobchack 提出某些電影或小說傾向將族群意識視為是被壓抑的（repressed）。[6] Sobchack 提醒我們：

> 族群意識是發散（dispersed）與擴散（defused）的——顯然是整個場景（sa mise en scene）的一部分。後現代文化中建構認同的迫切問題、愉悅、錯位與好奇等議題，而族群意識應僅附屬於這些議題的討論。[7]（Sobchack, 1997: 119）

針對後現代的族群認同的看法，Hall 在〈文化認同與飄泊離散〉（Cultural Identity and Diaspora）也有類似的觀點。Hall 認為認同不僅關係著形成的問題，也關係著存有的問題。認同問題的複雜性由於他「既涉及過去，也涉及未來，既涉及我們如何定位自己，也涉及別人如何定位我們」。因此，文化認同「絕非永遠地固定於某個本質化的過去（essentialised past），而是受制於歷史、文化、權力不斷的『遊戲』」（Hall, 1990: 225；引自單德興，2003：398）。根據 Hall 的分析，不同人士（如男人／女人，黑人／白人，保守／激進，共和黨／

民主黨，女性主義者／非女性主義者），會因各自不同的位置及立場
來看待事件；個人認同因而歧異，而族裔認同也因之游離不定，或變
動不居（Hall, 1992: 279-280）。

　　因此，如果我們同意個人的認同是複雜、不定、游移、閃爍、曖
昧的觀點，也更進而推論出族群認同也應當為類似的論點，那麼我們
有必要藉著解構大敘述和迷思，以暴露、諧仿來發現它們的矛盾之處
（Sobchack, 1997），也就是檢驗大敘述所呈現認同觀，探討論述所
造成再現（或代表，representation）的政治與疑義（the politics and
problematics of representation）。

　　以研究臺灣族群意識而言，重要學者王甫昌於近年的研究中提
出，族群應以「人群分類的想像」為出發點，而非一個「團體」來了
解，並建議以此論調為基礎進而分析臺灣的族群關係（王甫昌，
1998a，1998b，2000，2001，2003）。王甫昌的論點顯然是受到
Benedict Anderson「想像共群」（imaginary community）的影響，主
張族群認同或族群意識都是族群運動的結果。當探討族群現象或分析
族群意識的關鍵問題並非探究本質的為何，而是要去探求人們如何劃
分彼此，究竟是以何種方式來認定自己和別人的差異，究竟運用何種
特別的族群想像的方式來區分彼此。

　　本文將以臺灣族群意識理論學者王甫昌的論述為現代理論的本
文，進行後現代研究方法的探討。首先將分析王甫昌的族群意識理論
中的現代性，接著，針對王甫昌如何建構「臺灣原住民的族群意識」
進行更進一步的分析。在進行分析之後，對於王氏的歷史解讀提出質
疑，並討論後現代與解構臺灣族群意識研究的可能影響。最後借用一
個「原住民婦女」主體性的歷史解讀呈現後現代情境的族群意識，一
方面挑戰王氏的結構性族群意識論述，一方面呈現原住民婦女主體性
的錯綜複雜。

貳 ┃ 「族群意識」與「四大族群」：現代族群論述

蕭阿勤（2004）曾指出王甫昌採用「衝突」論點的族群運動觀點，強調「族群認同」或「族群意識」是由於族群運動結果的說法。蕭阿勤於王甫昌著作之書評中提到「作者指出，族群通常是自認弱勢者關於『我們是誰』的人群分類想像；而且它是因為直接力衝突才產生的『相對性集體認同』，亦即『我們是誰』是針對一個『他們是誰』（對手或敵人）的對比人群類屬」（蕭阿勤，2004）。換句話說，當自認為弱勢者時，族群運動者便會因應運動的需要而對其族群文化與社會歷史之獨特性採取再教育的強化工作（例如，對其族群文化、價值的尋根，或對過去其悲情歷史的召喚）。文化差異的內容往往藉由刻意的凸顯以達到社會運動中團體區分的目的，即使原先不明顯表現的文化特徵，也由於政治訴求和運動動員的需要而漸漸被塑造出來。

蕭阿勤（2004）簡短且精闢的點出王甫昌族群意識論述的建構中，整個族群意識產生的觀點是結合當代社會運動研究的理論觀點，而認為現代社會族群意識的產生在衝突競爭的脈絡中。「族群運動者根據當前需要，將許多人零零散散的感受的認知與感受匯聚而且條理化，以建構特群之間的文化差異，進而發展出一套整體的族群論述的結果。換句話說，族群不是團體而是一套將人分類的意識型態，原來可能存在的文化差異未必會發展成族群意識，而『衝突競爭』才是關鍵。」同時，蕭阿勤指出「（王甫昌）強調，要求保障語言文化與社會平等的集體族群運動與意識也只有在現代國家統治與平等公民權普及的環境中才可能出現。這種當代族群想像與訴求有別於從前的人群分類與意識」。

　　王甫昌（2001，2003）所欲強調的是族群認同或族群意識是被
「創造」出來的，族群的主體是創造的結果；藉著運動過程中的種種
傳播教育所建構出的主體位置（subject position），族群主體的範圍
和界限才得以被定出。簡言之，族群運動「建格」了族群主體。然
而，更值得重視的是，王甫昌式的族群意識說，族群想像創造之說反
映於臺灣社會中所謂「四大族群」（原住民族、客家人、閩南人與外
省人）的族群分類的內涵與起源。大體而言，他認為臺灣當代族群想
像濫觴於一九七〇年末期到一九八〇年代初期本土性民主運動對於國
民黨政府的挑戰，而且族群想像的論述空間圍繞著「弱勢族群」社會
政治情境，成為認知的參考架構與政治行動的基礎。

　　於是，臺灣所謂「四大族群」的族群分類是如何形成，並且尋找
其中意義成為王甫昌探討族群意識形成的首要焦點。他用歷史的陳述
來說明了臺灣各種不同族群意識形成的過程、討論族群分類的方式，
並且探討臺灣目前族群的分類為何從「兩兩對抗的二元對立」變成同
一層次的「四大族群」。

　　王甫昌認為族群意識是對於自己所屬群體所處的不利狀況的覺知
程度，因此當談到一個族群的族群意識時，已隱含了此群體為「弱勢
族群」之意。他認定族群意識的內涵有三個：一、差異的察覺：人們
感受到自己所屬群體與社會中其他群體有差異。二、族群不平等的感
覺：人們認為自己群體受到不公平的待遇。三、參與政治行動的意
願：人們會覺得應該，也願意參與集體行動去改變不平等的狀況。而
一般而言所謂的族群意識至少要符合前兩個元素，第三種則可能因為
受到外在客觀情勢影響而不一定會形成（王甫昌，1998b：31；
2003：9-20）。族群意識中的「族群」如何形成？一群人要「成為」
一個特殊的群體必須界定出族群界線的標準，必須先有對於差異的感
知才能夠以此來檢視「誰」與我相同，又「誰」與我不同。對於這樣

一個內外團體區分的想像，「共同的來源」解釋了這些差異，彼此有共同的祖先便構成了不同語言、宗教、風俗的社會群體（王甫昌，1998b：35），而存在於群體間那些有關社會價值與規範等的差異可回溯至過去「不同的來源」來解釋。

由於弱勢的認知是建構在一種「由弱勢者立場出發對應於優勢意識型態」的理解世界之新觀點，弱勢者族群意識的內涵可以視為弱勢者認為「差異認知」中強調歷史經驗與文化特質，而「不平等的認知」則來自於我們（弱勢）相對於他者（優勢）的壓迫面向的察覺，以及集體行動必要認知所牽涉的族群運動目標，由此可以看見王甫昌認為族群意識具有二元對立與衝突性質的必要痕跡。

按王甫昌的說法，正因為一個群體透過分類、辨「別」的過程，建立了族群的主體意識，族群意識的形成其實就是一個族群分類的過程。過去臺灣的族群分類是以清治臺灣時期的族群分類進行，但是就上述族群意識的內涵來說，看待臺灣四大族群，應該從歷史的脈絡中，看各族群怎樣看待同時期與其他群體的差異、不平等待遇，以及起而產生的集體行動，因此要從了解「光復後臺灣社會與政治的情境」去看各族群意識為何形成（王甫昌，1998b：35）。

臺灣的四大族群的分類混含了三種不同層次：「原住民／漢人」、「本省人／外省人」、「（本省人）客家人／（本省人）閩南人」，這三組分類在產生時都有他們特殊的歷史、社會背景及目的。按王甫昌的觀察，一個個人在認知到自身與他群的差異又希望改變自己身為弱勢的不利情況時，除了開始嘗試界定出認同的範圍（誰該跟我站在一起），還要找尋造成不平等待遇的壓迫點與之對抗，然後形成族群的集體行動。這個壓迫點正是另一個對立的群體，也因此臺灣四大族群論述的出現都有著二元的族群對抗目的，每一類對偶關係都是由弱勢的族群界定出來。

　　上述的說法我們可以從王甫昌所描述的歷史背景來看，例如本省人族群意識的建立是源自與外省人的對立，從一九四七年二二八事件前後開始談起，二二八事件當時的背景說明了在外省執政情況不利，以及衝突前後當局的處理方式，讓本省人有了不平等感的體認，且當鎮壓軍隊來臺後，本省人相對於外省人的弱勢族群意識因此產生，以「統治者軍隊（外省人）」跟「被統治的民眾（本省人）」相對立（王甫昌，1998b）。再看到原住民的族群意識在早期的時候，各族群因為能擁有各自的文化與社會經濟體系，因此並未發展出整體的被剝奪感，但當國民政府接收臺灣之後對於原住民政策改為「山地平地化」，開始導致原住民傳統文化的破壞，使原住民覺察到與漢文化的差異，產生焦慮，如孫大川指出的：「整個原住民七〇年代最深的焦慮，就是不斷追問自己『我是誰？』」（王甫昌，1998b：35）。加上被納入漢人經濟及社會的體系所發生的多重不利狀況後，一九八〇年開始一連串的運動如《高山青》的發行、發表「原住民族權利宣言」等，即為一種反抗壓迫的認知與集體行動的結果。

　　在客家人的客家意識上，王甫昌也同樣的認為客家意識的興起源於一種弱勢群體與另一種文化之對抗，當本土文化興起，整個臺灣民族主義因為閩南人占多數而成為一個強力優勢，閩南語因此成為優勢語言，以及在歷史記憶上客家人所擁有的地位（如義民廟），使得客家族群開始與強勢的閩南族群對抗（王甫昌，1998；2003）。對於外省人的族群意識，王甫昌則認為在一九八〇年以前因為掌有政府的權力以及在官方文化中占有優勢地位，外省族群並不認為自己是弱勢，但是當臺灣政治文化逐漸走向本土化，同時反對黨挾著強大臺灣民族主義取得政治上的優勢後，外省人在集體經驗與歷史記憶受到忽視後，逐漸產生了相對剝奪感，從新黨運動崛起正好對應臺灣政治開始本土化的時期，更可知外省族群的族群意識是對著本省族群而來。

　　而族群意識如何被建構出來？王甫昌認為從歷史事實推論族群意識的建構過程，一個族群會因為對於差異與不平等的覺察而開始去想像較明確的自我認定。但是，對於定義誰屬於「我群」的問題，每個個人並沒有一個原本的、既有的標準答案，個人單獨面對這些焦慮的情境時，對於周遭其他群體的理解與反應都不相同，每個人的詮釋與認知都不會相同。因此要形塑出屬於「一個」共同群體的「共同」價值與所謂明確的「族群分類標準」時，必須是透過一種標準化的過程去調整並且改變群體中屬於個人不同的差異認知。因此族群意識是某一群體為了改變自己的不利情勢對抗優勢者，透過集體行動所建構出來的結果，是在運動過程中逐漸建構、離析出來，所謂認同的範圍、該採取什麼樣的行動、族群的不平等該由誰負責等，都是運動後的結果而非運動前的原因（王甫昌，1998b：40）。例如，大量客家研究書籍的紛紛興起，即發生在一九八八年還我母語大遊行的客家文化運動出現之，這驗證了一個族群意識的產生與高漲的確與運動過程有極大關連。又如，原住民運動出現之前，所謂的「泛臺灣原住民」的族群定義並不存在，並沒有超越部落的族群意識。而更早之前，曾經是跨族群的高砂族的想像，就因為缺乏運動的組織動員而無法被普遍的接受或成為重要的自我身分認同（王甫昌，1998b：36）。

　　因此將族群意識看成族群運動的結果來分析，我們才能比較跳脫那些關於意識「內容」的爭議，而能夠去看促成運動產生的族群互動關係的社會脈絡，思考某種族群意識「為何」產生？是在什麼樣的社會條件與背景下產生？其所希望達到的目標是什麼?才不至於執著那些被建構、創造、整合出來的內容，因為那些建構出來的意識內容，既非全面也非原本即存在的價值（王甫昌，1998b：40）。

參 「臺灣原住民」的族群意識：誰的想像？

發生在一九八〇年代初期的原住民運動，根據王甫昌對於原住民弱勢情境的解釋，主要來自於相對於「漢人」對偶關係的想像經驗，而產生所謂的「泛原住民」認同。原住民運動論述中，社會運動者傾向將原住民的社會經濟劣勢情境，歸因於「漢人」壓迫的結果，於是原住民族之間的差異剎那間被統合且化約，成為所謂的「泛原住民」。同時，「在泛原住民運動」的過程中，漢人之間的種種差異也被化約為「泛原住民」的敵人。原住民運動者的族群主體性之「建格」工作是以「原住民／漢人」二元對偶關係作為區隔。

原住民運動經驗中的族群主體「建格」形成之後，如果佐以有效的維持作用且在社會上產生動員效力，族群想像就會成為一種文化發明，不但成為族群成員之間的一股約束力，也會被其他團體採用。於是，如此發生在社會中的實踐經驗將進而有利於強化「建格」之族群主體的穩固。以原住民的族群認同為例，王甫昌發現原住民的菁英大學生曾在黨外運動的鼓勵與支持下，於一九八四年開始在大學校園中成立與發起運動組織（如：原住民權益促進會）。隨著校園中來自全國各地的原住民學生的頻繁接觸，原住民大學生的族群開始意識到生活在以漢人主導的臺灣社會中，圍繞於彼此間的共同經驗——不平等待遇。因此，臺灣原住民並沒有以共同的語言文化作為認同的基準，而是藉由共同社會經驗的反覆陳述，激發出以「原住民／漢人」區分的族群想像，進而產生了「泛臺灣原住民」的族群認同。

對王甫昌而言，由於強調族群意識依賴族群對於弱勢情境的想像，即使族群能辨別自身與他者的不同，仍然不足以構成所謂的「族群意識」，臺灣原住民族於日據時代所反映的族群認同感就是一個例

子。從日本殖民統治初期時，日本人成立的「番族科」就對原住民族做出大規模的調查與族群識別的工作，日本學者從對其做的語言、社會制度及體質等調查中，根據民族學將番族分為八族，並且在經過整理後出版了例如〈番族慣習調查報告書〉、〈臺灣番族圖譜〉、〈臺灣番族誌〉等不少的史料。原住民各族在地理上的分布十分分散，互相溝通的語言也不同，主要的認同與團體歸屬也僅在自己的部落或家庭，最多也只延伸到部族，加上日本政府當時採取的統治手段是要求或鼓勵原住民停留在原居住地，即使有跟漢人接觸的機會也是漢人進入他們原居地工作，因此他們彼此之間是很難想像自己的族群跟另外一個遠方的族群有什麼關連性的（王甫昌，2003：102-104）。由此我們可以知道過去幾百年來的原住民雖處相對於漢人而言的弱勢地位，但因為他們仍然能夠使用自己的生存方式生活，社會經濟制度的運作也沒有太大的改變，所以在臺灣光復前並沒有因這種「相對」而言的弱勢狀況而存在有整體的被剝奪感。

　　然而自從國民政府接收臺灣後，進一步對原住民進行同化政策，這種處境便提供了原住民族群意識的形成契機。例如，原住民必須開始更改姓名、學習漢語、接受屬於漢人的新社會制度與宗教，且在漢人經濟衝擊下，原住民被迫進入漢人的社會工作。都市化過程中產生的各種都市文化如「錢幣邏輯」，使得原住民的文化受到大量而快速的衝擊，新文化進入後傳統的祭典與風俗習慣自然容易被覆蓋而遭受遺忘或逐漸消失，所以在六〇年代後，臺灣原住民喪失了那些原本存在生活中讓他們對於民族產生認同的各種線索與文化象徵，「內我」完全崩解（王甫昌，1998b：35）。因此，為了解決對於「我是誰？」的焦慮以及族群消失的危機感，原住民開始思索如何建立起「相對於」那個壓迫者——「漢人」——的另一種「群體」，而此群體必須要跨越各族間不相同的自我認同以及各個部落間的多樣文化差

異，形成一個臺灣「泛原住民文化」。

於是從一九八○年代初期開始，原住民便有了各種組織動員事件，從透過發行刊物（一九八三年臺大原住民知識青年散發的《高山青》）到組織委員會（一九八四年「黨外編輯作家聯誼會」的少數民族委員會以及同年十二月「臺灣原住民族權利促進會」），某些原住民開始集合起來思考要如何去喚起臺灣更多的原住民對於他們族群自身的危機感，並從此去整合出一套屬於他們「共同」的族群意識（王甫昌，1998b：35-36）。在運動發起後他們便開始有了一連串的抗爭與要求（如公義之旅——打破「吳鳳神話故事」或者「還我土地運動」），對於那個應該要為造成族群不幸負責的「誰？」提出了對抗，這種對抗是二元的，對象則是漢人。原住民一九九一年開始的「正名運動」與「憲法運動」在原住民運動中占有極為重要的地位，運動中強調基於原住民不是「漢」民族而要求「原住民要自治」的訴求中可以發現，裡面只分別「原／漢」，至於「漢」之中的「本省人／外省人」又或者「閩南人／客家人」則不重要。原／漢二元的思維存在於整個原住民意識發展的運動中，同時這些訴求中所指出的問題，也反映出了臺灣原住民在與漢人互動時所牽涉到的各種不平等的面向，不管是文化（語言、教育、姓名）、政治（行政）、還是經濟層面（土地、工作）中的歧視，都是使原住民引發出反抗壓迫意識的條件。

如先前提到過，一個族群原本的族群意識始於差異感與不平等感的認知，原住民在面臨到這些危機感之後，便有了能夠發展抗爭的條件，然而要能夠發展到採取行動，最後建構出一個「共同意識」，仍需處於有利的外在客觀情勢。而在國民政府同化政策下，原住民雖被納入漢人經濟體系，但也同時能接觸到漢人的語言與文化，這使得他們在與漢人溝通時，不管是和平的協商溝通或是較激烈的抗爭衝突，

都能夠比較明確也快速的傳達他們所想表達的訊息，也使得他們在漢人強勢的社會下，仍有發展他們意識的空間。再加上一九八〇年初期剛好是臺灣反對運動興盛時期，威權高壓統治的環境逐漸鬆動，社會對於反對運動也傾向給予支持與協助，原住民開展運動因此也有了資源與各種社會力的協助（王甫昌，1998b：35）。

正如同先前提到的，原住民族群各部落之間有著極多樣的文化差異，也就是說現在所說的「泛原住民族」內部其實確實存在很大的歧異性，原住民各族之間除了國語外也沒有共同的語言，而服飾、器物到社會制度也都不同。這些都不可能讓原住民突然生出一個能跨越差異的「泛原住民」認同想像（王甫昌，2003：59）。

從上述的種種討論中，我們可以看到原住民運動對於原住民意識的建立扮演一個關鍵的角色，是先有這些原住民運動對原住民我群與他群間的差異作出解釋，然後再將對於我群所受到的弱勢地位與不平等凸顯出來，經過各種宣傳與擴散，再透過集體對抗的行動調整我群之間的各種差異，重新離析出一套完整的、共同認可的、看似標準的「族群意識」。

肆 「破格」：歷史建構的挑戰

族群主體之「建格」之說雖然開創了族群意識研究的新方法，然而此「建構」的企圖卻也面臨「破格」的挑戰。特別是當族群意識與族群認同之「建格」論述完全依賴簡單的二元分類論述時，自然容易成為後結構主義者批判的對象。簡言之，後結構主義的一貫主張——「去中心化」，對於「大敘述」採取根本的懷疑態度，對於將族群認同視為同族群想像或「想像虛構」的結果採取「去中心化」之解構的動作（Wilson & Yeatman, 1995）。亦即，對於學術中與社會運動中族

群論述的「主體位置」建構進行嚴謹的解構。

以「衝突」為根基所建構的族群意識的社會學論調，顯然不受到人類學家的青睞。葉春榮針對目前臺灣多元族群的社會所進行的族群研究與分類方式提出了批判，他強調即使是西方的族群認同也是建立在西方文化觀念上，那是建立在以「相同祖裔」的觀念上來分類的，但並非所有的社會都是如此。在研究族群的認同問題時應該要去研究「當地人」如何去認識並建構他自己「我群與他群」的區辨，而不是把西方觀念直接搬移到非西方社會。因此，他認為現在的人類學家應該強調「文化認同」（cultural identity）而非強調「族群認同」（ethnicity）（葉春榮，1998：49）。

這個舉動質疑一套強加於任何族群的大一統分類方式，或拒絕接受這樣的分類知識，對於人類學家而言，所要強調的論點是，任何一個一統的族群分類辦法將產生湮滅真實的「族群文化認同」的錯誤解讀。葉春榮認為，一個人在面對自己跟他人之間時，是用什麼樣的標準來作為自己與他人的分辨，其實不一定是靠著血統關係，也許是他們共同的一些經驗、是否共同從事某項活動或者彼此的互動關係等，並沒有一定的準則（葉春榮，1998：41）。所以，在研究每種文化的文化認同時，必須要看那種文化是如何去建構所謂的認同，而不是用自己認同的標準去衡量另一種文化，所以在講到認同時應該強調的是文化認同，而非族群認同，因為文化認同代表的是一種在不同文化裡面可以用不同認識的方式去做分類，但是族群認同則已經有了決定好的區辨的方式，在這種前提下去做分類。

在對外來殖民的族群意識論述提出批判的同時，也正意味著對於不同文化團體與其知識應該受到尊重的強調。如果以葉春榮的觀念來看待臺灣社會目前四大族群的分類，王甫昌的「族群意識」論述其實是目前臺灣知識社會界中，具有權力的漢人所建構出來的一種方式罷

了，並非所謂的土著文化建構，也沒有關注到在所謂四大族群中沒有發言權的人的想法（葉春榮，1998：49）。如此的批判觀點大有Edward Said在《東方主義》（1979）與《文化與帝國主義》（1993）的根本論調，而我們甚至可以說如此的族群分類方式有著知識暴力之嫌了。

　　針對漢人歷史中所呈現的族群分類方法，再以其位居社會的統治位階之優勢進行知識殖民之實的方式，早已被日本人類學家伊能嘉矩批判。漢人的認同方式基本上是把跟自己不同的人類都稱為番，而用「人／番」來作為區辨的分類，不屬於他們這種族類的都叫做「番」，並不為「人」。突破「番」和「人」界線的是：只要接受了漢人的教育過程改姓名、穿漢服、通婚，並且學習漢人的語言與制度，就可以從「番」變為「人」，也因此漢人的「人／番」區辨是以「受教化與否」為主（葉春榮，1998：44）。而日本人伊能嘉矩對於漢人這類以「受教化與否」的分類方式提出了批評，認為漢人用「生番／熟番」的分法屬於一般性概念，不是學術分類，應該以理學、科學的角度來分類，他在一八九五年來臺後便開始組織臺灣人類學會展開研究，此研究結果大致沿用至今。不過在日本人之前的西方人，如十七世紀以來一些英國、荷蘭或美國的牧師、攝影家、海關人員來到臺灣時也已經有超出「生／熟番」的認識了。

　　對於伊能嘉矩的分類方式，葉春榮認為其實仍然是建立在以漢人「生／熟番」的基礎上，但是「漢／番」兩大族群到了後來會突然演變成了四大族群的關鍵乃是對於歷史的「發言權」之爭的結果。雖然文化變遷中不同時代的人的認識會不同，所以轉變成四大族群就反映了這個時代對於族群建構的想法，可是更重要的是，能夠去建構出這樣分類法的人其實就是握有了一種發言權，那就是如同Michel Foucault 說的「歷史是一種論述，是一種權力」（葉春榮，1998：

45）。葉春榮想要質疑的就是那些沒有權力發言的人是否就無法去建
構他們對於自己所使用的「認同方式」（葉春榮，1998：49）？[8]「發
言權」的意義於當代平埔族的族群認同研究則更顯得重要，研究平埔
族的關係更應該強調文化認同，因為平埔後裔幾乎全處於漢人社會的
階段，要建構他們自己的族群意識（ethnicity）不太可能，他認為目
前漢人學者對於平埔族的研究不應該忽視被研究者的處境。

　　族群意識或族群分類「發言權」的見解，提醒了我們對於當代流
行的現代族群意識論述另類想法或想像的可能性。更值得注意的是，
除了探究是「誰」握有發言權的批判之外，我們應以對於知識建構體
系為全然真理的質疑，去解構族群意識論述的形成原因，更去探究研
究者與知識建構過程中的關係。而這也是後現代主義對於現代理論中
歷史陳述的主要反思之一。

伍　後現代與解構「族群意識」研究

　　著名的史學家許倬雲在研究社會學科的知識時，提出後現代中重
視解構現象的認知，尤其重視解構學術研究主體與學者的立足點為何
的重要性（許倬雲，1998：78）。許倬雲點出過去發展的科學主義中
理性深信真理的絕對性，而這種理性也嚴重影響社會人文學門的研
究。以這種科學主義的理性作為研究方式，是學術研究的現代性。學
術研究的現代性，強調追求科學真理的永恆性，強調學問的基本信念
建立在相信科學工具，知識的累積，透過不停的資料的取得、累積、
整理、再而呈現，還原或重現社會的真實。

　　科學主義標榜的客觀性追求，更有著其研究工具限制的宿命。現
代物理學客觀性的質疑，有來自於研究上的觀察工具的精準問題，與
對於觀察的干擾等等。社會科學更是如此，在大世界龐雜的領域裡，

單元的有限知識很難去解釋任何一種現象，因此在無限中將趨近於零值，社會科學比自然科學有著「更多複雜的因素，更無法跳出這個困境」（許倬雲，1998：78）。

此外，歷史中學術研究追求科學精神的客觀性與永恆性的展現，卻有著科學主義中理性的不確定性的特性。例如，科學研究上出現的主題轉換或科學革命，都與當時社會因素相關，科學主義聲稱的絕對性與客觀性真理，往往因歷史時空情境而有不同的看法與見解。而，社會科學研究發展中也一再地呈現論述方式與型態的轉變，例如，Weber、Marx、Durkheim等人，棄簡單的事件點分析，重視整體結構解析，以功能論強調事件間互動改變等動態關係，現在流行的後現代則是一種解構的方式，從知識如何被建構，怎樣被人理解思考，研究者主觀的認知對於知識被決定、被解釋的影響等等議題切入。

後現代學者在研究社會學科的事實特別重視結構現象的認知，尤其重視學術研究主體與學者的立足點為何的問題。例如Said（1979）的《東方主義》（*Orientalism*）便是對於西歐社會科學於世界其他各地的西方文化的影響的現象提出解構的批判，企圖開創非主流、非西方的觀點的思考空間，而提倡多元價值的多元主義。按許倬雲（1998：79）的解釋，類似 Said 的研究取徑的多元主義，促使所有研究人員回過頭來檢視自己從事研究工作的方式，不停地反思自己的立足點在何處，以及可能會產生哪些偏差。因此這也影響了社會科學研究的方式，使得學科與學科之間開始多了一種連結性，重新將知識原本的建構型態打散，使得在面對各式各樣的問題時能夠從更多的角度、從各種領域之間去尋得協助理解的知識。也因此使學科與學科之間的合作與整合方式比以往更開闊、更多元。

本文就是基於這樣的出發點，檢視王甫昌（承自 Benedict Anderson 對於先驗個體提出的挑戰，重新看待原本認為是既存的「完整獨立

的」個體並重新建構了這樣的想法，將國族看作是一個想像造作的單位，國族或國家是歷史敘述的建構物。王的論述中，弱勢團體的情境認知為其理論建構的基礎，而所對應的分辨基準則是原／漢、閩／客、外省／本省的二元對立分析。如此歷史意義的解讀與解讀歷史意義（making meaning of meaning making）的方式，若用後設語言（metalanguage）的角度分析，誠如 Lyotard 在 *The Postmodern Condition*（1984）所提及關於「合法性」（legitimacy）的問題，當原先二元對立之論點皆有其基本假設，一旦基本假設的合法性受到質疑，則相應而生之後設敘述其合法性也將遭到質疑。換句話說，我們得檢驗「原／漢」、「閩／客」、「外省／本省」的二元對立的理性是否有獨尊某些歷史事件而遺忘了其他，使得王甫昌對於族群意識的論點得以形成。

在討論現代理論的主題時，二元對立的概念則穿梭於其中，包括對客觀真實的探求、對科學方法的信念，以及追求進步與解放的目的。舉例來說，當現代理論在討論關於客觀真實的存在問題的時候，曾說到世界只會存在一個真實反映本身的假設。換句話說，只有一個假設為真，其他假設都必須棄卻，之中有關真／假、成立／棄卻的探討即是二元論的呈現；當討論關於科學方法的信念的時候，真實／虛偽、主觀／客觀的論點不斷出現在文字、段落間，這也是二元論的表露；最後，當提到關於進步與解放的概念，乃是相對於衰退與束縛而言，此亦為二元對立的展現。[9]一言蔽之，現代理論處理問題時所採取的態度為「非一即二」（either/or），二者間的界線十分明確清楚：「你我若非朋友就是敵人」，諸如此類的劃分；然不論是啟蒙主義的思想，或是二元對立的論點，都是後現代所欲批判的內涵。

Foucault 對於 Kant 認為啟蒙是指人類運用自身理智脫離不成熟狀態，自己尋求出路的說法，表示有所質疑、也有贊許，在其〈何謂啟

蒙〉（What is Enlightenment?）文章中出發，探討所謂的「現代性態度」（the attitude of modernity）。人們常用時間序列的觀點解釋現代性，但 Foucault 更傾向將現代性視為一種態度、一種人們思考和感覺、行為和行動的方式，類似以「氣質」（ethos）的概念為現代性下註腳。因此，現代性並非短暫當下（present）的敏感現象，而是一種將當下「英雄化」的意志（will）；如同 Constantin Brancusi 的素描將自然的變得更自然，美麗的變得更美麗一般。同時，現代人會設法創造自己，不是在自身存有中解放自己，而是強迫自己面對製造自己的任務。而當代的歷史學家和社會學家不也不由自主地實行他們的意志嗎？

Foucault 的系譜學研究法對於歷史事件的分析著重於檢視其間的傳承關係 *herkunft*（descent）與起源 *enstehung*（emergence）。Foucault 認為，對於歷史事件傳承關係的檢視可以發掘曾影響歷史秩序發展的「錯誤」與「插曲」（Foucault, 1978; Schrift, 1995, 1996）。當描述大歷史敘述（grand historical narrative）時，這些「錯誤」和「插曲」往往被一筆帶過。重新正視在族群意識建構歷史中，曾曇花一現的族群認同訴求、大歷史敘述中因不協調而被省略或已經被遺忘的歷史片段，以及來自宗教需要和鼓舞的政治結合等插曲等，對於原住民族群意識發展在臺灣族群認同歷史的分析是非常重要的。根本上，如果以本研究所探討的時間而言（即，自一九七○末期之後），臺灣原住民於社會、政治、經濟結構中作為底層弱勢族群，在族群運動交互過程中，原住民的族群意識訴求，很容易成為臺灣族群意識大歷史敘述中的「錯誤」或「插曲」。

而 Foucault 系譜學研究法中另一重要概念：起源，則捨棄將現在視為歷史發展的一個結果，而關注於發掘歷史事件發展中不同勢力間有如戰爭般的對抗、矛盾與衝突（Foucault, 1978, 1980）。為求發聲

的一致，在運動過程中，往往會採取「異中求統」的策略，而有控制與支配的現象。邊緣團體難獲得社會運動主體的機會，即使有也可能流於策略運用的工具，而難有持續的效力。由於重視起源的重要性，我們必須再度重返事件起源的現場，盡可能還原了當時存著不同價值之間交戰的舞臺。自一九七〇末期臺灣原住民已經參與臺灣民主發展的歷史，然而是什麼原因使臺灣原住民儼然消失在臺灣以省籍為中心的族群意識與族群認同論述中？Foucault系譜學研究法起源的研究概念將有助於我們重新檢視族群意識運動中的政治學而提供寶貴的發現。

之前我曾指出王甫昌，對其運用史料的偏好、對其所屬的知識方法論等的挑戰以及其論述是否可能再度成為另一個完整獨立的個體，的確是個值得檢討的課題。其中，關於主體的認同的建構乃是一個不斷「區別」與「分類」的建構過程，包含了「男／女」、「內／外」、「新／舊」、「主／從」、「東／西」等關係式。

筆者曾對於「臺灣原住民婦女」在社會運動與學術論述中的主體建構有著初步的觀察。從臺灣的經驗看來，關於臺灣「原住民婦女」的論述幾乎可以說涵蓋於以「原住民」為主體或以「婦女」為主體的論述範疇裡。換言之，雖然「原住民婦女團體」的生命經驗有其獨特性而別於其他團體，但在理論、行動或政策執行層面裡，「原住民婦女」主體性的呈現往往附帶於以「原住民」為主體或以「婦女」為主體出發的論述中。然而，檢視如此以「原住民」或「婦女」主體為主軸的「原住民婦女」論述經驗，這之中的實證結果呈現出緊張與問題，在過去近十五年的婦運與原運經驗中，「原住民婦女」的主體性在這兩股相關主流論述中被操作（陳秀惠，2001，2002）。這兩股以「原住民」或以「婦女」主體為主軸的論述的根本特質為「異中求同」或「異中求統」。因此，為鞏固「異中求同」或「異中求統」的

操作原則所產生之衍生的淨化機制，往往導致了「原住民婦女」的主
體性或不知不覺地，或有意識地被邊緣化，甚至失聲了（嚴祥鸞，
2002；闕河嘉，2002）。

其實在臺灣的經驗中，原住民與婦女的權利的爭取與原運以及婦
運間存在著一種牢不可破的因果關係，而且這一親密關係早已暗示運
動中「原住民婦女」主體之建構實在有破格之必要。歷史上，原運與
婦運又與臺灣的民主化運動有著親密的夥伴情誼（陳秀惠，2002），
然而原運與婦運似乎隨著民進黨入主地方與國家的行政機構而銷聲匿
跡。當年「異中求同」的運動情誼似乎在當今的大政治結構裡無限地
延展，而主流論述的「異中求同」的相關意識型態有受到質疑與挑戰
的事實，特別是來自於宣稱「原住民婦女」主體性發言權的個體。雖
然沒有激烈的顛覆行動，但是以「原住民」或「婦女」主體為主軸論
述之「異中求同」的發言特質的確面臨著「同中求異」的威脅辭彙，
而無法提出說服人的理由。而在學術的領域中，原住民（婦女）則在
以省籍為中心的國族論述（族群論述）、統獨意識型態的政治分析、
父權與女權的對話中找到「原住民」的主體建構的契機。

表面上，「異中求同」儼然是當前臺灣經驗理論、行動或政策執
行層面裡的大法則，然而，暗地裡，「同中求異」的欲望不是以懷疑
的姿態暗濤洶湧地在許多運動者的血液裡賁張，要不就是以叛逆的姿
態有個性地孤立承受著其母群體對其忠誠度的指責。表面上，在社會
與政治的層面裡，多元文化或多元價值以一種靜態的方式呈現著，或
者頂多呈現於政黨「藍／綠」化約的二元關係中，本以為多元文化應
有的更多面的衝突與不協調的對話竟然意外地沒有表現出來。其實，
比較正確的說法應是，多元聲音不是不見了，而是發聲的立基點動搖
了（Rose, 1999; Roth, 1989; Wetherell & Potter, 1992）。「異中求同」
大我信念掩蓋過「同中求異」的小我欲望；或是，「自我矛盾」成為

發言主體最大的憂慮與挑戰；或是，「發聲的統整性」成為發言主體思考上桎梏（Peters, 1996, 1997）。

再者，我們有必要了解與分析原住民（或，原住民婦女）如何於社會運動中與學術論述中被操作，我們有必要不斷地對如此論述知識的結構性，一方面進行解（構）同時一方面進行結（構）的操作。如此的做法嘗試提出一套可能的解釋方法，試圖在解構舊的知識系統後再「結構」原住民婦女的主體（Peters, 1994, 1995; Spivak, 1999）。找尋一套可以同時解釋大我與小我的正當性，同時兼顧「異中求同」與「異中求同」的主體性的知識論，而這確實為解除發言主體「自我矛盾」憂鬱的良方（Young, 1990, 1995）。當我們找尋認知論其中的語言是足以適切地說明這個大我與小我糾纏不清的結時，我們便可以說發言的主體有著知識論上完美的政治立基點；不但「原住民」的主體性有其正當性，同時只要是經過嚴謹態度的辨證思考之理性思維，「原住民」主體、「婦女」主體、「勞工」主體……等其他主體亦具備運動與行政的正當性。

陸　結　語

現代理論強調的是一種科學理性，認為存在著一種客觀的明確事實，相信透過對於各種知識的累積與認知可以逐漸構成一個完整唯一的知識體系代表。這個知識體系能夠反映整個世界的樣貌，從現代性的研究取徑（approach），或是新馬克思的建構語言（language）去建構出來的集合體去解釋一切現象，並認定這是從一個理性的過程產生出來的一個真實世界的結構。現代理論認為這些經由科學方式產生出來的種種假設具有一種普同性的特徵，且可以反映於各種文化與時空中。王甫昌的族群意識論述，便是企圖將此種方式應用於不同「族

群」認同建構中的一個例子。換句話說，王甫昌為所謂「臺灣族群意識」在歷史中建構了一種獨特的格局（建格），也正因如此，在這個「真理」建構的邏輯中，從「我族」與「他族」的辨認的說法開始，到歷史事件的選取與解讀，再到試圖建立一個符合所有臺灣人民的族群意識的說法，其中不符合這個假設的就要成為非真實的、假的，使得整個現代性的世界中充滿了二元的思維，任何的事情幾乎都得分成正反兩面。

　　藉由理解臺灣原住民族群意識形成的過程及其脈絡條件，以及自一九七〇年代末期至今的原住民運動歷史中，族群意識建構過程之複雜關係，我們可以批判現代主義的族群觀。Lyotard 以對於「大敘述」（grand narrative）的歷史解讀提出批判，強調後設語言的重要性，Foucault 的系譜學研究法（the methodology of genealogy）也是為凸顯現代理論論述的粗糙的論點都是值得我們再次思考後現代情境中的族群意識的觀點。後現代理論認為世界是一種複雜體，它並不是一種可以單用知識的積累就形塑出的一個整體，我們用語言只能召喚、呈現某些面向。沒有一種語言可以完全徹底反映這個世界，也沒有一種唯一的事實能夠代表全部。當我們在認識臺灣族群意識的課題時，應該思考所謂啟蒙強調的「人類以自身的理智脫離不成熟狀態」、「不依賴他人的引導自己尋求出路」的理性主義，是否自身也掉入了一種經由個人自身去「想像」所建構出來的史觀。

中 註　釋

1 本文是國科會「族群主體性之建格與破格：原住民認同建構形成之研究」專題研究計畫（NSC92-2412-H-002-014）之部分成果，特此感謝該會之研究補助。

2 「生命之旅」為本文作者的翻譯，Hall 的原文為 moveable feast，亦可譯為「流

動的饗宴」。作家 Hemingway 曾寫回憶錄《流動的饗宴》（*A Moveable Feast*），記錄他一九二一年至一九二七年間在巴黎的生活。Hall 以 moveable feast 比喻後現代的文化認同的主張，頗有 Hemingway 以流動的饗宴表現回憶錄是刻記生命痕跡事實的意味。

3 Hall 的全文為："The Enlightenment subject was based on a conception of the human person as a fully centered, unified individual, endowed with the capacities of reasons, consciousness and action, whose 'center' consisted of an inner core which first emerged when the subject... The notion of the sociological subject reflected the growing complexity of the modern world and the aware that this inner core of the subject was not autonomous and self-sufficient, but was formed in relation to 'significant others', who mediated to the subject the values, meanings and symbols-the culture-of the worlds he/she inhabited... [T]he postmodern subject, [is] conceptualized as having no fixed, essential or permanent identity. Identity becomes a 'moveable feast': formed and transformed continuously in relation to the ways we are represented or addressed in the cultural systems which surround us."（Hall 1992, p.275-277）

4 Kant 曾對啟蒙主義下註腳：「啟蒙」是指人類運用自身之理智脫離「不成熟」狀態，亦即不依賴他人之引導，自己尋求「出路」（way out）（Rabinow, 1984）。

5 "...various events of a social, economic, and technological kind have moved us（indeed, forced us）toward our contemporary acknowledgement of 'the mixed, plural and contradictory nature' of the age in which we live, an age 'caught between "myth of totality" and 'ideologies of fracture', an age whose historically unique characteristics, cultural values, and representations have been described, theorized, and debated as postmodern."（Sobchack, 1997: 116）

6 Sobchack（1997）舉出 Ridley Scott 的電影《銀翼殺手》（*Blader Runner*）或，

Jim Jarmusch 的小說《天堂陌影》（*Stranger than Paradise*）為例。（Sobchack, 1997: 118-119）

7　"That is, ethnicity does not seem to be so much repressed... as it is dispersed and defused - explicitly part of the mise-en- scene, yet subordinate to what seem to be the more pressing problems, pleasures, dislocations, and curiosities of constructing identity in postmodern culture."（Sobchack, 1997: 119）

8　葉春榮解釋，就好比某個（葫蘆）村的人對於外省人與本省人就沒有區分，因為本省人與外省人的差異對他們來說並不構成他們作出族群方式區分中的差異，即使風俗語言不同也就只是同族人住在不同地方而已。又，原住民族所認識的族群關係也不一定是狹隘的族群（即血緣）的認同，從岡仔林的西拉雅人對於英國的傳教士與必麒麟的對話中，那些西拉雅人以自稱番仔為傲，然後他們將英國人認為是與荷蘭人相同的人種，因為同屬白種人並且因為荷蘭人當初與他們友善良好的關係，而認為荷蘭人與他們屬於親戚關係，也就是他們是以相處關係來作為認同的標準。

9　馬克思主義理論中「意識型態」的理論和觀念，雖然有著不同的定義和詮釋。就 Raymond William，意識型態概念的意涵包括了，某特定階級或族群的信仰體系、虛假的信仰體系、意義與思想產製的一般過程（Williams, 1976）。一般而言，我們認為意識型態意味著統治地位的階級的價值觀念體系，而且必然廣泛滲透於社會生活的各個領域中，尤其是社會精神生活的各個面向。因此當我們在接受外界訊息時，就不能只接受表面的符號，而要試著去解釋符碼背後的價值觀念。馬克思主義研究者試圖揭發（reveal）存在於人類歷史之中的意識型態，試圖撥亂反正、扭轉虛假意識，其目的不外乎對客觀真實的探求，以此思考方式追求社會的進步與社會解放。換句話說，馬克思主義研究就是現代理論研究的表現。

參考文獻

中文部分

王甫昌（1998a）。臺灣反對運動的共識動員：一九七八～一九八九
　　年兩次挑戰高峰的比較。**臺灣政治學刊，1**，129-210。

王甫昌（1998b）。光復後臺灣族群意識的形成。**歷史研究月刊，
　　131**，30-40。

王甫昌（2000）。臺灣族群政治的形成及其表現：一九九四年臺北
　　市長選舉結果之分析。載於殷海光基金會主編，**民主、轉型？
　　臺灣現象**（頁143-232）。臺北市：桂冠。

王甫昌（2001）。民族想像、族群意識與歷史——《認識臺灣》
　　教科書爭議風波的內容與脈絡分析。**臺灣史研究，8**（2），
　　145-208。

王甫昌（2003）。**當代臺灣社會的族群想像**。臺北市：群學。

許倬雲（1998）。社會科學觀點的轉變與科技整合。**歷史研究月刊，
　　131**，76-81。

單德興（2003）。空間・族裔・認同：論王穎的《尋人》。**歐美研
　　究，33**（2），373-408。

葉春榮（1998）。從文化的發展看臺灣族群的融合。**歷史研究月刊，
　　131**，41-49。

陳秀惠（2001，12月）。**原住民傳統兩性文化**。論文發表於行政院
　　原住民委員會主辦之原住民婦女福利會議，臺北市。

陳秀惠（2002，3月）。**從原住民婦女人權打破姊妹情誼的迷思**。論文發表於臺灣婦女團體全國聯合會、國立暨南國際大學主辦之臺灣婦女人權發展與弱勢婦女關懷國際會議，南投縣。

嚴祥鸞（2002，3月）。**原住民婦女困境：漢人問題**。論文發表於臺灣婦女團體全國聯合會、國立暨南國際大學主辦之臺灣婦女人權發展與弱勢婦女關懷國際會議，南投縣。

闕河嘉（2002，3月）。**陷阱、宰制、從屬：困境中的原住民婦女**。論文發表於臺灣婦女團體全國聯合會、國立暨南國際大學主辦之臺灣婦女人權發展與弱勢婦女關懷國際會議，南投縣。

蕭阿勤（2004，4月）。書評。「我們」是誰？評介王甫昌著《當代台灣社會的族群想像》。**聯合報**，「讀書人」版。

英文部分

Foucault, M. (1978). *The history of sexuality: Volume 1*. London: the Penguin Books.

Foucault, M. (1980). *Power/knowledge: Selected interviews and other writings 1972-77* (C. Gord, Trans.). Hemel Hempstead: Harvester Wheatsheaf.

Foucault, M. (1984). Nietzsche, genealogy, history. In P. Rabinow (Ed.), *The Foucault reader* (pp. 76-100). London: Penguin.

Foucault, M. (1997). *Ethics: Subjectivity and truth*. P. Rabinow (Ed.), R. Hurley and others (Trans.). London: Allen Lane.

Hall, S. (1990). Cultural identity and diaspora. In J. Rutherford (Ed.), *Identity: Community, culture, difference* (pp. 222-237). London: Lawrence & Wishart.

Hall, S. (1992). The question of cultural identity. In S. Hall, D. Held, & T.

McGrew (Eds.), *Modernity and its futures* (pp. 273-316). London: The Open University.

Hall, S. (1997). The work of representation. In S. Hall (Ed.), *Repre-sentation: Cultural representations and signifying practices* (pp. 13-64). London: Sage.

Lyotard, J-F. (1979). *The postmodern condition: A report on knowledge*. G. Bennington & B. Massumi (Trans.). Minneapolis: University of Minnesota Press.

Marshall, J. D. (1990). Foucault and Educational Research. In S. Ball (Ed.), *Foucault and education: Discipline and knowledge* (pp. 11-28). London: Routledge.

Marshall, J. D. (1996). *Michael Foucault: Personal autonomy and education*. Boston: Kluwer Academic.

Peters, M. A. (1994). Individualism and community: Education and the politics of difference. *Discourse, 14* (2), 65-78.

Peters, M. A. (1995). Radical democracy, the politics of difference, and education. In B. Kanpol & P. McLaren (Eds.), *Critical multiculturalism: Uncommon voices in a common struggle* (pp. 39-55). Westport, Conn.: Bergin & Garvey.

Peters, M. A. (1996). Philosophy of the subject. In M. A. Peters, *Poststructuralism, politics and education* (pp. 21-44). London: Bergin & Garvey.

Peters, M. A. (1997). What is poststructuralism? The French reception of Nietzsche. *Political Theory Newsletter, 8*, 39-55.

Peters, M. A. (1999). *The politics and deconstruction: Derrida, Neoliberalism, and democracy to come in Aotearoa/New Zealand*. Auckland

University, unpublished.

Peters, M. A. (2000). *Educational philosophy and cultural difference.* Auckland University, unpublished.

Rabinow, P. (Ed.). (1984). *The Foucault reader* (pp. 76-100). London: Penguin.

Rose, N. S. (1999). *Powers of freedom: Reframing political thought.* Cambridge: Cambridge University.

Roth, R. (1989). The colonial experience and its postmodern fate. *Salmagundi, 84*, 248-265.

Said, E. W. (1979). *Orientalism.* New York: Vintage.

Said, E. W. (1993). *Culture and imperialism.* New York: Vintage.

Schrift, A. D. (1988). Genealogy and/as deconstruction: Nietzsche, Derrida and Foucault on philosophy as critique. In H. Silverman & D. Welton (Eds.), *Postmodernism and continental philosophy* (pp. 193-213). Albany: State University of New York.

Schrift, A. D. (1995). *Nietzsche's French Legacy: A genealogy of poststructuralism.* New York: Routledge.

Schrift, A. D. (1996). Nietzsche's French Legacy. In B. Magnus & K. Higgins (Eds.), *The cambridge companion to Nietzsche* (pp. 323-355). Cambridge: Cambridge University Press.

Sobchack, V. (1997). Postmodern modes of ethnicity. In P. Brooker & W. Brooker (Eds.), *Postmodern after-images* (pp.113-128). New York: Arnold.

Spivak, G. C. (1999). The setting to work of deconstruction. In *A Critique of Postcolonial Reason: Toward a History of the Vanishing Present* (pp. 423-32). Cambridge, Mass.: Harvard University Press.

Wetherell, M., & Potter, J. (1992). *Mapping the language of racism: Discourse and the legitimation of exploitation.* New York: Harvester Wheatsheaf.

Wilson, M., & Yeatman, A. (Eds.). (1995). *Justice and identity: Antipodean practices.* Wellington: Bridget Williams Books.

Williams, R. (1976). *Keywords: A vocabulary of culture and society.* London: Fontana.

Young, I. M. (1990). *Justice and the politics of difference.* Princeton, N.J.: Princeton University Press.

Young, I. M. (1995). Polity and group difference: a critique of the ideal of universal citizenship. In R. Beiner, (Ed.), *Theorizing Citizenship* (pp. 175-208). NY: State University of New York Press.

附錄

中文批判教育學
文獻目錄

李錦旭　編

2006 年 7 月 7 日

編者前言：Critical Pedagogy 一詞的中文翻譯，迄今有三種──「批判教育學」、「批判教學論」，以及「批判教育論」。本目錄主要是根據臺灣的資料庫關鍵詞而收集的，其次是平常留意所得。也感謝部分作者的主動提供。

一、專　著

王秋絨（1991）。**批判教育論在我國教育實習制度規劃上的意義**。臺北市：師大書苑。

周珮儀（1999）。**從社會批判到後現代：季胡課程理論之研究**。臺北市：師大書苑。

張盈堃（2001）。**性別與教育：批判教育學觀點**。臺北市：師大書苑。

張盈堃、郭瑞坤、蔡瑞君、蔡中蓓（2005）。**誰害怕教育改革？：結構、行動與批判教育學**。臺北市：洪葉。

二、學位論文

王玉嵜（2003）。**美國多元文化教育：理論與實際**。私立淡江大學美國研究所碩士論文。（李本京指導）

王秋絨（1990）。**弗雷勒批判的成人教學模式研究**。國立臺灣師範大學教育研究所博士論文。（林清江和楊國賜指導）

王淑芬（2005）。**請聽我說、看我做：性教育教學實踐的轉換與能動**。私立樹德科技大學人類性學研究所碩士論文。（楊幸真指導）

王嘉陵（2006）。**國小場域九年一貫課程實施之探究：批判教育學觀點**。國立高雄師範大學教育學系博士論文。（方德隆指導）

王麗雲（1990）。**艾波教育思想研究**。國立臺灣師範大學教育研究所碩士論文。（黃政傑指導）

江慧儀（2004）。**臺灣民間環保團體的環境教育現況與社會實踐：一個批判的環境教育觀點**。國立臺灣師範大學環境教育研究所碩士論文。（王順美指導）

朱盈潔（2000）。**Maxine Greene 的自由哲學思想及其在教育上的蘊義**。國立臺灣師範大學教育學系碩士論文。（林逢祺、洪仁進指導）

李文富（1999）。**臺灣原住民教育改革的分析：一個批判教育學的觀點**。國立東華大學教育研究所碩士論文。（陳伯璋、吳天泰指導）

李利德（2003）。**主題探索式課程對成人英文寫作學習者的影響**。私立淡江大學英文學系博士論文。（黃月貴指導）

李永薇（2004）。**Paulo Freire 對話教學論及其轉化**。私立慈濟大學教育研究所碩士論文。（卯靜儒指導）

吳建興（2002）。**Empowerment 理論的實踐及反思：以九年一貫教育改革能力教育教師工作坊為例**。私立世新大學社會發展研究所碩士論文。（陳信行指導）

邱秀祝（1999）。**國中女性教師性別角色之構成：十位女老師之實踐經驗研究**。國立政治大學教育學系碩士論文。（馮朝霖指導）

林昱貞（2001）。**性別平等教育的實踐：兩位國中女教師的性別意識與實踐經驗**。國立臺灣師範大學教育學系碩士論文。（潘慧玲指導）

周育賢（1999）。**意識覺醒相關概念對成人教育的啟示：從弗雷勒思想出發的探討**。國立中正大學成人及繼續教育研究所碩士論文。（胡夢鯨指導）

周珮儀（1999）。**季胡課程理論之研究**。國立臺灣師範大學教育學系博士論文。（黃光雄和楊深坑指導）

洪玉君（2005）。Freire 與 Noddings 對話教學論及教師圖像之探究。國立中正大學教育學研究所碩士論文。（李奉儒指導）

洪孟華（2003）。國小教師增權賦能之研究。國立嘉義大學國民教育研究所碩士論文。（李奉儒指導）

施宜煌（2006）。弗雷勒意識覺醒理論及其德育蘊義。國立臺灣師範大學教育學系博士論文。（歐陽教、陳文團指導）

徐苔玲（2001）。影音再現與文化教學：好萊塢教育電影分析。國立東華大學教育研究所碩士論文。（陳儒修指導）

章五奇（2001）。電視文化批判課程之研究：從批判教育學的觀點。國立臺北師範學院課程與教學研究所碩士論文。（歐用生指導）

許雅涓（2001）。一位國小教師「課程實踐」之研究。國立臺北師範學院課程與教學研究所碩士論文。（歐用生指導）

郭秀櫻（2004）。「教育研究」的批判教育研究：教研所碩士生的學習經驗。國立高雄師範大學教育學系碩士論文。（莊勝義指導）

張盈堃（2000）。性別迷思：從批判教育學的抗拒觀點論教科書意識型態再生產的問題。國立清華大學社會學研究所碩士論文。（宋文里指導）

梁正怡（2005）。新世紀教育電影中的教學圖像：交融教學越界之教育觀。國立中正大學教育學研究所碩士論文。（李奉儒指導）

陳怡文（2004）。轉化性知識份子與教育實踐：以社區大學教師為例的質性研究。國立政治大學教育學系碩士論文。（馮朝霖指導）

湯仁燕（2004）。Paulo Freire 對話教學理念與實踐之研究。國立臺灣師範大學教育學系博士論文。（黃光雄指導）

黃宜雯（2003）。社區大學教師教學實踐歷程之研究。國立臺灣師

範大學社會教育學系碩士論文。（陳雪雲指導）

溫淳雅（2002）。**Paulo Freire 理論在臺灣教育改革中的實驗研究：以 W 中學「教師工作坊」為例**。私立世新大學社會發展研究所碩士論文。（成露茜、陳信行指導）

葉子勝（2003）。**Giroux 教師作為轉化型知識份子之研究：兼論其對臺灣教師與師資培育課程之啟示**。國立中正大學教育學研究所碩士論文。（李奉儒指導）

楊滿玉（2002）。**bell hooks 的「交融教育學」研究**。私立慈濟大學教育研究所碩士論文。（卯靜儒指導）

鄭善福（2000）。**弗雷勒對話教育在社區成人基本教育上的應用：以上楓社區成教班為例**。國立中正大學成人及繼續教育研究所碩士論文。（蔡秀美指導）

鄭麗蓉（2002）。**解嚴後臺南地區民間團體的臺語文復興運動之研究：從弗雷勒意識覺醒教育觀點探討**。國立高雄師範大學成人教育研究所碩士論文。（王政彥指導）

劉滑梃（2003）。**薩伊德後殖民論述及其對教育之啟示**。國立屏東師範學院國民教育研究所碩士論文。（王慧蘭指導）

謝明杰（1997）。**知識／權力的空間：對一所學校課外活動實施的個案探討**。國立東華大學教育研究所碩士論文。（顧瑜君指導）

蕭又齊（2003）。**我的意識覺醒：一個國小老師敘說社會事件融入社會科課程的故事**。國立臺北師範學院課程與教學研究所碩士論文。（莊明貞指導）

簡瑞容（1997）。**對話、生活世界與覺醒：Maxine Greene 教育思想研究**。國立政治大學教育學系碩士論文。（馮朝霖指導）

藍惠寧（1999）。**保羅‧弗雷勒（Paulo Freire）解放教育（哲）學之研究**。國立中央大學哲學研究所碩士論文。（馮朝霖指導）

三、一般論文

于向陽（1995）。保羅・弗萊雷的教育思想評述。**華東師範大學學報・教育科學版（上海）**，**3**，51-60。

于向陽、李春來（2002）。弗萊雷。載於趙祥麟（主編），**外國教育家評傳（第四卷）**（頁543-572）。上海：上海教育出版社。

方永泉（1999）。教師作為一種轉化的知識份子：教育史角度的考察。**暨大學報**，**3**（1），99-126，383。

方永泉（2000.5）。弗萊勒受壓迫者教育學與批判教育學。論文發表於臺北市立師範學院主辦之「教育哲學研討會」，臺北市。

方永泉（2005）。批判取向教育哲學的發展、議題及展望。**教育資料與研究雙月刊**，**66**，91-110。

王小芬（1997）。艾波論潛在課程。**國教輔導**，**37**（2），20-24。

王秋絨（1988）。包魯・弗雷勒的對話教育思想評析。**社會教育學刊**，**17**，147-172。

王秋絨（1992）。批判的成人對話教育家——弗雷勒。載於劉焜輝（主編），**人類航路的燈塔：當代教育思想家**（頁192-238）。臺北市：正中。

王秋絨（1995）。包魯・弗雷勒教育模式在語文教育的運用狀況。**教育研究**，**46**，46-52。

王秋絨（1995）。包魯・弗雷勒教育模式在社區教育的運用實例評析。**成人教育**，**25**，20-24。

王秋絨（2000）。弗雷勒的成人教育方案設計。**成人教育通訊**，**2**，20-25。

王秋絨（2002）。弗雷勒的「批判對話」之評述。**社教雙月刊**，**111**，35-36。

王秋絨、方永泉（2002）。弗雷勒。載於張人傑、王衛東（主編），**20世紀教育學名家名著**（頁707-727）。廣州：廣東高等教育出版社。

王俊斌（1999）。批判教育學作為希望轉化的可能性：傅柯式存在美學的對照。**教育研究**，**66**，61-75。

王紅菊、張金福（2004）。人文關懷：弗萊雷「對話式教學」的核心理念。**教學與管理**（太原），**2**，7-8。

王建元（1996）。從現代主義到批判教育學：高等教育國際化的理論基礎。載於周英雄（主編），**現代與多元：跨學科的思考**（頁193-215）。臺北市：東大。

王春燕（2003）。從「講解」到「對話」，從「儲蓄」到「解放」：弗萊雷解放教育觀對幼兒教育的啟示。**幼兒教育**（大陸），**2**，14-15。

王梅香（2006.3）。不打不成器？：試論臺中市立居仁國中教師體罰事件下的隱藏文本——與批判教育學的對話。論文發表於私立淡江大學課程與教學研究中心主辦之「青年學子教育論壇，主題：學校教師的日常生活世界——批判教育學的理論與實務」研討會，臺北市。

王嘉陵（2003）。從 Giroux 的批判教育學觀點反省課程改革中的教師角色。**教育研究資訊**，**11**（3），3-21。

王嘉陵（2003）。批判教育學的教學實踐：以社會科臺灣開發史為例。**國教輔導**，**42**（4），28-33。

王嘉陵（2003）。Giroux 思想中的教育可能性。**教育研究**，**11**，11-19。

王慧蘭（2000）。後殖民論述：教育學反思的起點。**教育社會學通訊**，**30**，2-6。

王慧蘭（2001.12）。多重視野的覺知：Edward Said 的後殖民理論與批判教育學。論文發表於國立臺灣師範大學教育學系主辦之「第六屆臺灣教育社會學論壇」，臺北市。

王慧蘭（2003.11）。批判教育學：權力抗爭、文本政治和教育實踐。論文發表於國立屏東師範學院社會科教育學系主辦之第一屆「社會理論與教育研究」學術研討會（主題：Critical Pedagogy），屏東市。

王慧蘭（2004.10）。論述的並列或交融？：馬克思主義與後現代／後結構主義的教育爭議和對話。論文發表於國立屏東師範學院初等教育學系主辦之第二屆「社會理論與教育研究」學術研討會（主題：馬克思主義與後現代／後結構主義的教育對話），屏東市。

王慧蘭（2005）。批判教育學：權力抗爭、文本政治和教育實踐。**臺灣教育社會學研究**，**5**（2），85-112。

王慧蘭（2005.5）。批判教育學與全球資本主義：高等教育的若干反思。論文發表於私立南華大學教育社會學研究所主辦之「第十一屆臺灣教育社會學論壇」，嘉義縣。

王麗雲（1990）。艾波的評鑑觀。**高市鐸聲**，**1**（1），23-31。

王麗雲（2005）。艾波的課程思想。載於黃政傑（主編），**課程思想**（頁 173-204）。臺北市：冠學。

王麗雲（2006）。M. W. Apple：批判教育社會學先驅。載於譚光鼎、王麗雲（主編），**教育社會學：人物與思想**（頁 423-448）。臺北市：高等教育。

田奇玉（2002.6）。超越知識分化的協同教學：以批判教育學的觀點論述其希望和質疑。論文發表於嘉義大學國民教育研究所主辦之「第七屆臺灣教育社會學論壇」，嘉義市。

卯靜儒（2002）。個人的／政治的：艾波的權力、知識與教育。載於蘇峰山（編），**意識、權力與教育：教育社會學理論導讀**（頁77-115）。嘉義縣：私立南華大學教育社會學研究所。

卯靜儒（2004）。從新馬克思主義到後結構主義：課程社會學研究的再概念化。**教育研究集刊，50**（1），119-142。

朱啟華（2005）。從社會演變論德國批判教育學的興起及再發展：以其對權威問題之探討為例。**國民教育研究學報，14**，1-25。

宋文里（1995）。「批判教育學」的問題陳顯。**通識教育季刊，2**（4），1-15。

宋文里（2004.11）。批判教育學與三種創意教學（的可能）。論文發表於國立屏東師範學院初等教育學系主辦之「第十一屆課程與教學論壇」，屏東市。

宋文里（2006.3）。學校的日常生活在哪裡：論敘事理解與學校歷史的重寫。論文發表於私立淡江大學課程與教學研究中心主辦之「青年學子教育論壇，主題：學校教師的日常生活世界——批判教育學的理論與實務」研討會，臺北市。

宋明順（1998）。傅雷勒的批判教育學思想。**社教雙月刊，83**，24-31。

辛治洋（2004）。批判教育學的困境與出路。**比較教育研究**（北京），**9**，7-10，6。

何青蓉（2006.4）。P. Freire 教育思想的核心理念：從閱讀文字到轉化世界。論文發表於私立大仁科技大學主辦之「第八屆社區大學全國研討會」，屏東縣。

李天健（2006.4）。批判與自覺課程規劃理念。論文發表於私立大仁科技大學主辦之「第八屆社區大學全國研討會」，屏東縣。

李宜芳、王梅香（2006.3）。走出寂靜：從沉默到發聲的教學之路。

論文發表於私立淡江大學課程與教學研究中心主辦之「青年學子教育論壇，主題：學校教師的日常生活世界──批判教育學的理論與實務」研討會，臺北市。

李奉儒、洪孟華（2002）。解放性的教室。**研習資訊，19**（4），42-49。

李奉儒、詹家惠（2002）。檢視高中多元入學方案：批判教學論觀點。**教育研究月刊，101**，60-101。

李奉儒（2002.10）。對話教學論：Jurgen Habermas 與 Paulo Freire 的溝通與對話。論文發表於中央研究院歐美研究所主辦之第五屆「當代教育哲學」研討會，臺北市。

李奉儒（2002.11）。**追求正義的教育改革：教師作為轉化型知識份子**。論文發表於廣東教育學院主辦之「中國教育學會教育社會學專業委員會第七屆學術年會」，廣州。

李奉儒（2003）。P. Freire 的批判教學論對於教師實踐教育改革的啟示。**教育研究集刊，49**（3），1-30。

李奉儒（2003）。從教育改革的批判談教師作為實踐教育正義的能動者。**臺灣教育社會學研究，3**（2），113-150。

李奉儒（2003.11）。批判教學論的反思與批判：閱讀 Paulo Freire。論文發表於國立屏東師範學院社會科教育學系主辦之第一屆「社會理論與教育研究」學術研討會（主題：Critical Pedagogy），屏東市。

李奉儒（2004）。閱讀 Paulo Freire：批判教學論的發軔與理論主張。**教育研究月刊，121**，22-35。

李家永（1999）。「被壓迫者教育學」思潮。載於畢淑芝、王義高（主編），**當今世界教育思潮**（頁 239-271）。北京：人民教育出版社。

李雪菱（2006.3）。反身的、轉化的、實踐的：學校與多元家庭跨界合作教學之行動方案。論文發表於私立淡江大學課程與教學研究中心主辦之「青年學子教育論壇，主題：學校教師的日常生活世界——批判教育學的理論與實務」研討會，臺北市。

李皓光（2002.6）。九年一貫課程六大議題之文化建構歷程與權力關係：論批判教育學的出路與困境。論文發表於國立嘉義大學國民教育研究所主辦之「第七屆臺灣教育社會學論壇」，嘉義市。

李錦旭（2004.10）。馬克思主義教育理論的式微和復興初探。論文發表於國立屏東師範學院初等教育學系主辦之第二屆「社會理論與教育研究」學術研討會（主題：馬克思主義與後現代／後結構主義的教育對話），屏東市。

李錦旭（2006）。〈馬克思主義與學校教育：基進論述的限制〉述評。林逢祺、洪仁進（主編），**民主社會中的教育正義：教育哲學述評**（三）（頁381-397）。臺北市：師大書苑。

吳瓊洳（1999）。從吉諾斯公共知識份子觀論現代教師應有的角色。**中等教育，50**（3），78-86。

武金正（2004）。弗萊勒的解放教育與解放神學。**輔仁宗教研究，9**，81-101。

武藍蕙（2006.3）。從批判教育學的觀點檢視幼兒園教師的專業自主。論文發表於私立淡江大學課程與教學研究中心主辦之「青年學子教育論壇，主題：學校教師的日常生活世界——批判教育學的理論與實務」研討會，臺北市。

林邦文（2005）。弗雷勒（Paulo Freire）理論思想初探。**醒吾學報，29**，185-200。

林柏儀（2006.5）。學生怎麼辦？：建構培力學生邁向解放的批判教育學。論文發表於私立淡江大學教育學院主辦之「第十二屆臺

灣教育社會學論壇」，臺北市。

林昱貞（2002）。批判教育學在臺灣：發展與困境。**教育研究集刊，48**（4），1-25。

林昱貞、楊佳羚、張明敏（2004）。性取向污名之建構、抗拒與轉化：一個同性戀議題的教學實踐。**教育研究集刊，50**（3），91-121。

林森富、湯郁純（2000）。Paulo Freire 的學說思想簡介。**教育社會學通訊，19**，16-20。

周珮儀（2001）。追求社會正義的課程理論：H. A. Giroux 課程理論之探究。**教育研究集刊，46**，1-29。

周珮儀（2005）。吉魯斯的課程思想。載於黃政傑（主編），**課程思想**（頁 205-239）。臺北市：冠學。

周珮儀（2006）。H. A. Giroux：宏揚希望政治的批判後現代教育學者。載於譚光鼎、王麗雲（主編），**教育社會學：人物與思想**（頁 449-470）。臺北市：高等教育。

周德禎、陳美博（2003.11）。「原住民族教育法」之批判論述分析。論文發表於國立屏東師範學院社會科教育學系主辦之第一屆「社會理論與教育研究」學術研討會（主題：Critical Pedagogy），屏東市。

洪如玉（2001.12）。後資本主義社會中的教育反思：知識經濟與批判教育學。論文發表於國立臺灣師範大學教育學系主辦之「第六屆臺灣教育社會學論壇」，臺北市。

洪如玉（2003）。後資本主義社會知識經濟領航下的教育反思：批判教育學取向。**臺灣教育社會學研究，3**（1），115-148。

洪孟華（2002）。解放性的教室。**教育社會學通訊，37**，17-22。

洪孟華（2003）。讓教師做一名解放的教育人員吧！。**教育資料與**

研究，**50**，96-101。

郭丁熒（2005）。「為何我們如此相近，卻又如此不同？」：從批判教學論談「關注差異」之教學文化。**課程與教學季刊，8**（3），41-54。

郭秀櫻（2004）。碩士班研究生學習主體性之省思。**教育研究，12**，201-211。

郭瑞坤（2004）。教育中沉默文化的分析與出路。論文發表於國立政治大學教育學系主辦之「另類與創新——臺灣本土教育經驗再出發研討會」，臺北市。

郭瑞坤（2005）。去言存生：思考教育中的「沉默文化」。載於張盈堃、郭瑞坤、蔡瑞君、蔡中蓓，**誰害怕教育改革？：結構、行動與批判教育學**（頁49-65）。臺北市：洪葉。

郭實渝（2000）。由生態教育理念探討弗拉瑞（Paulo Freire）的教育學理論。**社會文化學報，11**，1-28。

高志宏（2002.5）。失焦的批判教育學、錯置的 Freire：當前臺灣成人教育主流論述之批判與批判教育學的初步反省。論文發表於國立臺灣師範大學教育學系主辦之「第三屆教育哲史討論會」，臺北市。

高博銓（2000）。Grioux 課程理論初探。**中等教育，51**（1），16-25。

夏林清（2002）。尋找一個對話的位置：基進教育與社會學習歷程。**應用心理研究，16**，119-155。

許誌庭（2002）。教師作為轉化型知識份子的可能性、限制與實踐方向。**教育研究集刊，48**（4），27-52。

許誌庭（2003）。以批判教學論作為教學實踐的社會學習領域及其課程特色。**人與社會，1**，33-62。

莊明貞（2001）。當前臺灣課程重建的可能性：一個批判教育學的

觀點。**國立臺北市師範學院學報，14**，141-162。收入莊明貞
（主編）（2003），**課程改革，反省與前瞻**（頁23-48）。臺北
市：高等教育。

莊明貞、潘志煌（2004）。批判理論及其在課程研究應用之評析。
教育研究月刊，121，36-57。

莊勝義（2003.11）。從臺灣弱勢者教育對看批判教育論述的「意識
覺醒」與「社會轉化」。論文發表於國立屏東師範學院社會科
教育學系主辦之第一屆「社會理論與教育研究」學術研討會（主
題：Critical Pedagogy），屏東市。

陳成宏（2004.11）。公平競爭抑或社會正義：原住民升學加分政策
的批判教育學觀點分析。論文發表於國立屏東師範學院初等教
育學系主辦之「第十一屆課程與教學論壇」，屏東市。

陳伯璋、張盈堃（2006.4）。解放的場所與實踐：批判教育學的關
懷。論文發表於私立南華大學教育社會學研究所主辦之第五屆
「意識、權力與教育：批判教育學理論與臺灣教育」研討會，
嘉義縣。

陳伯璋、張盈堃（2006）。解放的場所與實踐：批判教育學的關懷。
教育研究月刊，146，5-19。

陳延興（2001.11）。教育作為轉化的知識份子面對課程改革。論文
發表於國立臺中師範學院主辦之「九十學年度師範學院教育學
術論文發表會」，臺中市。

陳延興、陳儒晰（2002）。全球變遷下的師生衝突與調適：批判教
學論的觀點。載於中國教育學會、中華民國師範教育學會（主
編），**新時代師資培育的變革：知識本位的專業**（頁
225-260）。高雄市：復文。

陳得文（2006）。批判教育學的理論、實踐與困境：在國小領域教

學。**教育研究月刊，146**，59-69。

陳銘真（2006）。從批判教育學「去霸權」的基本概念探討網路、媒體與閱讀。**教育研究月刊，146**，70-77。

陳儒晰（2006）。《教師是知識份子：邁向批判教育學的學習》導讀與評論。**課程研究，1**（2），125-130。

陳議濃（2003）。Giroux 談潛在課程。**教育社會學通訊，46**，11-17。

張　華（1996）。批判理論與批判教育學探析。**外國教育資料**（上海），**4**，8-12。

張建成（2001.10）。批判教學論在課程研究上的應用。論文發表於國立中正大學教育學研究所主辦之「課程與教學論壇」，嘉義縣。

張建成（2002）。主體的解放：批判教學論的觀點。載於張建成，**批判的教育社會學研究**（頁41-56）。臺北市：學富。

張建成（2004）。從批判教育學到青少年流行文化研究（魏宇凡、廖政凱專訪）。**教育研究月刊，121**，14-21。

張盈堃（1999）。「青少年偏差行為」的問題陳顯：從批判教育學的角度探討。**社區發展季刊，88**，240-253。

張盈堃（2000）。教師作為轉化型知識份子的教育實踐。**教育與社會研究，1**，25-58。載於張盈堃、郭瑞坤、蔡瑞君、蔡中蓓（2005），**誰害怕教育改革？：結構、行動與批判教育學**（頁69-107）。臺北市：洪葉。

張盈堃（2001）。在教育場域中實踐基進民主：以同志教師身份認同與抗拒實踐為例。**臺灣教育社會學研究，1**（2），131-169。載於張盈堃、郭瑞坤、蔡瑞君、蔡中蓓（2005），**誰害怕教育改革？：結構、行動與批判教育學**（頁179-219）。臺北市：洪葉。

張盈堃（2001）。建構生死學教室。花蓮師院學報，**13**，129-147。

張盈堃（2001）。殘缺文本的還原：教科書性別知識的生產、審查與刪削。**婦女與兩性學刊**，**12**，139-165。載於張盈堃、郭瑞坤、蔡瑞君、蔡中蓓（2005），**誰害怕教育改革？：結構、行動與批判教育學**（頁 285-315）。臺北市：洪葉。

張盈堃（2004）。階級品味與在家自行教育：批判教育學的觀點。論文發表於國立高雄師範大學教育學系主辦之「第十屆臺灣教育社會學論壇」，高雄市。載於張盈堃、郭瑞坤、蔡瑞君、蔡中蓓（2005），**誰害怕教育改革？：結構、行動與批判教育學**（頁 263-284）。臺北市：洪葉。

張盈堃（2004）。偽裝的形貌與越界的政治：再談基層教師的生活世界與實行的邏輯。**應用心理研究**，**21**，66-89。載於張盈堃、郭瑞坤、蔡瑞君、蔡中蓓（2005），**誰害怕教育改革？：結構、行動與批判教育學**（頁 147-178）。臺北市：洪葉。

張盈堃、陳慧璇（2004）。矛盾：基層教師生活世界的宰制與抗拒。**應用心理研究**，**21**，35-62。載於張盈堃、郭瑞坤、蔡瑞君、蔡中蓓（2005），**誰害怕教育改革？：結構、行動與批判教育學**（頁 109-146）。臺北市：洪葉。

張盈堃（2005）。結構、行動與教育改革運動：批判教育學觀點。載於張盈堃、郭瑞坤、蔡瑞君、蔡中蓓，**誰害怕教育改革？：結構、行動與批判教育學**（頁 3-48）。臺北市：洪葉。

張盈堃（2005）。批判的民俗誌研究：以北美批判教育學陣營為例。**課程研究**，**1**（1），149-166。

張盈堃（2005）。課程研究的新興議題：酷兒教育學。**教育研究月刊**，**139**，66-79。

張盈堃、郭瑞坤（2005.1）。批判教育學只是個名：關於翻譯政治的

討論。論文發表於國立交通大學主辦之「文化研究學會 2005 年會」，新竹市。

張盈堃、郭瑞坤（2005.11）。批判教育學的沉默：試探批判教育學與教育評量的關係。論文發表於私立大葉大學師資培育中心主辦之第三屆「課程、教學與評量」理論與實務研討會，彰化縣。

張盈堃（2006）。打造理論與實務對話的平臺：青年學子教育論壇活動記實。**教育研究月刊，146**，33-44。

張德永（1995）。「被壓迫者教育學」之理論譯介。**成人教育輔導季刊，2**，9-16。

曹惠容（2003）。保羅‧弗萊雷的教育思想。**外國教育研究**（長春），**8**，5-8。

湯仁燕（2003）。Paulo Freire 批判對話教學觀點之探究。載於陳伯璋、歐用生（主編），**課程與教學的饗宴**（頁 257-289）。高雄市：復文。

湯仁燕（2005）。Paulo Freire 批判解放導向的課程觀點及其啟示。**課程與教學季刊，8**（4），57-76。

湯仁燕（2005.11）。教師的對話文化與課程革新：Paulo Freire 的解放教學觀點。論文發表於國立臺灣師範大學教育學系主辦之「2005 華人教育學術研討會」，臺北市。

湯仁燕（2006）。P. Freire：跨越差異的對話教育實踐者。載於譚光鼎、王麗雲（主編），**教育社會學：人物與思想**（頁 169-202）。臺北市：高等教育。

馮朝霖（1998）。教師文化的轉化。**社教雙月刊，87**，5-7。

馮朝霖（2000／2003）。主體、情性與創化：世紀末德國普通教育學理論之考察。載於馮朝霖（2003），**教育哲學專論：主體、情性與創化**（頁 15-49）。臺北市：高等教育。

馮朝霖（2003.11）。希望與參化：Freire 教育美學推衍與補充之嘗試。論文發表於國立屏東師範學院社會科教育學系主辦之第一屆「社會理論與教育研究」學術研討會（主題：Critical Pedagogy），屏東市。

馮朝霖（2004）。駱駝‧獅子與孩童：尼采精神三變說與批判教育學及另類教育學的起源。**教育研究月刊，121**，5-13。

黃　騰（2004）。論批判教育學的實踐困境與可能性。載於中華民國教材研究發展學會（編），**課程改革的再概念化（下）**（頁243-263）。臺北市：中華民國教材研究發展學會。

黃乃瑩、鄭金興（2005）。差異教育學與維護公平之教育實踐：評介 Peter Pericles Trifonas 編著之《差異教育學》。**當代教育研究，13**（4），209-216。

黃玉蘋（2002）。薩伊德後殖民主義初探及其在教育上的啟示。**教育研究，10**，125-135。

黃光國（2004）。意識型態的批判與抗拒。**應用心理研究，22**，5-12。

黃志成、王　俊（2001）。弗萊雷的「對話式教學」述評。**全球教育展望**（上海），**6**，57-60。

黃宜雯（2003）。Paulo Freire 之對話教育學。**社教雙月刊，116**，34-41。

黃庭康（2002）。艾波《教育與權力》導讀。載於蘇峰山（編），**意識、權力與教育：教育社會學理論導讀**（頁245-255）。嘉義縣：南華大學教育社會學研究所。

彭正梅（2002）。德國批判教育學述評。**外國教育研究**（長春），**10**，5-9。

葉志勝（2002）。將生活事件融入課程設計：教師作為轉化型知識

份子的實踐。**教育研究月刊，101，**72-81。

董　標（2002）。哪裡有壓迫，哪裡就應該有《被壓迫者教育學》：試述保羅‧費萊雷的「解放教育學」。**比較教育研究**（北京），**8，**1-6。

楊孔熾（2002）。保羅‧弗萊雷的「被壓迫者的教育學」理論。載於吳式穎、任鍾印（主編），**外國教育思想通史**（第十卷）（頁643-657）。長沙：湖南教育出版社。

楊巧玲（2000）。問題導向教學與合作學習教學策略之理論與實際。**課程與教學季刊，3**（3），121-135，168。

楊巧玲（2001）。從批判教育學重新探索師生關係。**教育研究，86，**44-56。

楊巧玲（2002）。師資培育課程／教學的創新與九年一貫課程／教學的改革之對應與省思。**教育學刊，19，**187-207。

楊昌勇（2004）。第六章「批判」：一種激進的後現代範式。載於楊昌勇，**新教育社會學：連續與斷裂的學術歷程**（頁167-206）。北京：中國社會科學出版社。

楊洲松（2004）。媒體再現中的青少年文化認同問題與批判教學論。載於楊洲松，**當代文化與教育：文化研究學派與批判教學論的取向**（頁77-102）。臺北市：洪葉。

楊恩慈、柯伯儒（2006.3）。我在風頭水尾的教育實踐與省思：一位偏遠地區的女性教育工作者與傅雷葉的對話。論文發表於私立淡江大學課程與教學研究中心主辦之「青年學子教育論壇，主題：學校教師的日常生活世界──批判教育學的理論與實務」研討會，臺北市。

楊滿玉（2004）。bell hooks 的「交融教育學」研究。**慈濟大學教育研究學刊，1，**145-170。

廖俊傑（2004.5）。中國考試制度與政治：批判教育學的再省思。論文發表於國立高雄師範大學教育學系主辦之「第十屆臺灣教育社會學論壇」，高雄市。

歐用生（1981）。艾波的課程研究。載於歐用生，**課程研究方法論：課程研究的社會學分析**（頁75-110）。高雄市：復文。

歐用生（2000）。教師是轉型的知識份子：聲音的「政策」與「教學」。**國民教育，41**（2），2-10。收入歐用生（2003），**課程典範再建構**（頁61-76）。高雄市：麗文。

歐用生（2003）。快樂學習或安樂死：體驗學習的批判教育學意涵。載於歐用生，**課程典範再建構**（頁39-59）。高雄市：麗文。

蔡文山（2002）。社會批判理論與潛在課程研究。**國民教育研究集刊，10**，177-191。

蔡元隆（2006）。批判教育學敲醒後現代的喪鐘：新法新制下原住民加分35%合理嗎？。**教育社會學通訊，68**，24-31。

蔡中蓓（2005）。向上提升／趨附霸權？：再思臺灣的語言政治及英語教育。載於張盈堃、郭瑞坤、蔡瑞君、蔡中蓓，**誰害怕教育改革？：結構、行動與批判教育學**（頁245-262）。臺北市：洪葉。

蔡其蓁（2000）。Giroux 後現代主義教育理論之啟示。**教育社會學通訊，20**，20-25。

蔡明哲（2004）。H. Giroux 批判取向的課程美學：抗拒與轉化對教師教學實踐的啟示。**高應科大人文社會科學學報，1**，169-186。

蔡瑞君（2005）。成為一個「被認可的」教師：三位國小教師的敘說分析。載於張盈堃、郭瑞坤、蔡瑞君、蔡中蓓，**誰害怕教育改革？：結構、行動與批判教育學**（頁221-241）。臺北市：洪葉。

鄭金洲（1997）。批判教育學之批判：吉魯的批判教育觀述評。**比較教育研究**（北京），**5**，15-18。

鄭博真（1999）。Giroux後現代邊界教育學思想之探討。**教育研究**，**7**，157-167。

劉育忠（2002）。自覺、批判與轉化：從批判教育學中「抗拒」概念之意涵試論其在課程改革中之實踐途徑。載於中華民國課程與教學學會（主編），**新世紀教育工程：九年一貫課程再造**（頁211-229）。臺北市：揚智。

錢清泓（2006.3）。小學校園裡的癲狂囈語：試探批判教育學與基層教師交會的可能性。論文發表於私立淡江大學課程與教學研究中心主辦之「青年學子教育論壇，主題：學校教師的日常生活世界──批判教育學的理論與實務」研討會，臺北市。

謝小芩（1997）。導讀 bell hooks 的教學越界：教育作為自由的實踐。2003 年 10 月 24 日連結。取自 http://sinland.chem.nthu.edu.tw/pgs/gzine/issue6/d.ushu/transgress/

謝小芩、范信賢（1999）。九年一貫課程中的學生主體性。載於中華民國課程與教學學會（主編），**九年一貫課程之展望**（頁125-143）。臺北市：揚智。

謝廣錚（2006.3）。批判俗民誌在班級社會學之運用與啟示。論文發表於私立淡江大學課程與教學研究中心主辦之「青年學子教育論壇，主題：學校教師的日常生活世界──批判教育學的理論與實務」研討會，臺北市。

戴文青（2005）。從深層結構論臺灣幼兒園教師專業認同轉化的可能性。**南大學報：教育類**，**39**（2），19-42。

闕河嘉（2004.10）。臺灣族群意識的想像：論述形成的迷思。論文發表於國立屏東師範學院初等教育學系主辦之第二屆「社會理

論與教育研究」學術研討會（主題：馬克思主義與後現代／後結構主義的教育對話），屏東市。

顏朱吟（2005）。Paulo Freire 與 Ivan Illich 的教育思想及其對成人教育之啟示與貢獻。**成人及終身教育學刊，4**，152-174。

顏素霞（2002）。批判教育學應用及挑戰：以職前教師反省思考歸因分析為例。**屏東師院學報，16**，1-28。

蕭又齊（2004）。我的意識覺醒：社會事件融入社會科課程的敘說探究。**教育研究月刊，121**，58-71。

魏宏聚（2005）。批判教育學「批判」方法論解讀。**寧波大學學報（教育科學版），4**，1-5。

蘇峰山（2004.10）。批判思考與批判教育學。論文發表於國立屏東師範學院初等教育學系主辦之第二屆「社會理論與教育研究」學術研討會（主題：馬克思主義與後現代／後結構主義的教育對話），屏東市。又載於**教育社會學通訊，55**，3-11。

蘇峰山（2006.4）。批判思考與批判教育學。論文發表於私立南華大學教育社會學研究所主辦之第五屆「意識、權力與教育：批判教育學理論與臺灣教育」研討會，嘉義縣。

釋自淳、夏曉鵑（2003）。識字與女性培力：以「外籍新娘識字班」為例。**臺灣教育社會學研究，3**（2），41-84。

顧瑜君（2004）。課程與實踐模式：批判取向之學校本位課程發展。**應用心理研究，23**，79-104。

四、譯作

Apple, Michael W.（1979；諸平譯，1992）。意識型態與文化再製、經濟再製。載於厲以賢（主編），**西方教育社會學文選**（頁695-712）。臺北市：五南。

Apple, Michael W.（1990；馬和民譯，1992）。國家權力和法定知識的政治學。**華東師範大學學報・教育科學版**，**2**，33-44。

Apple, Michael W.（1993；王瑞賢譯，1994）。教育、權力與自傳：麥可・艾波訪談錄（上）。**高市鐸聲**，**5**（1），66-69。

Apple, Michael W.（1994；溫明麗譯，1997）。官方知識的政治運作策略：國定課程的意義何在？載於長尾彰夫（編）（1994；楊思偉、溫明麗譯，1997），**課程・政治：現代教育改革與國定課程**（頁1-50）。臺北市：師大書苑。

Apple, Michael W.（2000；高熏芳、張嘉育譯，2001）。課程、教學與教育改革的政治策略。**課程與教學季刊**，**4**（1），115-128。

Apple, Michael W.（1979／1990；黃忠敬譯，2001）。**意識型態與課程**。上海：華東師範大學出版社。

Apple, Michael W.（1979／1990；王麗雲譯，2002）。**意識型態與課程**。臺北市：桂冠。

Apple, Michael W., & Jungck, Susan（1998；羅寶鳳譯，2004）。不是教師也可以教這個單元：教學、科技與課堂的掌控。載於Hank Bromley & Michael W. Apple（主編）（1998；白亦方等譯，2004），**教育・科技・權力：視資訊教育為一種社會實踐**（頁177-206）。臺北市：高等教育。

Apple, Michael W.（1993／2000；曲囡囡、劉明堂譯，2004）。**官方知識：保守時代的民主教育**。上海：華東師範大學出版社。

Apple, Michael W.（1991；侯定凱譯，2005）。教科書的文化及商品屬性。載於Michael W. Apple & Linda K. Christian-Smith（主編）（1991；侯定凱譯，2005），**教科書政治學**（頁27-49）。上海：華東師範大學出版社。

Apple, Michael W., & Christian-Smith, Linda K.（1991；侯定凱譯，

2005）。教科書政治學。載於 Michael W. Apple & Linda K. Christian-Smith（主編）（1991；侯定凱譯，2005），**教科書政治學**（頁 1-26）。上海：華東師範大學出版社。

Apple, Michael W.（1996；閻光才等譯，2005）。**文化政治與教育**。北京：教育科學出版社。

Apple, Michael W.（2004；張盈堃譯，2005）。創造差異：新自由主義、新保守主義，以及教育改革的政治。載於張盈堃、郭瑞坤、蔡瑞君、蔡中蓓（2005），**誰害怕教育改革？：結構、行動與批判教育學**（頁 319-359）。臺北市：洪葉。

Apple, Michael W.（2005；閻光才譯，2006）。權力、知識與教育改革。**教育學報**（北京），**1**，3-16。

Aronowitz, Stanley & Giroux, Henry（1991；侯定凱譯，2005）。教科書權威、文化和文化素養的政治學。載於 Michael W. Apple & Linda K. Christian-Smith（主編）（1991；侯定凱譯，2005），**教科書政治學**（頁 265-299）。上海：華東師範大學出版社。

Cole, Mike（2004.10；王瑞賢譯，2004）。**後現代主義、超現代主義和美國帝國：一些教育的啟示**。論文發表於國立屏東師範學院初等教育學系主辦之第二屆「社會理論與教育研究」學術研討會（主題：馬克思主義與後現代／後結構主義的教育對話），屏東市。

Elias, J. L., & Merriam, S.（1980；王秋絨譯，1989）。弗雷勒的教育原理與成人教育方法。**現代教育**，**4**（4），126-134。

Elias, J. L., & Merriam, S.（1980；王秋絨譯，1989）。激進的成人教育之歷史淵源與弗雷勒的意識化理論。**社教雙月刊**，**32**，31-47。

Freire, Paulo（1968／2000；顧建新、趙友華、何曙榮譯，2001）。

被壓迫者教育學。上海：華東師範大學出版社。

Freire, Paulo（1968／2000；方永泉譯，2003）。受壓迫者教育學。臺北市：巨流。

Gerhardt, Heinz-Peter（1993；龍治芳、陳彩霞譯，1995）。保羅・弗萊雷。載於 Zaghloul Morsy（主編）（1993；龍治芳等譯，1995），世界教育思想家（第 2 卷）（頁 7-24）。北京：中國對外翻譯出版社。

Giroux, Henry（1979／1981；王瑞賢、王慧蘭譯，1993）。邁向新課程社會學。研習資訊，**10**（4），14-18。

Giroux, Henry（19？？／1988；謝小苓譯，1995）。教師作為轉化型知識份子。通識教育季刊，**2**（4），98-104。

Giroux, Henry（1988；謝小苓譯，1995）。教師作為知識份子。通識教育季刊，**2**（4），91-97。

Giroux, Henry（1993；譚曉玉、鄭金洲譯，1995）。後結構主義者的論爭及其對於教育學的幾種影響：轉向理論。華東師範大學學報。教育科學版（上海），**1**，39-51。

Giroux, Henry A.（1992；劉惠珍、張弛、黃宇紅譯，2002）。跨越邊界：文化工作者與教育政治學。上海：華東師範大學出版社。

Giroux, Henry A.（2003；莊明貞採訪，張惠玲轉譯訪談稿，黃俊儒、黃騰整理，2004）。基進民主與社會正義的導航者：專訪美國賓州州立大學課程與教學系 Henry A. Giroux 教授。教育研究月刊，**121**，120-126。

Giroux, Henry A.（2003；張盈堃譯，2005）。公共教育學與抗拒政治：一則關於教育抗爭的批判理論筆記。載於張盈堃、郭瑞坤、蔡瑞君、蔡中蓓（2005），誰害怕教育改革？：結構、行動與批判教育學（頁 389-405）。臺北市：洪葉。

Gruenewald, David A.（2003；張盈堃譯，2005）。兩種世界中的共
　　同最佳狀況：場所的批判教育學。載於張盈堃、郭瑞坤、蔡瑞
　　君、蔡中蓓（2005），**誰害怕教育改革？：結構、行動與批判
　　教育學**（頁 407-435）。臺北市：洪葉。

Jeria, Jorge（2006.4；趙長寧、廖淑娟、釋見咸譯，2006）。保羅·
　　弗雷勒：他的生平、作品及教育的意義。論文發表於私立大仁
　　科技大學主辦之「第八屆社區大學全國研討會」，屏東縣。

Kanpol, Barry（1994／1999；張盈堃、彭秉權、蔡宜剛、劉益誠譯，
　　宋文里審訂，2004）。**批判教育學導論**。臺北市：心理。

Kanpol, Barry（1997；彭秉權譯，2005）。**批判教育學的議題與趨
　　勢**。高雄市：麗文。

McLaren, Peter（1989／1994；彭秉權譯，1999）。批判教育學。**通
　　識教育季刊**，**6**（2），109-155。

McLaren, Peter（1989／1998；蕭昭君、陳巨擘譯，2003）。**校園生
　　活：批判教育學導論**。臺北市：巨流。

McLaren, Peter（1995；張盈堃譯，2006）。道德惶恐、學校教育與同
　　志認同：批判教育學與抗拒政治。**教育研究月刊**，**146**，20-32。

McLaren, Peter（2003；張盈堃譯，2005）。批判教育學正位於轉折
　　點上。載於張盈堃、郭瑞坤、蔡瑞君、蔡中蓓（2005），**誰害
　　怕教育改革？：結構、行動與批判教育學**（頁 437-503）。臺北
　　市：洪葉。

Peters, Michael（2004.10；劉育忠譯，2004）。後結構的馬克思主
　　義、（教育）和差異政治。論文發表於國立屏東師範學院初等
　　教育學系主辦之第二屆「社會理論與教育研究」學術研討會（主
　　題：馬克思主義與後現代／後結構主義的教育對話），屏東市。

Sholle, David（1991；張盈堃譯，2005）。抗拒：固定一個在文化研

究論述中的分歧概念。載於張盈堃、郭瑞坤、蔡瑞君、蔡中蓓（2005），**誰害怕教育改革？：結構、行動與批判教育學**（頁361-388）。臺北市：洪葉。

Shor, Ira & Freire, Paulo（1987；劉志行譯，1998）。**解放式教育**。香港：嶺南學院翻譯學系。

Wink, Joan（1997／2000；黃柏叡、廖貞智譯，2005）。**批判教育學：來自真實世界的記錄**。臺北市：巨流。

國家圖書館出版品預行編目資料

批判教育學：臺灣的探索／李錦旭，王慧蘭主編.
-- 初版. -- 臺北市：心理, 2006（民 95）
面；　　公分. --（教育基礎；4）
ISBN　978-957-702-938-6（平裝）

1.教育－哲學，原理－論文，講詞等

520.107　　　　　　　　　　　　　95016581

教育基礎4　　**批判教育學──臺灣的探索**

主　　編：李錦旭、王慧蘭
執行編輯：林汝穎
總 編 輯：林敬堯
出 版 者：心理出版社股份有限公司
社　　址：台北市和平東路一段 180 號 7 樓
總　　機：(02) 23671490　　傳　　真：(02) 23671457
郵　　撥：19293172　心理出版社股份有限公司
電子信箱：psychoco@ms15.hinet.net
網　　址：www.psy.com.tw
駐美代表：Lisa Wu　　tel: 973 546-5845　　fax: 973 546-7651
登 記 證：局版北市業字第 1372 號
電腦排版：辰皓國際出版製作有限公司
印 刷 者：東縉彩色印刷有限公司
初版一刷：2006 年 9 月

定價：新台幣 450 元　　■有著作權‧侵害必究■
ISBN-13　978-957-702-938-6
ISBN-10　957-702-938-8

讀者意見回函卡

No. _____　　　　　　　　　　　　　填寫日期：　年　月　日

感謝您購買本公司出版品。為提升我們的服務品質，請惠填以下資料寄
回本社【或傳真(02)2367-1457】提供我們出書、修訂及辦活動之參考。
您將不定期收到本公司最新出版及活動訊息。謝謝您！

姓名：_____　　性別：1□男　2□女

職業：1□教師 2□學生 3□上班族 4□家庭主婦 5□自由業 6□其他____

學歷：1□博士 2□碩士 3□大學 4□專科 5□高中 6□國中 7□國中以下

服務單位：_____　部門：_____　職稱：_____

服務地址：_____　電話：_____　傳真：_____

住家地址：_____　電話：_____　傳真：_____

電子郵件地址：_____

書名：_____

一、您認為本書的優點：（可複選）

　❶□內容 ❷□文筆 ❸□校對 ❹□編排 ❺□封面 ❻□其他____

二、您認為本書需再加強的地方：（可複選）

　❶□內容 ❷□文筆 ❸□校對 ❹□編排 ❺□封面 ❻□其他____

三、您購買本書的消息來源：（請單選）

　❶□本公司 ❷□逛書局⇨_____書局 ❸□老師或親友介紹

　❹□書展⇨____書展 ❺□心理心雜誌 ❻□書評 ❼其他____

四、您希望我們舉辦何種活動：（可複選）

　❶□作者演講 ❷□研習會 ❸□研討會 ❹□書展 ❺□其他____

五、您購買本書的原因：（可複選）

　❶□對主題感興趣 ❷□上課教材⇨課程名稱_____

　❸□舉辦活動 ❹□其他_____　　　　（請翻頁繼續）

廣　告　回　信
台 北 郵 局 登 記 證
台 北 廣 字 第 940 號
（免貼郵票）

 心理出版社 股份有限公司

台北市 106 和平東路一段 180 號 7 樓

TEL: (02) 2367-1490
FAX: (02) 2367-1457
EMAIL:psychoco@ms15.hinet.net

沿線對折訂好後寄回

六、您希望我們多出版何種類型的書籍

❶□心理 ❷□輔導 ❸□教育 ❹□社工 ❺□測驗 ❻□其他

七、如果您是老師，是否有撰寫教科書的計劃：□有□無

書名／課程： _____

八、您教授／修習的課程：

上學期： _____

下學期： _____

進修班： _____

暑　假： _____

寒　假： _____

學分班： _____

九、您的其他意見

_____

謝謝您的指教！   41204